НОВЫЙ КИТАЙСКО-РУССКИЙ
СЛОВАРЬ ПО ПЕРЕВОДУ
ВЫРАЖЕНИЙ ТЕКУЩЕЙ ПОЛИТИКИ

最新汉俄时政词汇翻译词典

主　编：高雅古丽·卡德尔
副主编：金莉
编　委：阿依努尔·塞都　毕新惠　高雅古丽·卡德尔
　　　　甘春霞　金莉　克迪丽亚·库尔班
　　　　张婷婷　张亦弛　朱娟娟　祖力卡尔·阿不力孜

北京大学出版社
PEKING UNIVERSITY PRESS

图书在版编目(CIP)数据

最新汉俄时政词汇翻译词典/高雅古丽·卡德尔主编. —北京：北京大学出版社，2016.8
ISBN 978-7-301-25401-1

Ⅰ.① 最… Ⅱ.① 高… Ⅲ.① 俄语—词典 ② 词典—汉、俄 Ⅳ.①H356

中国版本图书馆CIP数据核字(2015)第018020号

书 名	最新汉俄时政词汇翻译词典 ZUIXIN HAN-E SHIZHENG CIHUI FANYI CIDIAN
著作责任者	高雅古丽·卡德尔 主编
责任编辑	李 哲
标准书号	ISBN 978-7-301-25401-1
出版发行	北京大学出版社
地 址	北京市海淀区成府路205号 100871
网 址	http://www.pup.cn 新浪微博:@北京大学出版社
电子信箱	pup_russian@163.com
电 话	邮购部 62752015 发行部 62750672 编辑部 62759634
印 刷 者	北京中科印刷有限公司
经 销 者	新华书店 650毫米×980毫米 16开本 17.75印张 270千字 2016年8月第1版 2016年8月第1次印刷
定 价	55.00元

未经许可，不得以任何方式复制或抄袭本书之部分或全部内容。
版权所有，侵权必究
举报电话：010-62752024 电子信箱：fd@pup.pku.edu.cn
图书如有印装质量问题，请与出版部联系，电话：010-62756370

前　　言

　　随着世界格局的多极化和全球经济一体化的发展，中国作为日渐崛起、强大的东方国家在世界上发挥着重要的作用。随着中国的不断发展，应不同时期的发展要求，不断涌现出越来越多具有时代特色的时政词汇，引起人们的关注和重视。而随之，也需要有译者将这些涉及各个领域的新词、新句准确地传达给其他国家，以加深各国间的友好往来和互利合作。这也对译者提出了更高的要求。

　　作为俄语爱好者和翻译工作者的实用工具书，《最新汉俄时政词汇翻译词典》编者从及时性、实用性和准确性的原则出发，以真实材料和权威译文为语料进行搜集和整理。词条搜集源自于历届政府工作报告和党的十六大、十七大、十八大报告以及国家经济发展预算与草案、国家领导人发言稿等汉俄语相关翻译材料，同时借鉴官方网站的俄语时事政治新闻和索契冬奥会、北京奥运会、亚欧博览会、世博会、博鳌论坛等主题材料内容，涉及政治、经济、文化、科教、军事、农业、医疗、金融、法律、保险、民族、地理等众多专业领域。

　　本词典收录的时政词汇共约10000条，各条目采用汉语拼音顺序编排。本词典词汇量大、词汇内容丰富新颖、与社会发展紧密相关、实用性强，适用于各行各业的翻译工作者、涉外人士、高校俄语专业教师和学生以及其他俄语爱好者的需求。

　　词典附录中收集了常用的中国党、政、军、群组织机构的名称和常用的中国法律条款。

　　由于编纂时间紧迫，编者水平有限，不足之处在所难免，恳请读者、专家、同行批评指正。

编者
2016年1月

目 录

前言 ··· 1
汉语拼音查字表 ······················ 1
A ·· 1
B ·· 3
C ·· 18
D ·· 40
E ·· 54
F ·· 55
G ·· 67
H ·· 87
J ·· 96
K ·· 129
L ·· 137
M ·· 148
N ·· 155
O ·· 159
P ·· 160
Q ·· 165
R ·· 175
S ·· 180
T ·· 200
W ··· 210
X ·· 219
Y ·· 229
Z ·· 245
附录1 ······································ 264
附录2 ······································ 268

汉语拼音查字表

A

ai
- 挨 1
- 埃 1
- 艾 1
- 爱 1

an
- 安 1
- 按 2
- 暗 2

ang
- 昂 2

ao
- 遨 2
- 奥 2

B

ba
- 八 3
- 把 3
- 罢 4
- 霸 4

bai
- 白 4
- 百 4
- 摆 5
- 败 5
- 拜 5

ban
- 颁 5
- 搬 5
- 版 5
- 办 5
- 半 5
- 绊 5
- 扮 5

bang
- 邦 5
- 帮 5
- 绑 5

bao
- 包 5
- 薄 6
- 饱 6
- 宝 6
- 保 6
- 报 8
- 抱 9
- 暴 9

bei
- 悲 9
- 备 9
- 背 9
- 倍 9
- 被 9

ben
- 本 9

bi
- 逼 9
- 比 9
- 笔 10
- 币 10
- 必 10
- 闭 10
- 庇 10
- 避 10

bian
- 边 10
- 编 10
- 贬 11
- 变 11
- 便 11
- 辩 11

biao
- 标 11
- 表 11

bie
- 别 11

bin
- 滨 11

bing
- 兵 11
- 秉 12
- 并 12
- 摈 12

bo
- 拨 12
- 波 12
- 剥 12
- 播 12
- 驳 12
- 勃 12
- 博 12

bu
- 补 12
- 不 17
- 布 17
- 步 17
- 部 17

C

cai
- 材 18
- 财 18
- 裁 19
- 采 19
- 彩 20
- 踩 20

can
- 参 20
- 餐 20
- 蚕 21
- 残 21
- 灿 21

cang
- 仓 21
- 苍 21

cao
- 操 21
- 草 21

ce
- 侧 21
- 测 21
- 策 21

ceng
- 层 21

cha
- 插 21
- 查 21
- 差 21

chai
- 拆 22

chan
- 产 22
- 阐 23

chang
- 猖 23
- 常 23
- 偿 23
- 长 23
- 厂 24
- 场 24
- 敞 24
- 畅 24
- 倡 25
- 唱 25

chao
- 超 25

朝		25	触		34	**D**	地	48
	che			chuan			递	49
车		25	穿		34	da	第	49
彻		25	传		34	搭	40	缔	49
撤		26	串		34	达	40		dian
	chen			chuang		打	40	颠	49
沉		26	窗		34	大	41	典	49
陈		26	闯		34		dai	电	49
趁		26	创		34	呆	43	玷	49
	cheng			chui		逮	43	垫	49
称		26	吹		35	代	43	奠	49
成		26	垂		35	带	44		diao
呈		27	锤		36	贷	44	吊	49
诚		27		chun		待	44	掉	49
承		27	纯		36		dan	调	49
城		27	唇		36	担	44		ding
乘		29		ci		单	44	顶	49
程		29	辞		36	胆	45	鼎	50
惩		29	慈		36	旦	45	订	50
澄		29	磁		36	淡	45	定	50
橙		29	次		36	弹	45		dong
	chi		刺		36		dang	东	50
吃		29		cong		当	45	动	50
痴		29	从		36	挡	45	冻	50
持		29		cu		党	45		dou
赤		30	粗		37		dao	兜	50
	chong		促		38	导	45		du
冲		30		cuan		倒	46	督	50
充		30	篡		39	到	47	独	50
憧		30		cui		盗	47	渎	50
崇		30	催		39	道	47	杜	51
重		31		cun			de		duan
	chou		村		39	得	47	端	51
抽		31	存		39	德	47	短	51
酬		31	寸		39		deng	断	51
筹		31		cuo		登	47		dui
丑		31	挫		39	等	47	队	51
臭		31	措		39		di	对	51
	chu		错		39	低	47		dun
出		31				滴	48	敦	52
初		32				敌	48		duo
储		33				抵	48	多	52
处		33				底	48		

	E		封	64		ge	挂	79
			峰	64	搁	70		guai
	e		逢	64	割	70	拐	79
讹		54	奉	64	革	70		guan
俄		54		fou	阁	70	关	79
额		54	否	64	格	70	观	80
扼		54		fu	个	70	官	80
恶		54	敷	64	各	71	鳏	80
遏		54	扶	64		gei	管	80
厄		54	服	64	给	72	贯	80
	en		浮	65		gen	惯	80
恩		54	符	65	根	72	灌	80
	er		幅	65	跟	72		guang
二		54	辐	65		geng	光	80
			福	65	耕	72	广	81
	F		抚	65	更	72		gui
			辅	65		gong	归	81
	fa		腐	65	工	72	规	81
发		55	付	65	公	73	轨	82
罚		57	负	65	功	75	贵	82
法		57	妇	66	攻	75		gun
	fan		附	66	恭	75	滚	82
翻		58	赴	66	巩	75		guo
繁		58	复	66	共	76	国	82
反		58	副	66	贡	77	果	86
犯		59	赋	66	供	77	裹	86
泛		59	富	66		gou	过	86
贩		59	覆	66	勾	77		
	fang				构	77		**H**
防		59		**G**	购	77		
房		60				gu		hai
放		61		gai	估	77	海	87
	fei		改	67	古	78	骇	87
非		61		gan	股	78		han
肥		62	肝	68	骨	78	含	87
废		62	敢	68	鼓	78	函	87
	fen		感	68	固	78	汉	87
分		62	干	68	故	79	悍	87
纷		63		gang	顾	79		hang
粉		63	岗	68	雇	79	夯	87
奋		63	港	68		gua	行	87
	feng			gao	瓜	79		hao
丰		63	高	69	刮	79	毫	87
风		63	搞	70	寡	79		

	he			hui		挤	101	僵	114
合		88	灰		93	脊	101	讲	114
和		88	挥		93	计	101	奖	114
核		89	恢		93	记	101	降	115
贺		89	回		94	纪	101		jiao
	hei		悔		94	技	102	交	115
黑		89	毁		94	季	102	骄	115
	hen		汇		94	既	102	焦	115
狠		89	会		94	觊	102	绞	115
	heng		贿		94	继	102	缴	115
横		89		hun		寄	103	叫	115
衡		89	婚		94	绩	103	觉	115
	hong		混		94		jia	教	115
轰		90		huo		加	103		jie
弘		90	豁		94	家	107	阶	116
宏		90	活		94	嘉	108	接	116
洪		90	或		94	夹	108	揭	116
哄		90	货		95	甲	108	街	116
	hou		获		95	假	108	节	116
后		90				价	108	劫	117
候		91	**J**			驾	109	结	117
	hu			ji		架	109	捷	117
呼		91				嫁	109	截	117
忽		91	机		96		jian	竭	117
互		91	积		96	尖	109	解	117
户		92	基		97	歼	109	介	118
护		92	缉		98	坚	109	戒	118
	hua		畸		98	间	111	借	118
划		92	稽		98	肩	111		jin
滑		92	激		99	艰	111	金	118
化		92	羁		99	监	111	津	118
	huai		及		99	兼	112	仅	118
怀		92	吉		99	检	112	紧	119
	huan		岌		99	减	112	谨	119
欢		92	汲		99	剪	113	尽	119
还		92	级		99	简	113	进	119
环		92	极		99	见	113	近	120
缓		93	即		99	建	113	晋	120
焕		93	亟		99	健	114	禁	120
	huang		急		99	渐	114		jing
荒		93	棘		100	践	114	经	120
黄		93	集		100		jiang	惊	123
谎		93	己		101	将	114	兢	123

精	123	考	131		kuo	廉	142	
警	124	靠	131	扩	136	链	143	
净	124		ke	阔	136		liang	
竞	124	苛	131			良	143	
静	124	科	131		**L**	粮	143	
境	124	颗	133			两	144	
	jiu	可	133		la	量	144	
纠	124	克	133	垃	137		liao	
久	124	刻	133	拉	137	了	144	
酒	124	恪	133		lai		lie	
旧	124	客	133	来	137	列	144	
救	124	课	134		lan	烈	144	
就	124		ken	拦	137		lin	
	ju	肯	134	蓝	137	临	144	
居	125		kong	烂	137		ling	
举	125	空	134	滥	137	灵	144	
巨	125	孔	134		lang	凌	145	
拒	125	恐	134	狼	137	零	145	
具	126	控	134	浪	137	领	145	
据	126		kou		lao	另	145	
聚	126	口	134	捞	137	令	145	
	juan	扣	135	劳	137		liu	
捐	126		ku	牢	138	留	145	
卷	126	苦	135	老	138	流	145	
	jue	库	135		lei	六	146	
决	126		kua	累	138		long	
绝	127	夸	135		leng	龙	146	
	jun	垮	135	冷	138	隆	146	
军	127	跨	135		li	垄	146	
均	127		kuai	离	139		lou	
君	128	快	135	礼	139	陋	146	
竣	128	会	135	理	139	漏	146	
			kuan	力	139		lu	
	K	宽	135	历	139	陆	146	
	kai		kuang	厉	140	露	146	
开	129	旷	135	立	140		luan	
	kan	矿	135	励	141	乱	146	
勘	131	框	136	利	141		lun	
看	131		kui	例	141	轮	146	
	kang	亏	136	隶	142	论	146	
抗	131	傀	136		lian		luo	
	kao		kun	连	142	罗	146	
		困	136	联	142			

落	146	密	150	nei		牌	160	
	lü		mian	内	155	派	160	
旅	147	棉	150	neng			pan	
屡	147	免	150	能	156	攀	160	
履	147	面	151	ni		盘	160	
绿	147		miao	逆	156	判	160	
		苗	151	匿	156		pang	
	M		min	nian		旁	160	
	ma	民	151	年	156		pao	
马	148	敏	153	nie		抛	160	
	mai		ming	捏	156	跑	160	
埋	148	名	153	ning		泡	160	
买	148	明	153	凝	156		pei	
迈	148	命	153	niu		培	160	
卖	148		mo	扭	156	赔	160	
	man	摸	153	纽	156	配	160	
		模	153				pen	
蛮	148	莫	153	nong		喷	161	
瞒	148	墨	153	农	156		peng	
满	148	默	153	浓	158	棚	161	
蔓	148		mou	弄	158	蓬	161	
漫	148	牟	153	nu			pi	
	mang	谋	153	努	158	批	161	
盲	148	某	153	nü		披	161	
	mao		mu	女	158	毗	161	
毛	149	目	153	nuan			pian	
矛	149	牧	153	暖	158	偏	161	
冒	149	幕	154	nüe		片	161	
贸	149	睦	154	虐	158	骗	161	
	mei			nuo			piao	
没	149		**N**	挪	158	票	161	
煤	150		na				pin	
每	150	拿	155		**O**	拼	161	
美	150	纳	155	ou		贫	161	
	men		nai	欧	159	品	162	
门	150	耐	155	偶	159	聘	162	
	meng		nan				ping	
萌	150	男	155		**P**	平	162	
蒙	150	南	155		pa	评	163	
	mi	难	155	拍	160	瓶	163	
弥	150		nao		pai		po	
迷	150	脑	155	排	160	迫	163	
靡	150			徘	160	破	163	
秘	150							

	pu	窃	168	rao		sen	
铺		锲	168	扰	175	森	180
普	163		qin	re		sha	
谱	163	侵	168	热	175	沙	180
	164	亲	169	ren		shan	
Q		勤	169	人	175	山	180
	qi		qing	仁	177	煽	180
期	165	青	169	忍	177	善	180
欺	165	轻	169	认	177	擅	180
奇	165	氢	169	任	178		shang
歧	165	倾	169	reng		伤	180
骑	165	清	169	仍	178	商	180
旗	165	情	170	ri		赏	181
企	165	请	170	日	178	上	181
启	166	庆	170	rong			shao
起	166		qiong	戎	178	少	181
气	166	穷	170	荣	178		she
弃	166		qiu	融	178	奢	181
汽	166	求	170	冗	179	赊	181
契	166		qu	rou		舍	181
	qian	区	170	肉	179	设	181
		驱	170	ru		社	181
千	166	屈	170	如	179	涉	184
迁	166	祛	170	儒	179		shen
牵	166	趋	170	入	179	申	184
谦	166	曲	170	ruan		伸	184
签	166	取	170	软	179	身	184
前	166	去	171	rui		深	184
钱	167		quan	锐	179	神	185
潜	167	权	171	ruo		审	185
遣	167	全	171	若	179	慎	186
谴	167		que	弱	179		sheng
欠	167	缺	173			升	186
歉	167	确	173	**S**		生	186
	qiang		qun		san	声	187
强	167	群	174	三	180	绳	187
抢	168			散	180	省	187
	qiao	**R**			sang	胜	188
敲	168		ran	丧	180	盛	188
桥	168	燃	175		sao	剩	188
巧	168		rang	扫	180		shi
	qie	让	175			失	188
且	168					师	188
切	168						

施	188		shuang	探	200	退	208
湿	189	双	196	tao		tun	
十	189		shui	逃	200	吞	208
石	189	水	196	陶	200		tuo
时	189	税	197	淘	200	托	208
识	189		shun	讨	200	拖	208
实	189	顺	197	套	200	脱	208
食	191		shuo		te	妥	208
史	191	说	197	特	200	拓	209
使	191		si		ti	唾	209
始	191	司	197	提	201		
示	191	丝	197	体	202	**W**	
世	191	私	197	替	203		wai
市	192	思	198		tian	歪	210
势	192	撕	198	天	203	外	210
事	192	死	198	填	203		wan
试	193	四	198		tiao	完	211
视	193		song	挑	203	玩	212
是	193	送	199	条	203	顽	212
适	193		sou	调	203	挽	212
恃	194	搜	199	跳	203	晚	212
室	194		su		tie	万	212
释	194	诉	199	贴	203		wang
	shou	素	199	铁	204	网	212
收	194		suan		ting	妄	212
手	194	算	199	听	204	忘	212
首	194		sui	停	204	旺	212
受	195	随	199	挺	204		wei
授	195		sun		tong	危	212
售	195	损	199	通	204	威	212
	shu		suo	同	205	微	212
书	195	缩	199	统	205	巍	212
枢	195	所	199		tou	为	212
殊	195			头	205	违	213
疏	195	**T**		投	205	围	213
输	195		tai	透	206	唯	213
熟	195	台	200		tu	维	213
属	196	抬	200	突	206	伪	214
署	196	太	200	土	207	委	214
束	196	泰	200	吐	207	卫	214
树	196		tan		tuan	未	214
数	196	贪	200	团	207	畏	214
	shua	摊	200		tui	蔚	214
耍	196	坦	200	推	207		

	wen		想	221	选	227	ye	
温		214	向	221		xue	野	231
文		214	象	221	削	228	业	231
闻		215		xiao	学	228		yi
稳		215	逍	221	血	228	一	231
问		215	消	221		xun	医	233
	wo		宵	222	寻	228	依	233
我		215	萧	222	巡	228	仪	234
卧		216	销	222	循	228	贻	234
斡		216	小	222	训	228	遗	234
	wu		校	222	汛	228	疑	234
污		216	效	222	迅	228	已	234
无		216		xie	徇	228	以	234
毋		217	协	222			义	235
五		217	邪	223		Y	艺	235
武		217	携	223			议	235
勿		218	写	223		ya	屹	235
务		218	泄	223	压	229	亦	235
物		218		xin	押	229	异	235
误		218	心	223	亚	229	抑	235
			欣	223		yan	易	235
	X		新	223	延	229	意	235
			信	224	严	229		yin
	xi			xing	言	230	因	235
夕		219	刑	225	炎	230	阴	236
西		219	形	225	沿	230	殷	236
吸		219	行	225	研	230	银	236
洗		219	兴	226	掩	230	引	236
	xia		性	226	眼	230	隐	236
下		219		xiong	演	230	印	236
	xian		胸	226	唁	230		ying
先		219	雄	226	验	230	英	236
鲜		220		xiu	餍	230	婴	236
闲		220	休	226		yang	迎	236
显		220	修	226	泱	231	营	237
现		220	袖	227	扬	231	赢	237
限		220		xu	羊	231	影	237
宪		220	虚	227	阳	231	应	237
陷		220	需	227	洋	231	硬	238
	xiang		许	227	养	231		yong
乡		221	蓄	227		yao	佣	238
相		221		xuan	要	231	拥	238
享		221	宣	227	耀	231	臃	238
响		221	悬	227			永	238

勇	238		zan		zheng		zhua	
用	238	赞	246	争	249	抓	258
	you		zang	征	250		zhuan	
优	238	葬	246	蒸	250	专	258
忧	239		zao	整	250	转	258
由	239	遭	246	正	250		zhuang	
油	239	早	246	证	250	庄	258
游	239	造	246	郑	250	装	259
友	240		ze		政	250	壮	259
有	240	责	246		zhi		zhui	
	yu		择	247	支	252	追	259
娱	242		zeng		知	252		zhun	
逾	242	增	247	执	252	准	259
愚	242		zha		直	253		zhuo	
舆	242	扎	247	职	253	卓	259
与	242		zhai		植	253	酌	259
预	242	斋	247	纸	253		zi	
	yuan		债	247	指	253	咨	259
原	243		zhan		至	253	资	259
圆	243	展	247	志	253	自	259
援	243	崭	247	制	253		zong	
远	243	占	247	质	254	宗	260
	yue		战	248	治	254	综	260
约	243	站	248	致	254	总	260
月	243		zhang		智	254		zou	
阅	243	彰	248	滞	254	走	261
跃	243	掌	248		zhong			zu	
越	244	账	248	中	254	租	261
	yun		障	248	终	256	足	261
允	244		zhao		钟	256	阻	261
孕	244	招	248	衷	256	组	261
运	244	找	248	种	256		zuan	
		召	248	仲	256	钻	261
Z		照	248	重	256		zui	
		肇	249		zhou		最	262
	za		zhe		周	257	罪	262
杂	245	折	249	洲	257	醉	262
	zai		zhuo			zhu			zun	
灾	245	着	249	逐	257	尊	262
栽	245		zhen		主	257	遵	262
载	245	针	249	助	257		zuo	
宰	245	珍	249	住	257	作	262
再	245	真	249	驻	257	座	262
在	245	振	249			做	262

А

挨家逐户为患者治病 ходить (обходить больных) к больным из дома в дом; обход (осмотр) больных на дому

埃博拉病毒 вирус Эбола

艾滋病 СПИД (синдром приобретенного иммунодефицита)

"爱国爱疆、团结奉献、勤劳互助、开放进取"的新疆精神 Синьцзянский дух— "Любить государство, любить Синьцзян, сплотиться и посвятить, прилежно работать и помогать друг другу, проводить открытость и стремиться вперед".

爱国民主党派 патриотические демократические партии

爱国人士 деятели-патриоты

爱国守法、明礼诚信、团结友爱、勤俭自强、敬业奉献 любовь к родине и соблюдение закона, культурность и искренность, сплоченность и дружелюбие, трудолюбие, бережливость и стремление вперед, преданность делу и самоотверженность

爱国同胞 соотечественники-патриоты

爱国统一战线 патриотический единый фронт

爱国卫生公约 Патриотические обязательства о санитарии и гигиене

爱国卫生运动 патриотическое движение за гигиену и санитарию

爱国信教群众 патриотически настроенные верующие

爱好和平的国家 миролюбивые страны

爱护公物 беречь общественное имущество

爱憎分明 отлично знать, кого любить и кого ненавидеть

安插亲信到领导岗位 сажать на руководящие посты своих приверженцев

安定人民生活 стабилизировать жизнь людей

安定团结、生动活泼的政治局面 политическая обстановка стабильности и сплоченности, живости и бодрости

安度晚年 спокойная старость

安居富民、定居兴牧等民生工程 работы для жизни народа по спокойному проживанию, разбогатению народа, оседанию и процветанию животноводства

安居乐业 спокойная жизнь и мирный труд

安理会常任理事国 Постоянный член Совета Безопасности ООН

安排就业 обеспечивать трудоустройство (занятость)

安全部队 силы безопасности

安全岛 островок безопасности; рефюж

安全第一，预防为主 ставить на первое место безопасность, делать упор на профилактику

安全防范 превентивные меры; меры пресечения аварии

安全飞行系数 коэффициент безопасности полета

安全港 безопасный порт

安全检查 проверка (пассажиров и багажа) в целях обеспечения безопасности

安全生产 безаварийность производства; техническая безопасность труда в производстве

安全生产责任制 система ответственности за безопасность производства

安全生产状况 ситуация с безопасностью на производстве

安全预警系统 сигнальная система безопасности

安危与共 быть вместе и в спокойные, и опасные времена

安置失业人员 трудоустройство безработных

按比例浮动 пропорциональное колебание

按比例加价 пропорциональное повышение цен

按比例协调发展 пропорциональное, гармоничное развитие

按规定留给企业的折旧资金 амортизационные фонды, оставляемые предприятиям в установленном порядке

按国家的规定 согласно государственным предписаниям

按国情办事 действовать с учетом особенностей своей страны

按揭贷款 кредит под закладную

按经济规律办事 действовать в соответствии с экономическими законами; действовать с учетом законов экономического развития

按可比价格计算 расчет в сопоставимых ценах

按可比口径计算 расчет по сопоставимым статьям (по сравнимым данным)

按劳动的数量和质量支付劳动报酬 оплата труда в соответствии с его количеством и качеством

按劳分配为主体 при доминанте распределения по труду

按期交纳党费 уплачивать в срок членские взносы

按人头分配 распределять что-л. по количеству людей (персонала)

按上级指示 по предписанию свыше

按时足额发放 выдать своевременно и в полном объеме

按实际情况处理 решить в соответствии с конкретной обстановкой

按市场方式经营 вести хозяйствование по-рыночному

按市场需要组织生产 организовать производство с учетом рыночной конъюнктуры; налаживать производство соответственно рыночной конъюнктуре

按协议纳税 аккордные (сдельные) налоги

按一定比例 в определенной пропорции

按照分批原则 по принципу очередности

按照互助原则举办 создавать по принципу взаимопомощи (на основе принципа взаимопомощи)

按照审判监督程序 в порядке судебного надзора

按照突出重点、有保有压的要求 в соответствии с требованием выделять приоритеты, что-то гарантировать, а что-то прижимать

按照总量适度、审慎灵活的要求 согласно требованиям соразмерности общей денежной массы, осмотрительности и гибкости

按最保守的估计 при самом осторожном подсчете

暗物质探测卫星 спутник по зондированию частиц темной материи

暗中破坏 вредить исподтишка

暗中涨价 повышение цен в скрытой форме

昂首立于世界民族之林 стоять в рядах народов мира с гордо поднятой головой

奥林匹克运动的口号 девиз Олимпийских игр

奥林匹亚 Олимпия

奥运村 олимпийская деревня

奥运会举办权 право проведения Олимпийских игр

奥运火炬传递 эстафета Олимпийского огня

В

八个坚持，八个反对（坚持解放思想、实事求是，反对因循守旧、不思进取；坚持理论联系实际，反对照抄照搬、本本主义；坚持密切联系群众，反对形式主义、官僚主义；坚持民主集中制原则，反对独断专行、软弱涣散；坚持党的纪律，反对自由主义；坚持清正廉洁，反对以权谋私；坚持艰苦奋斗，反对享乐主义；坚持任人唯贤，反对用人上的不正之风）Требования ЦК относительно «восьми за и восьми против» (в развернутом виде это: всегда быть за раскрепощение сознания и реалистический подход к делу, но против косности и равнодушия к прогрессу; за соединение теории с практикой, но против механического копирования и книгопоклонства; за тесную связь с массами, но против формализма и бюрократизма; за демократический централизм, но против самоуправства, расхлябанности и несобранности; за партийную дисциплину, но против либерализма; за честность и неподкупность, но против злоупотребления властью в корыстных целях; за упорство и самоотверженность в работе, но против гедонизма; за подбор и назначение кадров по личным достоинствам, но против дурных поветрий в этом деле)

八国集团 Восьмерка

八零后 молодые люди, родившиеся в 80-х годах; восьмидесятники

八小时工作制 восьмичасовой рабочий день

把大的方面管住管好，把小的方面放开放活 в крупном — хорошо управлять, в малом — открывать простор инициативе

把党的正确主张变为群众的自觉行动 превращать правильные партийные платформы в сознательные действия масс

把腐败现象遏制到最低程度 максимально сократить количество проявлений разложения

把改革放在首位 ставить реформу во главу угла

把改革开放作为根本动力 неизменно видеть в реформах и открытости коренную движущую силу

把个人凌驾于组织之上 ставить личные амбиции выше парторганизации

把国家引向黑暗和倒退 вести страну во тьму, толкать ее назад

把国民经济搞上去 добиваться подъема народного хозяйства; поднять народное хозяйство

把经济工作转到以提高经济效益为中心的轨道上 перевести хозяйственную работу на рельсы приоритетного повышения экономической эффективности

把精神产品商品化 коммерциализация духовной продукции

把就业放在经济社会发展的优先位置 В развитии социально-экономической сферы предпочтение отдавалось занятости.

把聚光灯打到中国新疆 сосредоточить внимание всего мира на Синьцзян Китая

把科学发展观落实到经济社会发展各个方面 внедрять научную концепцию развития во все сферы социально-экономического развития

把灾害损失减少到最低程度 свести до минимума нанесенный стихией урон

把贫穷落后的旧中国变成日益走向繁荣富强的新中国 превратить бедный и отсталый старый Китай в тот новый Китай, который день ото дня идет к своему процветанию и могуществу

把全社会的发展积极性引导到科学发展上来 направлять активность всего общества в деле развития на путь научного развития

把为人民服务看作自己的职责 считать своим долгом служить народу

把握大局 владеть общей ситуацией; контролировать обстановку в целом

把握工作的主动权 удерживать инициативу в своей работе

把握规律性 схватывать закономерности

把握机遇 воспользоваться моментом; ухватить шанс

把握两岸和平发展的主题 продвигать мирное развитие отношений между берегами Тайваньского пролива

把握全局 усвоить общую обстановку

把握社会经济发展趋势和规律 постигать тенденции и законы социально-экономического развития

把握时代发展脉搏 схватывать пульс развития эпохи

把握有利时机 улавливать благоприятный момент

把握住时代特点 осознавать (определять) особенности эпохи

把新疆打造成中国能源资源战略安全通道和向西开放的重要门户 превращение Синьцзяна в государственный стратегический «Коридор безопасности» в отношении энергетических и ресурсных поставок и важную передовую позицию для расширения открытости страны Западу

把政治协商纳入决策程序 вводить политическое согласование в процедуру разработки решений

罢免权 право освобождать (кого) от должности; право сменить (кого) на должности; право отзыва (кого) с должности

罢免制度 система увольнения; порядок снятия с должности

罢市 забастовка работников торговли

罢战言和 прекратить военные действия и провозгласить мир

霸权主义和强权政治 гегемонизм и силовая политика

霸主地位 положение гегемона

白领、灰领、蓝领 «воротнички» белые, серые, синие

白热化 накалить (что) дабела; довести (что) до накала; дойти до белого каления; довести до белого каления

白色污染 белое (пленочное) загрязнение; загрязнение от полиэтиленовой пленки

白手起家 делать что из ничего; на пустом месте начинать дело с нуля

白条 пустая бумажка (выдаваемая вместо денег или чека)

百弊而无一利 ничего, кроме вреда не принести

百废待举 все, что было разрушено, нужно восстанавливать и развивать

百花齐放、百家争鸣 расцвет ста цветов и соперничество ста школ

百利而无一害 много пользы и ни крупицы вреда

百忙之中会见 встретиться (с кем) при всей его занятости

百年大计，教育为本 образование — основа основ нашей долгосрочной программы

百年大计，质量第一 строй с расчетом на долговечное использование, качество превыше всего

百年罕见的 невиданное за последнее столетие

百业兴旺 подъем всех отраслей; расцвет всех секторов экономики

百亿次计算机"银河" ЭВМ «Иньхэ» со скоростью 10 млрд. операций в секунду

B

摆到重要的议事日程 ставить на приоритетное место в повестке дня
摆到桌面上来 положить на стол
摆阔气、讲排场 расточительство и транжирство
摆老资格 кичиться своим стажем
摆门面 соблюдать декорум
摆事实、讲道理 оперировать фактами, приводить доводы
摆脱低水平 покончить с низким уровнем
摆脱尴尬的境地 выйти из неудобного положения
摆脱枷锁 сбросить ярмо; освободиться от пут
摆脱禁锢 сбросить оковы; сбросить массу оков
摆脱困境 выпутаться из трудностей; выбраться из беды
摆脱贫困 избавление от нищеты
摆脱危机 вывести (что) из кризиса; выйти из кризиса
败坏党风 дискредитировать партийный стиль; порочить стиль партии
败坏社会风气 подрывать общественные нравы
拜金主义 поклонение золотому тельцу; денежный фетишизм
颁布"白皮书" обнародовать Белую книгу
搬用别国模式 заимствовать иностранные модели
版权 авторское право
版图 территория; состав страны
办大事 вершить большие дела
办公程序 офисные программы
办公费用 служебные расходы
办公机构 канцелярское учреждение; канцелярия
办好中国的事情，关键在我们党 Успех дела в Китае зависит от нашей партии.
办理出境手续 проделать формальности на выезд; оформлять выезд
办理入境手续 проделать формальности на въезд; оформлять въезд
办实事，办好事 работать деловито и делать хорошее дело
办事公正 вести дела справедливо
办事机构 оперативные учреждения; рабочий аппарат
办事能力 административные способности
办事人员 офисные работники
办事拖拉 волокита в работе
办学模式 формы (модели) создания учебных заведений
办学体制 система учебной работы
办学效益 эффективность работы учебных заведений
半独立状态 полузависимое положение
半拉子工程 объекты, сооруженные наполовину; незавершенка
半停产企业 наполовину простаивающие предприятия
半途而废 останавливаться на полпути; остановиться на полдороге; остановить (что) на полпути; бросить дело на полпути
绊脚石 камень преткновения
扮演社会角色 исполнять социальную роль
邦交正常化 нормализация дипломатических отношений
帮倒忙 медвежья услуга; оказать медвежью услугу
帮派骨干分子 костяк фракционеров
帮派活动 фракционная (секстантская) деятельность
帮派思想 фракционность; групповщина; фракционная психология
帮助资源枯竭城市化解历史遗留的社会负担 устранение унаследованного от прошлого социального бремени в городах с иссякшими ресурсами
绑架儿童 похищать детей
包办代替 подменять собой других; устанавливать свою опеку
包庇 взять (кого-что) под свою за-

щиту; заступаться (за кого); покровительствовать (кому-чему)

包产到户 закрепление производственного задания за крестьянскими дворами

包工包料 подряд на выполнение фиксированного объема работ с фиксированным расходом сырья

包工合同 договор на подряд; договор о подряде

包容多样 толерантно относиться к многообразию

包容性增长 инклюзивный рост; толерантный рост

薄弱环节 узкое место; слабое звено

薄弱学科 слаборазработанные отрасли науки

饱经沧桑 испытывать превратности судьбы; испытывать много превратностей в жизни

饱食终日,无所用心 жить в сытости и праздности

饱受列强欺辱 подвергнуться угнетению со стороны империалистических держав

宝贵结晶 ценнейшая квинтэссенция

宝中之宝 валюта валют; самое ценное изо всех ценностей

保安部 служба безопасности

保安人员 сотрудник охраны; охраник

保持昂扬向上的精神状态 сохранять (поддерживать в себе) высокое стремление вперед

保持查办案件的强劲势头 сохранять мощную тенденцию привлечения к ответственности по конкретным делам

保持党的先进性 сохранение передового характера партии

保持繁荣稳定 оставаться в состоянии процветания и стабильности

保持高度警惕 сохранять высокую бдительность

保持高水平 держать (что) на высоком уровне

保持革命晚节 беречь до старости свою революционную честь

保持和谐稳定 продолжать находиться в состоянии гармонии и стабильности

保持基本平衡 поддерживать основной баланс

保持经济平稳、较快发展 обеспечение устойчивого и относительно быстрого развития экономики

保持劳动人民本色 сохранять в себе качества, присущие трудовому народу

保持冷静和克制 сохранять хладнокровие и сдержанность

保持民族性 сохранять свой национальный характер

保持谦虚谨慎,不骄不躁 оставаться скромной и осмотрительной, не зазнаваться и не горячиться

保持社会供求总量基本平衡 обеспечивать в основном баланс совокупного общественного спроса и предложения

保持生态平衡 поддерживать экологический баланс

保持适度的增长速度 сохранять надлежащие темпы роста

保持体面 соблюсти декорум; соблюсти внешние приличия

保持外交关系 поддерживать дипломатические отношения

保持血肉关系 поддерживать кровную связь

保持友好关系 поддерживать дружеские отношения

保持战略定力 сохранять стратегическую решимость

保持中立 соблюдать нейтралитет

保持自己的地位 отстаивать свое положение

保持总需求和总供给平衡 обеспечивать сбалансированность совокупного общественного спроса и предложения

保存实力 сохранять реальную мощь

保单 страховой полис; гарантийная квитанция; письменная гарантия

保护残疾人利益 защищать интересы инвалидов
保护党员干部干事创业的积极性 защищать предприимчивость и новаторский энтузиазм партийных кадров
保护发明权 охранять права изобретателей
保护耕地 охранять пахотные земли
保护公平竞争 охранять справедливую конкуренцию
保护关税 охранительная пошлина; покровительная пошлина
保护国家财产 хранить государственное имущество
保护合法收入 охранять (защищать) законные доходы
保护环境 охранять окружающую среду
保护价制度 система протекционных (охранительных) цен
保护居住环境 охрана среды обитания
保护民族文化及权益 защищать этнические культуры и права
保护区 протекционные зоны
保护生态环境 охрана экологической среды
保护所有权 защищать право собственности
保护投资者的合法权益 защищать законные права инвесторов
保护土地和水资源 охранять земельные и водные ресурсы
保护文物法规 законодательные акты по охране памятников культуры
保护现场 расставлять на месте происшествия охрану
保护消费者行动 консьюмеризм, акции в защиту прав потребителей
保护性关税 покровительственная пошлина
保护珍稀动物 оберегать редкие и ценные виды животных
保护政策 протекционная политика
保护知识产权 защита прав интеллектуальной собственности

保护主义 протекционизм
保基本、兜底线、建机制 обеспечение основных жизненных потребностей и минимальных социальных гарантий населения, а также и создание необходимых механизмов
保家卫国 защищать домашние очаги и свою Родину
保监会 Комиссия по контролю над страхованием
保健机构 здравоохранительные учреждения
保健食品 продукты здорового питания
保留工资 сохраняемый оклад
保留金融中心地位 сохранить статус финансового центра
保留权力 оставить за собой право
保留条约 оговорка; резервирование статьи
保留要求赔偿损失的权力 оставлять за собой право требования возмещения ущерба
保留意见 оставаться при своем мнении
保留自由港地位 сохранить статус порто-франко
保人 гарант; поручитель
保释 освободить на поруки
保守党和国家机密 хранить партийную и государственную тайну
保守的观点 консервативные взгляды
保守的立场 консервативная позиция
保守派 консерватор; рутинер
保守势力 консервативные силы
保守习气 дух консерватизма
保税区 беспошлинная зона; бондовый район
保外就医 выпустить на поруки для лечения
保温材料 термоизоляционный материал
保鲜食品 пищевые продукты, поддерживаемые в состоянии свежести
保险赔偿金 страховое возмещение

保险人 страховщик

保险业 страховая отрасль

保修期 гарантийный срок; срок годности

保增长、保民生、保稳定 обеспечение экономического роста, улучшение жизни народа и поддержание социальной стабильности

保障安全生产 обеспечение безопасности производства

保障被审查人员合法权利 обеспечить законные права проверяемых лиц

保障残废军人生活 обеспечить жизнь воинов-инвалидов

保障出口的稳定性 обеспечить стабилизацию экспорта

保障党员民主权利 гарантировать демократические права членов партии

保障地方政府的配套资金需要 удовлетворить потребности местных правительств в финансировании соответствующих инвестиционных проектов

保障公民合法权益 гарантировать законные права и интересы граждан

保障供给 обеспечить снабжение; гарантированное снабжение

保障民主权利 гарантировать демократические права

保障人大代表依法行使职权 гарантировать депутатам СНП право исполнять свои полномочия согласно закону

保障人民安居乐业 обеспечение народу спокойной жизни и мирного труда

保障人民各项权益 гарантировать права и интересы народа

保障人民基本生活 гарантировать основные жизненные потребности народа

保障人民生命财产安全 обеспечение безопасности жизни и имущества народа

保障食品安全 обеспечение безопасности продуктов питания

保障性安居工程 Программа обеспечения гарантированным жильем

保障性住房 гарантированное жилье; гарантийный дом

保障有力 действенное обеспечение

保证党对军队的绝对领导 обеспечить абсолютное руководство партии армией

保证党领导人民有效治理国家 гарантировать эффективное управление государством со стороны народа под руководством партии

保证法制统一 обеспечить единый правопорядок

保证国家重点建设 обеспечить строительство важнейших государственных объектов

保证合理化的投资 обеспечить рациональные масштабы инвестирования

保证金 материнская плата

保证全党的团结统一和行动一致 обеспечивать сплоченность и единство партии, согласованность ее действий

保证审判机关、检察机关依法独立公正地行使审判权、检察权 обеспечивать суду и прокуратуре самостоятельное и беспристрастное исполнение своих полномочий в соответствии с законом

保证政令畅通 обеспечить беспрепятственное исполнение правительственных декретов; обеспечивать правительственным решениям открытую «зеленую улицу»

保证重点、兼顾一般 обеспечивать главное при учете всего остального

保值储蓄 сохранение стоимости денежных сбережений; сберегательные вклады с сохранением стоимости

保质保量 обеспечивать и качество, и количество

保住乌纱帽 сохранить свою карьеру

报废 выбраковывать; становиться непригодным

报告工作 отчитываться о работе

报告会 отчетное собрание
报国之志 стремление служить Отчизне
报请中央批准 представлять что-н. на утверждение ЦК
报上级机关备案 довести до сведения вышестоящего органа
报税单 налоговая декларация
抱有成见 предвзято относиться (к чему)
抱着观望态度 придерживаться выжидательной тактики
抱着合作的态度来解决问题 взяться за решение проблемы, исходя из стремления к сотрудничеству
暴跌 резкое падение
暴发户 нувориш
暴发性问题 взрывоопасная проблема
暴力犯罪 преступление с применением насилия
暴力升级 эскалация насилия
暴利 сверхприбыль; бешеная прибыль
暴乱 смута; мятеж; беспорядки
暴涨 резкое повышение
悲观论调 пессимистические высказывания
悲喜交集 счастье с горем пополам
备案 доводить до сведения; приобщать к делу
备付金 запасной платежный фонд
备受国际社会瞩目 привлечь к себе большое внимание международного сообщества
背道而驰 идти вразрез (с чем)
背井离乡 уходить на сторону
背景资料 пресс-кит
背离路线 отойти от линии
背离制度设计初衷 отступление от первоначального системного планирования
背水一战 вступать в смертельный бой; стоять насмерть
背信行为 вероломные действия
背着大包袱前进 идти вперед с большим грузом на плечах

倍加顾全大局 вдвойне заботиться о деле в целом
倍加维护稳定 вдвойне беречь стабильность
倍加珍视团结 вдвойне дорожить сплоченностью
被困井下矿工 шахтеры, заблокированные в забое
被迫中断 вынужденный перерыв
被任命为驻……大使 быть назначенным послом
本报记者 собственный корреспондент; собкор
本届政府 нынешнее правительство
本科、专科毕业生 выпускники вузов с полной и неполной (сокращенной) программами обучения
本末倒置 перевернуть все вверх дном
本位货币 основная валюта
本位主义 ведомственность; ведомственный эгоизм
本息 капитал и проценты
本着对人民负责的精神 руководствоваться чувством ответственности перед народом
本着公正的态度 руководиться чувством справедливости
本着平等互利的原则 на принципах равенства и обоюдной выгоды
本着平等协调、互谅互让的精神 в духе равноправных консультаций и взаимных уступок
本着尊重历史、立足现在、着眼未来的精神 основываться на принципе приверженности духу «уважение к истории, стояние на реальности и обращения взора в будущее»
本质和主流 сущность и главная тенденция
本质属性 существенный атрибут
逼还债款 принуждать к погашению задолженности
比比皆是 повсюду практиковаться; встречаться повсеместно
比价 сопоставимая цена; соотношение

товарных цен

比较成本 сопоставимая себестоимость

比较优势 сопоставительные преимущества

比例失调 нарушение пропорции; диспропорция

笔战 литературный спор

币值 покупательная способность денег; стоимость денег

币制改革 денежная реформа

必经的阶段 неизбежная ступень

必然规律 непреложная закономерность

必然结局 неизбежный исход

必然灭亡 неизбежная гибель

必然要求 неизбежные требования

必然走向 неизбежная тенденция

必修课 обязательный предмет

必须经集体讨论做出决定 необходимо выносить решения на основе коллективного обсуждения

必须相机抉择 решать с учетом конкретной ситуации

必要的调整 необходимое регулирование

必要时候 в случае необходимости

必由之路 неминуемый путь

闭关经济 замкнутая экономика

闭关自守 замкнутость; замыкаться в самом себе; отгородиться от внешнего мира; самоизоляция; вариться в собственном соку

闭会期间 период между сессиями

闭幕报告 заключительный доклад

闭幕会议 заключительное заседание

庇护权 право предоставления убежища; право предоставлять убежище

避不作答 уклониться от ответа

避而不谈 обойти (что) молчанием

避开事实 обходить факты

避免爆发内战和区域性战争 предотвращать возникновение гражданских региональных войн

避免出现大的起落 избежать резких подъемов и спадов

避免发生冲突 уклониться от столкновения

避免各类货币风险 страховать себя от разного рода валютных рисков

避免事态的扩大 избежать осложнения обстановки

避免双重征税 избежание двойного налогообложения

避难权 право убежища

边防检查站 пограничный пункт для проверки

边防建设 оборонное строительство в пограничных районах

边防哨卡 пограничная застава

边际效应 предельная эффективность

边疆巩固 укрепление пограничных краев

边角余料 отходы производства

边界(线)走向 прохождение линии границы

边界不可侵 неприкосновенность границы

边界冲突 конфликт на границе

边界的核准 уточнение границы

边界的划定 демаркация границы

边界的调整 ректификация границы

边界纠纷 пограничный инцидент

边界事件 инцидент на границе

边界问题 пограничный вопрос

边界现状 существующее положение на границе

边界协定 Соглашение о демаркации границы

边界争端 пограничный спор

边境冲突 пограничное столкновение

边境口岸 погранпереход

边境领土纠纷 погранично-территориальные разногласия

边境站 пограничная станция

边境驻军 войска, расположенные в районах границы

边缘学科 пограничные науки (дисциплины)

边远地区 отдаленные районы

编外干部 внештатные кадровые работники

编外人员 внештатный работник
编造假账 фальсифицировать отчетность
编制 организационная структура; штатное расписание
贬值 девальвация; обесценивание
变更国籍 изменение гражданства
变官办为民办 перейти от организации дел «чиновниками» к организации дел самим народом
变坏事为好事 превратить плохое в хорошее; обратить негативное в позитивное
变为附庸 превратиться в сателлита (придаток)
变相独立 завуалированная независимость
变相举债 завуалированная задолженность
变相敲诈勒索 завуалированные шантаж и вымогательство
变相逃废债务 завуалированное уклонение от погашения (возврата) долгов
变相涨价 завуалированное повышение цен на товары
变压力为动力 превращать прессинг в движущую силу
便民商业网点 удобная для населения торговая сеть
辩护权 право на защиту
辩护人 защитник; адвокат
辩护制度 система защиты
辩证关系 диалектическая взаимосвязь
辩证唯物主义的思想路线 идеологическая линия диалектического материализма
标本兼治 совмещать паллиативные меры с радикальными; соединять капитальную работу с некапитальной; принимать как паллиативные, так и радикальные меры
标签价 этикетная цена
标志性的新阶段 ознаменоваться новым этапом
标准合同 типовой договор (контракт)
标准化建设 продвигать стандартизацию работу
标准煤 стандартный углекислый газ
标准燃料 эталонное топливо
标准设计 типовой проект
标准文件 типовая документация
表决权 право решающего голоса
表面上的成绩 показные успехи; видимый успех
表面现象 поверхностное явление
表明我们党反对腐败的坚强决心和鲜明态度 продемонстрировать твердую решимость и четкую позицию нашей партии
表示崇高的敬意 выразить чувство глубокого уважения
表示慰问 выражать свое сочувствие (симпатию)
表示遗憾 выражать сожаление
表现出更高要求 предъявлять более высокие требования
表现出远见卓识 проявить дальновидность
表现出政治上的成熟 проявить политическую зрелость
表扬先进、督促后进 отмечать передовых и подстегивать отстающих
表彰劳动模范和先进工作者事迹 отмечать заслуги отличников труда и передовых работников
表彰有杰出贡献的文化工作者 отмечать работников культуры за выдающиеся заслуги
别国模式 иностранная модель
别有用心 преследовать другие цели
濒危野生动、植物种 виды дикой фауны и флоры, находящиеся под угрозой исчезновения
濒于绝境 стоять перед пропастью
濒于亏损的企业 маргинальное предприятие
兵役法 Закон о воинской службе
兵役义务 воинская обязанность

兵役制度 система воинской службы
秉公执法 судить по справедливости; по справедливости исполнять служебные обязанности
并轨 сводить воедино
摈弃成见 освободиться от стереотипов
摒弃文化糟粕和精神垃圾 выметать мусор культуры и духовные отбросы
拨付企业亏损补贴 предоставлять дотации на покрытие убытков предприятий
拨改贷 заменить ассигнования кредитами; перейти от финансирования к кредитованию
拨款 бюджетные ассигнования; ассигнование средств
拨乱反正 выправление ошибочного и восстановление правильного; покончить с беспорядками и поставить все на правильный путь; ввести в нормальную колею
拨正航向 выправить направление
波浪式前进 волнообразное поступательное движение
剥夺公民权 поражение гражданских прав
剥夺国籍 лишение гражданства
剥夺选举权 лишить права избирать
剥夺政治权利 лишать политических прав
剥夺自由 лишение свободы
剥削阶级 эксплуататорские классы; класс эксплуататоров
播下希望的种子 сеять семя надежды
播种面积 посевные площади
驳斥 дать отповедь
驳斥谎言 опровергнуть ложь
勃勃生机 жизнеутверждающая сила
博采众家之长 перенимать все лучшее у различных школ
博大的胸怀 широкая натура; широта души
博大精深的文明 цивилизация необычайно широкого диапазона и глубины
博得人心 овладеть умами людей
补偿基金 компенсационный фонд
补偿贸易 компенсационная торговля
补偿税 компенсационные пошлины
补偿损失 компенсировать потери
补充编制 комплектование кадров
补充措施 добавочные меры
补充规定 дополнительные установки
补充合同 дополнительный договор
补充计划草案 дополнительный план (проект)
补充决议 дополнение к резолюции
补还欠账 погасить задолженность
补缴税款 внести недоимку по налогам
补救办法 средство для спасения положения
补选代表 выборы депутатов вместо выбывших
不安定因素 факторы нестабильности; нестабилизирующие факторы
不把自己的意志强加于人 не навязывать другим свою волю
不白之冤 без вины виноватый
不抱幻想 не питать иллюзий
不卑不亢 держаться с достоинством
不参加任何集团 не принимать участие ни в каких блоках
不称霸、不做超级大国 не претендовать на гегемонию, не превращаться в сверхдержаву
不称职 не справляться с должностью
不成文的协定 неписанный договор
不出现大的波动 избежать крупных потрясений
不打赤字预算 не составлять бюджет с дефицитом
不到位 не на должном уровне
不得谋求任何私利和特权 не претендовать ни на какие личные выгоды и привилегии
不得挪作他用 Запрещается использовать не по назначению.
不得侵犯 не разрешается посягать

不得人心 вызвать антипатию; не встретить поддержку со стороны народа
不得已的妥协 вынужденный компромисс
不等价交换 неэквивалентный обмен
不动产 недвижимость
不断发展我国同周边国家的睦邻友好关系 обеспечивать непрерывное расширение добрососедских и дружественных отношений
不断前进 непрерывно идти вперед
不断深化干部人事制度改革 непрерывно углублять реформу кадровой системы
不断提高 систематическое повышение
不断提高党的创造力 постоянно увеличивать свои творческие возможности
不断提高环境监管能力 непрерывно повышать возможности мониторинга и контроля за экосферой
不断提高政治鉴别力和政治敏锐性 непрерывно повышать политические разборчивость и чутье
不断完善 с непрерывным совершенствованием
不对抗、不结盟 без конфронтации, без вступления в союз
不对任何国家构成军事威胁 не составлять военную угрозу другим странам
不发达国家 недостаточно развитые страны
不发达状态 состояние (экономической) неразвитости
不法分子 правонарушитель
不法行为 правонарушение; противозаконное действие
不妨碍大局 не мешать общему делу
不费吹灰之力 (делать что) легче легкого
不符合实际 не соответствовать действительности

不负盛名 носить свое имя недаром
不负责任 безответственное отношение к делу
不负众望 оправдать всеобщее доверие; не обмануть надежды народа
不负自己的使命 оправдать свое назначение
不附带任何条件 не ставить никаких дополнительных условий
不甘心落后 не смириться с отсталым положением
不甘心失败 не смириться со своим поражением
不敢大胆前进 излишне робко продвигаться вперед
不敢腐 нерешимость брать взятки
不敢正视历史 не осмеливаться прямо смотреть на историю
不干涉别国内部事务 не вмешиваться во внутренние дела других стран
不搞急刹车 не идти на резкое торможение
不搞军备竞赛 не участвовать в гонке вооружений
不搞小动作 не заниматься трюкачеством
不搞小圈子 не примыкать ни к каким фракциям
不搞形式主义 не допускать формализма; не заниматься формализмом
不辜负党和人民的期望 оправдать доверие партии и народа
不辜负光荣称号 оправдать почетное звание
不顾利益 игнорировать интересы
不顾事实 игнорировать факты; не считаться с фактами
不顾国际惯例 игнорировать международную практику
不合理的收费、集资、摊派 несправедливые денежные сборы, неразумная мобилизация средств, неправомерные раскладки
不合理的政策 неразумная политика
不合理收费 самовольные денежные

сборы
不合理收入 нерациональные (неправомерные) доходы
不合逻辑 противоречить логике
不合时宜 не отвечать требованиям времени
不和谐因素 факторы дисгармонии
不回避分歧 не обходить разногласия
不记名支票 чек на предъявителя
不建立任何官方性质的关系 не установить отношения официального характера в какой бы то ни было форме
不健康作品 нездоровые произведения
不讲情面 невзирая на лица; пренебрегать чувствами других людей
不讲效率 неоперативность в работе
不骄不躁 непримиримость к зазнайству и горячности
不结盟 неприсоединение к блокам
不结盟运动 движение неприсоединения
不结盟政策 политика неприсоединения
不竭动力 неиссякаемая движущая сила
不进则退 Не будешь наступать — придется отступать; не продвинешься вперед — отступишь назад.
不经济 неэкономичность
不景气 депрессия; застой; стагнация
不拘礼节 без протокола; без церемоний
不具有历史基础 не иметь исторических оснований
不可避免的冲突 неизбежное столкновение
不可避免的失败 неизбежное поражение
不可辩驳的事实 неоспоримый факт
不可动摇的基本国策 незыблемые основные политические установки страны
不可动摇的基础 незыблемые основы
不可动摇的历史结论 неопровержимые исторические выводы
不可分割的历史进程 неразделимый исторический процесс
不可分割的内在联系 неразрывная внутренняя связь
不可分割的整体 неотделимое единое целое
不可分割的组成部分 неотделимая составная часть
不可告人的目的 неблаговидная цель
不可估量的意义 неоценимое значение
不可或缺的重要组成部分 жизненно важные составляющие системы
不可抗力 форс-мажорное обстоятельство; непреодолимая сила; обстоятельство непреодолимой силы
不可靠的消息 недостоверное сообщение
不可克服的障碍 непреодолимые препятствия
不可弥补的损失 незаменимая потеря; невосполнимая утрата
不可磨灭的贡献 немеркнущий вклад
不可磨灭的痕迹 неизгладимая печать
不可逆转的潮流 необратимое течение
不可替代的作用 незаменимая роль
不可逾越的阶段 неминуемый этап
不可逾越的障碍 неодолимая преграда
不可再生的自然资源 невозобновляемые естественные ресурсы
不可战胜的神话 миф о непобедимости
不可争辩的事实 бесспорный факт; неоспоримый факт
不可自由兑换的外币 необратимая валюта; неконвертируемая валюта
不可阻挡的时代潮流 неудержимое веяние времени
不刻意追求 не стремиться специально
不扩散核武器 нераспространение ядерного оружия
不扩张 не стремиться к экспансии
不滥用职权 не использовать служебного положения в личных целях
不利的气候条件 неблагоприятные климатические условия

不良产品 негодная продукция
不良贷款 безнадежные (невозвратимые, плохие) кредиты
不良的反应 отрицательный отзыв
不良行为 неблаговидные действия
不良后果 неблагоприятные результаты
不良倾向 нездоровые тенденции
不良信贷资产 плохие (безнадежные) кредитные активы
不良信誉(名声) нежелательное паблисити; черный пиар
不良资产 плохие (безнадежные) активы
不留隐患 устранять скрытые опасности
不明飞行物 неопознанный летающий объект (НЛО)
不明身份人员 неизвестные лица
不谋求任何形式的霸权 не претендовать на гегемонию в какой бы то ни было форме
不谋私利和特权 не претендовать на личные выгоды и привилегии
不拿原则换人情 не поступаться принципами в расчете приобрести расположение
不能出格 нельзя выходить за пределы допустимого
不能掉以轻心 не шутить с огнем; относиться (к чему) с легким сердцем никогда нельзя
不能犯颠覆性错误 не допускать роковых ошибок
不能蛮干 нельзя действовать напролом
不能说明财产来源 не смочь объяснить происхождение своего имущества
不能脱离政治 не мочь находиться в стороне от политики
不能为所欲为 не мочь действовать со свободными руками
不能向……交代 оказаться в трудном положении перед лицом (кого)
不能以牺牲……为代价换取…… нельзя

жертвовать (чем) ради (чего)
不能自圆其说 (у кого) не сходятся концы с концами
不怕牺牲 проявить бесстрашие перед смертью; не бояться смерти
不怕辛苦 невзирая на трудности
不平等条约 неравноправный договор
不起诉 не возбуждать дела
不恰当的做法 неоправданные (неравномерные) действия
不切实际的幻想 неуместная фантазия
不切实际的政绩工程 оторванные от реалий, так называемые объекты-символы административных успехов
不屈不挠、前赴后继的斗争 непреклонная самоотверженная борьба, когда на место павших встают новые борцы
不去计较历史的恩怨 не застревать на прошлых обидах
不确定因素 факторы неопределенности
不容怀疑 не подлежать сомнению
不容乐观 не давать поводов для оптимизма
不容推辞的义务 безусловное обязательство
不容拖延 не терпеть отлагательство
不容争辩的事实 неоспоримый факт
不辱使命 с честью выполнять свою миссию
不尚空谈 не пустословить
不失时机 не упустить момент
不失体面 соблюсти декорум
不时之需 экстренные нужды
不使用武力 не прибегать к силе
不是没有根据的 иметь под собой основания
不守教条 не впадать в догматизм
不首先使用核武器 не применять первыми ядерное оружие
不受摆布 избавиться от подвластного положения
不受法律追究 не привлекаться к юридической ответственности

不思进取 не стремиться к прогрессу

不速之客 нежданный гость; незванный гость

不损害第三国利益 не ущемлять интересы третьих стран

不损一根毫毛 не тронуть волоска (у кого)

不太长的历史时期 сравнительно недолгий исторический период

不同层次的需求 многоуровневые потребности

不同看法 различия во взглядах; неодинаковые точки зрения

不同任何国家或国家集团结盟 не объединяться в союзы с какой бы то ни было страной или группой стран

不同阶层的收入 доходы слоев населения с разным достатком

不同性质的矛盾 качественно различные противоречия

不同意见的少数人 несогласное меньшинство

不同政治制度、历史文化背景和经济发展水平的国家 страны с разным политическим режимом, разной историей и культурой и разным уровнем экономического развития

不痛不痒的批评 беззубая критика

不痛不痒的问题 не волнующий и не острый вопрос

不完全适应 не полностью отвечать требованиям

不为任何风险所惧 не страшиться никаких рисков

不违农时 не нарушать сроков сельхозработ

不唯本本 не заниматься начетничеством

不畏艰难、顽强拼搏 презрение к трудностям и упорство в борьбе

不畏强权 не страшиться силовой политики

不闻不问 быть глухим (к чему); впадать в анабиоз

不稳定因素 дестабилизирующий фактор

不问是非曲直 не разобраться в сути дела

不问政治 отойти от политики; аполитичность; аполитизм

不无理由 не без причины

不务虚名 не гнаться за мнимой славой

不惜人力和物力 не жалеть сил и средств

不惜牺牲个人的一切 не останавливать ни перед какими личными жертвами

不惜一切代价 не останавливаться ни перед чем; не жалея ничего

不惜资本 не жалеть средств

不协调 нескоординированность; дисгармония; несогласованность

不屑一顾 презрительно махать рукой по поводу (чего)

不懈怠 не допускать расхлябанность

不懈的努力 неустанные усилия

不懈探索实践 в неустанных практических поисках

不信仰宗教的自由 свобода неисповедания никакой веры

不幸事件 несчастные случаи

不朽的功绩 немеркнущие подвиги

不朽的思想 немеркнущие идеи

不朽功勋 нетленный вклад

不宣而战 без объявления войны напасть (на кого)

不言而喻 само собой разумеется

不要感情用事 не надо поддаваться чувствам

不要局限于老框框 не ограничиваться старыми рамками

不要怕风险 не стоит бояться риска

不要求任何特权 не требовать никаких привилегий

不要着眼于个人功过 не следует фокусировать все внимание на заслугах или заблуждениях отдельных личностей

不依附于人 не зависеть от других

不遗余力 делать все от себя зависящее

不以邻为壑 не приносить в жертву

ближнего

不以人们的意志为转移 не зависеть от воли людей

不义之财 бешеные деньги

不友好态度 недружественный подход

不愿对抗 не заинтересованный в конфронтации

不愿透露姓名的人 лицо, пожелавшее остаться неназванным

不择手段 все монеты хороши (для кого); не брезгать никакими средствами; не останавливаться ни перед чем

不增加军费开支 неувеличение военных расходов

不折不扣地履行 неукоснительно выполнить

不折腾 не сидя без дела и не мытаря

不着边际 не иметь отношения к делу; не на тему

不针对第三国 (что) не направлено против третьих стран

不正当利益 сомнительные выгоды

不正当经营 несправедливая деятельность

不正当竞争 недобросовестная конкуренция

不正之风 порочный стиль; вредные поветрия

不知所措 не знать куда глаза девать

不值一驳 (что) не стоит, чтобы его опровергать; не выдержать ни малейшей критики

不指名 без адреса; (что делать), не указывая на лица

不治之症 неизлечимая болезнь

不追求个人的荣誉和利益 не гнаться за личной славой и выгодой

不自量力 переоценка своих сил

不走封闭僵化的老路 отказаться от старого пути, характеризующегося замкнутостью и косностью

不走改旗易帜的邪路 отказаться от порочного пути смены своего знамени

不足法定人数 отсутствие кворума; нет кворума

不作为 неисполнение служебных обязанностей; бездействие

不作死就不会死 За что боролись, на то и напоролись.

不做表面文章 не гнаться за внешним эффектом

不做定论 вопрос оставить открытым

不做损人利己的事情 не вредить другим ради собственной выгоды

不做有损中国主权的事情 воздержаться от того, что могло бы ущемить суверенитет Китая

布局改善 улучшение архитектоники

布局合理 рациональное размещение

步……后尘 идти вслед (за кем); идти по пятам (кого)

步入正轨 входить в рабочее русло

步调一致 идти в ногу (с кем); стать в ногу (с кем)

步子不够稳 недостаточно продуманные шаги

步子更快一些 еще более ускорить шаги

步子迈不大 сделать достаточно скромный шаг

步子要稳 идти ровным шагом

部门、地区、企业间参股 на паях ведомств мест и предприятий

部门封锁 межведомственные преграды

部门联合信息发布制度 система межведомственного совместного опубликования информации

部门预算 ведомственные бюджеты

部署 общая диспозиция; план расположения

部署得当 правильная расстановка сил

部长级谈判 переговоры на уровне министров

部长级磋商 консультация на министерском уровне

C

材料工业 сырьевая промышленность
材料密集型产品 материалоемкая продукция
财产保险 страхование имущества
财产分割 раздел имущества
财产构成 имущественная структура
财产关系 имущественные отношения
财产划分 раздел имущества
财产来源 происхождение имущества
财产目录 опись имущества; инвентарная опись
财产权 имущественные права
财产税 поимущественный (имущественный) налог; налог на собственность
财产性收入 доходы от имущества; имущественные доходы
财产状况 имущественное положение
财经纪律 финансово-экономическая дисциплина
财经制度 финансово-экономическая система
财经秩序 финансово-экономический порядок
财经状况 финансово-экономическое положение (состояние)
财力 финансовые возможности; финансовые ресурсы; финансовая мощь
财力分散，使用失控 распыленность средств и бесконтрольность в их использовании
财力过少 крайняя нехватка финансовых ресурсов
财力拮据 скудость финансовых средств
财力物力 финансовые и материальные ресурсы
财税扶持政策 льготная финансово-налоговая политика
财税改革 финансово-налоговая реформа
财税秩序 финансово-налоговый порядок
财团 финансовая группа; консорциум
财务管理 управление финансами (финансовой деятельностью)
财务会计人员 финансисты и бухгалтеры; финансово-бухгалтерский персонал
财务会计制度 финансово-бухгалтерская система
财务混乱 финансовый хаос
财务活动 финансовая деятельность
财务机密 финансовая тайна
财务监察机制 механизм финнадзора
财务监督 финансовый контроль (надзор)
财务监督社会化体系 социализированная система финансового контроля
财务检查 финансовая проверка (ревизия)
财物充公 конфисковать деньги и имущество
财源 источники финансов
财政包干 брать на себя всю экономическую ответственность
财政拨款 ассигнования из госбюджета; бюджетное финансирование
财政补贴 финансовая дотация
财政赤字 бюджетный (финансовый) дефицит
财政冻结 финансовая блокада
财政法 Финансовое право
财政分配结构 структура распределения бюджетных ассигнований
财政高度集中 высокая концентрация финансовых средств
财政管理不善 управление финансами неудовлетворительно

С

财政管理和监督 финансовое управление и контроль
财政管理体系 система финансового управления
财政核算 финансовый учет
财政计划 финансовый план
财政纪律 финансовая (бюджетная) дисциплина
财政监督 финансовая ревизия; финансовый контроль
财政金融机构 валютно-финансовые органы
财政紧缩 финансовое свертывание
财政经常性收入 постоянные бюджетные поступления
财政决算 исполнение бюджета
财政开支 бюджетные расходы (выплаты)
财政恐慌 финансовая паника
财政亏空 финансовый разрыв
财政立法 финансовое законодательство
财政平衡 финансовая сбалансированность
财政上的支持 финансовая поддержка
财政收入 финансовые доходы (поступления); бюджетные доходы
财政收入的主要来源 главные источники финансовых доходов
财政收支 финансовые доходы и расходы; доходы и расходы госбюджета
财政收支差额 сальдо финансовых доходов и расходов
财政收支结构 структура финансовых доходов и расходов
财政收支平衡 сбалансированность бюджетных доходов и расходов
财政手段 финансовый инструмент
财政税收法规 финансовые и налоговые правовые нормы
财政税收政策 финансово-налоговая политика
财政税收制度 финансово-налоговая система
财政税务机关 финансово-налоговые органы
财政体系 система финансов
财政投入 финансовые инъекции
财政投资 финансовая инвестиция
财政信贷 финансы и кредиты
财政形势严峻 финансовая ситуация серьезна
财政债券 облигации финансового займа
财政政策 финансовая политика
财政政务公开力度进一步加大，及时性和透明度逐步提高 значительно усиливать динамику обеспечения открытости финансово-административной информации, постепенно повышать и ее своевременность и прозрачность
财政支大于收 финансовые расходы с превышением доходов
财政制裁 финансовые санкции
财政专项债券 облигации финансовых займов специального назначения; бюджетные заемные облигации специального назначения
财政转移支付 трансфертные финансовые платежи
财政状况 финансовое положение; финансовое состояние
财政资源 финансовые ресурсы
财政总收入 доходная часть бюджета; общие доходы бюджета
财政总支出 расходная часть бюджета; общие доходы бюджета
裁(减)员 сокращать штат
裁减行政人员 сократить административный персонал
裁减军队 сокращение армии
裁减军队人数 сокращать численность военнослужащих
裁决 вынести окончательное решение
裁军百万 сократить вооруженные силы на один миллион человек
采访记者 аккредитация
采访组 пресс-группа

采纳建议 принять предложение
采取步骤 пойти на шаг
采取放任的态度 допускать попустительство (в отношении к кому-чему)
采取非常措施 прибегать к крайней мере
采取各种形式 применять в разнообразных формах
采取观望态度 занимать выжидательную позицию
采取行动 предпринять действие
采取合理的方法 предпринять разумные меры
采取坚决步骤 предпринять решительные меры
采取间接方式 использовать косвенные пути
采取紧急措施 предпринимать экстренные меры
采取克制态度 проявлять сдержанность
采取明智的立场 занять разумную позицию
采取十分慎重的态度 проявить максимум осторожности
采取实际步骤 предпринимать практические шаги
采取妥协的办法 пойти на компромисс
采取相应对策 принимать адекватные меры
采取有力措施 пойти на действенные меры
采取预防措施 принимать меры предосторожности
采取正确的政策措施 правильные установки и адекватные меры
采取主动 предпринять инициативу
采用发明和合理化建议 внедрить (во что) изобретения и рационализаторские предложения
采用教育的方法 прибегать к методу воспитания
采用经济和法律手段 использовать экономические и правовые рычаги
采用疏导的方法 прибегать к методу убеждения
彩票 лотерея; выигрышный билет
彩票管理条例 положение об управлении лотереями
踩踏 давка
参股 совместные паи; участвовать в паях; акционерное участие
参股人 акционер; пайщик
参股投资 долевое инвестирование
参加党的有关会议 участвовать в соответствующих партийных собраниях
参加党的组织生活 принимать участие в жизни парторганизации
参加国 страна-участница
参加内阁 входить в состав кабинета
参加条约 присоединиться к договору
参加议会的政党 парламентская партия
参考价格 справочная цена
参考消息 служебный вестник
参考资料 справочный аппарат
参议院 верхняя палата
参与多边事务 принимать участие в многосторонних делах
参与国际竞争 включиться в международную конкуренцию
参与经济犯罪 быть замешанным в экономических преступлениях
参与权 право на участие в конкретной деятельности
参与社会管理和公共服务 участие в социальном управлении и общественном обслуживании
参赞 советник-посланник
参政 участие в управлении государством
参政议政 участвовать в управлении государством и в обсуждении государственных дел
餐厨垃圾 пищевые отходы
餐饮业 предприятия общественного питания

C

蚕食 операция по «обгрызанию»
残奥会 параолимпиада
残废军人 воин-инвалид
残疾人保障法 Закон об обеспечении инвалидов
残疾人康复和托养工程 программа реабилитации инвалидов и социального попечительства над ними
灿烂前景 блестящие перспективы
仓储和运输费用 издержки хранения и перевозки (продукции)
仓储业 складское хозяйство
仓皇逃窜 бежать в панике
苍蝇老虎一起打 бороться как с крутыми коррупционерами, так и с мелкими взяточниками
操之过急 проявлять поспешность; чрезмерно торопиться
操纵别国的经济 контролировать экономику других стран
操纵国际事务 командовать в международных делах
操纵货币汇率 манипулировать валютным курсом
操纵市场价格 диктовать цены на рынке
操纵证券市场 контролировать фондовые рынки
操作规程 правила эксплуатации (оборудования)
操作技能 операторские навыки
操作人员 оператор
草地治理 упорядочение степей
草签协议 парафировать соглашение; предварительно подписать соглашение
侧面了解 узнавать стороной
测试试验基地 опытно-испытательная база
测算 ориентировочные (предварительные) расчеты
测算标底 предварительные расценки (тендерских объектов); рассчитывать исходные показатели
测土配方施肥补贴 выдача дотаций на рациональное внесение удобрений на основе анализа почвы
策略措施 тактические меры
策略规定 тактическая установка
策略考虑 тактические соображения
层层落实 поступенчатое претворение в жизнь
层层盘剥 поярусно обирать
层层转包 поярусная переуступка подряда
层出不穷 идти непрерывной чертой; возникать одно за другим
层次和技术水平 классность и технический уровень
层级制 иерархическая система
插手 причастность (к чему)
查办 приводить (кого) к ответственности; отдать (кого) под суд
查处大案要案 расследовать и разрешать особо крупные и важные дела
查处各种违法乱纪行为 произвести расследование и вынести приговоры по делам о нарушении закона и дисциплины
查封财产 наложить арест на имущество; арест имущества
查封存款 арест вклада
查封住所 опечатать квартиру
查明犯罪事实 установить факт преступления
查明细节 выяснить подробности
查阅案卷 знакомиться с делом
查账 проверка счетов
差别关税 дифференцированная пошлина
差别利率 дифференцированные процентные ставки; дифференцированные тарифы
差别运价 дифференцированные тарифы на перевозки
差别准备金动态调整机制 механизм динамичного урегулирования дифференцированных резервных средств
差额选举 выбирать на альтернативной основе; выборы по многоман-

датной системе

差价 дифференцированные цены; разрыв в ценах; ценовая разница

拆借 краткосрочное кредитование; межбанковские кредиты

拆迁 снос жилых домов и переселения жильцов

拆迁补偿费 компенсация за снесение жилых домов и переселение

产稻国 рисоводческая страна

产地 место происхождения

产供销 производство, снабжение и сбыт

产供销联合 объединение производства, снабжения и сбыта

产供销脱节 разрыв между производством, снабжением и сбытом

产粮大县 крупные зернопроизводящие уезды

产粮区 зерновой район; житница страны

产能过剩 избыточные производственные мощности

产能过剩行业 отрасль с избыточными производственными мощностями

产品标准国际化 приведение продукции к международным стандартам

产品出口型项目 объекты по производству экспортной продукции

产品代号 индекс изделия

产品代销 реализация продукции на комиссионных началах

产品档次 классность продукции

产品的国产化水平 удельный вес изделий отечественного производства

产品的技术含量 техноемкость продукции

产品的使用价值 потребительская стоимость продукции

产品的资本密集程度 капиталоемкость продукции

产品等级鉴定制 система аттестации продукции по категории

产品方向发展 направление развития продукции

产品更新换代 обновление продукции в следующем поколении (по поколениям)

产品供过于求 продукция, превышающая спрос

产品极大丰富 изобилие продуктов

产品结构 структура продукции

产品介绍会 презентация продукции

产品品种 ассортимент товаров

产品升级 повышение классности продукции

产品税率 ставки налогов на продукцию

产品质量管理制度 система управления качеством продукции

产权 право собственности; имущественное право; право на имущество

产权交易 имущественные сделки

产权清晰,责任明确,政企分开 четкое определение имущественного статуса, уточнение прав и обязанностей отделение государственно-административных функций от функций предприятий

产权有偿转让 возмездная передача имущественных прав

产权转让 передача имущественных прав

产生不良后果 вести к плохим последствиям; приводить к отрицательным последствиям

产销额 доля производства и сбыта

产销率 коэффициент реализации продукции

产销渠道 каналы производства и сбыта

产销脱节 разрыв между производством и сбытом

产销衔接 стыковка производства и сбыта

产销直接见面 непосредственная связь производства со сбытом

产需矛盾 противоречия между производством и потребностями (спросом)

С

产学研合作 сотрудничество производственных организаций, вузов и НИИ
产业革命 промышленная революция
产业格局 конфигурация производств
产业关联度 производственная взаимозависимость
产业规划 производственное программирование
产业化 перевод на промышленную основу; внедрение в производство
产业技术政策 производственно-техническая политика
产业结构 отраслевая структура; производственная структура
产业结构的调整 перестройка (упорядочение) производственной структуры
产业结构的重组和升级 реорганизация и повышение уровня производственной структуры
产业结构合理化 рационализация производственной структуры
产业结构失调 диспропорция производственной структуры
产业结构优化 оптимизация производственной структуры
产业链 индустриальные цепочки
产业政策 производственная политика
产业转型 трансформация производств
产油国 страны-производительницы нефти; нефтепроизводящая страна
产值 стоимость продукции
产值的实际增长 действительный прирост продукции
阐明 внести свет (во что); разъяснять
阐明各种复杂现象 объяснить все сложные явления
阐明历史与法律事实 изложить исторические и законные факты
阐明问题 осветить проблему
阐明自己的观点 изложить свою точку зрения
阐释价格政策 разъяснение ценовой политики

猖獗反扑 бешеная контратака
猖獗活动 оголтелые действия; разгул
常备不懈 быть всегда начеку
常规裁军 сокращение вооружений обычного типа
常规军备 обычные (конвенциональные) вооружения
常规武器 обычное вооружение
常规战争 война с применением обычного оружия
常规装备 обычное оснащение
常年的积劳 усталость, накопленная годами
常年互助组 круглогодичная бригада взаимопомощи
常任代办 постоянный поверенный в делах
常任理事国（联合国安理会） постоянные члены (совет безопасности ООН)
常任制 режим постоянного функционирования
常设机构 постоянные органы
常态 нормальное положение
常务董事 директор-распорядитель; директор-управляющий
常务副主席 первый заместитель председателя
常务机关 постоянный орган
常务委员会 постоянный комитет
常住地 постоянное местожительство
常住人口 постоянное население
常驻代表 постоянный представитель
常驻记者 постоянно аккредитованный корреспондент
偿付能力 платежеспособность
偿还外债 погасить иностранные займы
偿还债务 погасить долг
偿还债务本息 погашать займы с выплатой процентов
长江后浪推前浪 Волны Янцзы догоняют одна другую.
长江三峡截留 перекрытие Янцзы в районе Санься

长江三峡水利枢纽工程 стройка гидроузла Санься на реке Янцзы
长江上游的经济中心 экономический центр в верховьях Янцзы
长江沿岸移民建镇 строить поселки для переселенцев, проживавших по реке Янцзы
长期 на протяжении долгосрочного периода
长期贷款 долгосрочный кредит
长期发展纲要 долговременная программа развития
长期繁荣和稳定 длительное процветание и стабильность
长期方针 долговременный курс
长期工 постоянные рабочие
长期公债 долгосрочный заем
长期共存 длительное сосуществование
长期国债 фундированные (долгосрочные) государственные займы
长期合作的良好伙伴 хорошие партнеры по долгосрочному сотрудничеству
长期借款 долгосрочный кредит
长期亏损 длительная убыточность
长期亏损、资不抵债、扭亏无望的企业 хронически убыточные предприятия, у которых задолженность превышает активы и которые не имеют надежды стать рентабельными
长期历史任务 длительная историческая задача
长期贸易协定 долгосрочное торговое соглашение
长期向好的趋势 тенденция к длительному улучшению
长期信贷 долгосрочный кредит
长期遗留问题 хронические проблемы
长期有效的 долгодействующий
长期愿望 долгие чаяния
长期债券 долгосрочные облигации
长期战略方针 долгосрочный стратегический курс
长期滞留 длительный застой
长途光缆 кабель дальней оптической связи
长线产品 продукция, предложение которой превышает спрос; неходовая продукция
长线加工工业 обрабатывающая промышленность с длительной окупаемостью
长效机制 долгосрочно эффективный механизм
长远的目标 далеко идущие цели
长远的战略利益 долговременные стратегические интересы
长远发展 перспективное развитие
长远考虑 расчет на перспективу
长远蓝图 план на перспективу
长远利益 долговременные интересы; перспективные интересы
长远意义 непреходящее (далеко идущее) значение
长治久安 постоянная стабильность и длительное спокойствие
长足进展 сделать огромный шаг вперед
厂价 фабричная (заводская) цена
厂内经济核算制 внутризаводской хозрасчет
厂商 поставщик
厂网分开 разделить управление электростанциями и электросетью
厂销价格 сбытовые цены предприятий
厂长(经理)负责制 система ответственности директоров (заведующих)
厂长任期目标责任制 система целевой ответственности директора в течение срока его полномочий
场地使用权 право пользования земельным участком
敞开抛售 широкая распродажа
敞开收购农民余粮 неограниченная закупка излишков крестьянского зерна
畅行无阻 открывать «зеленую улицу»
畅所欲言 свободно и непринужденно высказываться; откровенно обме-

ниваться мнениями

畅通农产品流通渠道 обеспечивать беспрепятственное обращение сельхозпродукции

畅通渠道 расчистить каналы

畅通无阻 «зеленая улица»; беспрепятственный проход

畅销产品 ходовая продукция; товары, пользующиеся большим спросом

倡导社会主义荣辱观 распространять социалистическое понятие чести и позора

倡导协商机制 инициировать механизм консультаций

倡导住房租赁消费 поощрять лизинг в торговле жильем

倡议者 инициатор; зачинатель

唱名表决 поименное голосование

唱响主旋律 исполнять лейтмотив

超标排放污染物的企业 предприятия, сверх нормы выбрасывающие загрязняющие вещества

超出常规 выйти из рамок

超出许可范围 перейти пределы дозволенного

超储粮食 сверхнормативный зерновой резерв

超导技术 сверхпроводниковые технологии

超额完成定额 перевыполнять нормы

超高速增长 чрезмерно высокий рост

超购加价 сверхзакупочные дополнительные цены

超过法定人数 превышать кворум

超过限度的投资 сверхлимитные капиталовложения

超级大国 сверхдержава

超级服务器 суперсервер

超级集团 суперблок

超计划投资 сверхплановые вложения

超前 носить опережающий характер

超前发展 опережающее развитие

超事物的逻辑 логика, выходящая за пределы вещей; запредельная логика

超速行驶 ехать с превышающей норму скоростью

超限货物 негабаритный груз

超预算 значительный рост сверхбюджетных поступлений

超员 превышение контингента

超越发展 развиваться скачками; скачкообразное развитие

超越或落后于实际生活 перескакивание через этапы или отставание от реальной жизни

超越极限 перескакивать через этапы

超越历史发展阶段 перешагивать через этапы исторического развития

朝鲜半岛核问题六方会谈 шестисторонние переговоры по ядерной проблеме Корейского полуострова

朝鲜半岛无核化 денуклеаризация Корейского полуострова

朝野人士 деятели официальных и неофициальных кругов

朝野政治力量 политические силы, как стоящие у власти, так и находящиеся в оппозиции

朝着专业化、商业化、现代化方向发展 развиваться в сторону специализации, товарности и модернизации

车匪路霸 грабеж и налогообирательство на шоссейных и железных дорогах (букв.: грабители на авто- и железнодорожном транспорте и налоговые обиралы на шоссейных дорогах)

车辆定员 контингент вагона

车辆购置税 налог на покупку автомашин; поступление от налога на приобретение автотранспорта

彻底查清 до конца расследовать

彻底铲除 изжить (что) до конца; под корень уничтожить

彻底打垮 разбить в пух и прах

彻底打乱计划 окончательно перевернуть план

彻底的解决办法 радикальное средство; радикальное решение

彻底的社会主义改造 радикальные социалистические преобразования

彻底的唯物主义者 последовательный материалист

彻底否定错误理论和实践 в корне отвергнуть ошибочную теорию и практику

彻底改变 изменить основательно; в корне изменить

彻底解决问题 радикально решить проблему

彻底抛弃过去的一切 поставить крест на прошлом

彻底取消 окончательно отменить

彻底推翻 опрокинуть вверх дном

彻底消灭 смести с лица земли

彻头彻尾的捏造 сплошная подделка

撤并机构 ликвидация либо слияние учреждений

撤除外国军事基地 ликвидировать иностранную военную базу

撤换代表 отозвать и заменить депутатов; сменить представителя

撤回声明 взять обратно свое заявление

撤回中国公民 эвакуировать китайских граждан

撤军 вывести войска

撤销代表资格 лишить депутатских полномочий

撤销党内职务 отстранение от занимаемого в партии поста

撤销候选人资格 снять кандидатуру

撤销提案 снять предложение

撤职查办 отстранить (кого) от должности и привлечь к суду

沉痛的教训 горький урок

沉痛的经验 горький опыт

沉着应付 находить выход из положения, проявляя выдержку; хладнокровно принимать ответные меры

沉醉于声色犬马 пристраститься к развратному образу жизни; предаваться разврату

沉醉于政治空谈 увлекаться пустыми политическими разглагольствованиями

陈兵边境 разместить войска вдоль границы

陈词滥调 старая песня; общесловие

陈腐观念 рутинные взгляды

陈规陋习 устарелые правила и дурные привычки

陈旧观念 устаревшие (рутинерские, отжившие) представления

陈旧设备 устаревшее оборудование

趁火打劫 погреть руки (на чем); извлекать выгоду из уязвимого положения другого

趁机 воспользоваться удобным случаем

称霸 претендовать на гегемонию; становиться гегемоном

称霸一方 быть местным гегемоном

称王称霸 выступать в качестве неограниченного властелина

称职 справляться со служебными обязанностями; соответствовать должности

成本管理条例 положение об управлении себестоимостью

成不了气候 не делать погоду

成交额 объем сделок

成立大会 учредительное собрание

成立之初 в начальный период создания

成年累月 месяцы и годы

成批生产 серийное производство

成品 готовые изделия

成品油 нефтепродукты

成品油价格和税费 ценообразования, налогообложения и денежных сборов применительно к нефтепродуктам

成品油市场 рынок нефтепродуктов

成人教育 обучение взрослых; образование для взрослых

成熟的标志 признаки зрелости
成熟的经验 зрелый опыт
成熟的意见 зрелое мнение
成熟期 период спелости
成套设备 комплектное оборудование
成为当代国际关系中建立新型国家关系的典范 стать образцом межгосударственных отношений нового типа на международной арене
成为风气 войти в обычай
成为附属品 стать придатком
成为共识 стать общепризнанным
成为过去 отойти в прошлое
成为基础 лечь в основу
成为巨大的精神力量 служить огромной моральной силой
成为空话 превратиться в пустое фразерство
成为例外 составить исключение
成为内行 стать знатоком
成为泡影 пойти насмарку; взлететь на воздух
成为强大的推动力 послужить мощным толчком
成为司空见惯的事 войти в быт
成为问题 стоять под вопросом
成为一纸空文 оставаться висеть в воздухе; оставаться на бумаге
成为有理想、有道德、有文化、有纪律的人 быть целеустремленным, нравственным, культурным и дисциплинированным народом
成为制度 вводиться в систему
成员国 страна-член
成为中等及中高等收入国家 войти в ряд стран со средними и выше среднего доходами
呈现出崭新的面貌 представать в совершенно новом облике
诚实守信 поступать честно, дорожить репутацией; честность и верность слову
诚实守信的道德教育 нравственное воспитание в духе утверждения честности и поддержания своей репутации
诚信体系 система честности и верности слову
诚信为本、操守为重的良好风尚 прекрасные нравы, ставящие в основу искренность, доверие и нравственную чистоту
诚信意识 сознание честности и верности слову
诚信友爱 искренность и дружелюбие
诚意 добрая воля; большая искренность
诚挚友好的气氛 искренняя и дружеская атмосфера
承包经营责任制 подрядная система хозяйственной ответственности
承包劳务市场 рынок подрядных услуг
承包责任制 подрядная система ответственности
承担风险 брать на себя риск
承担全部责任 нести всю ответственность
承担相应国际义务 нести соответствующие международные обязанности
承兑银行 акцептный банк
承前启后、继往开来 наследовать дело предшественников, обращаясь к потомкам
承认……完全市场经济地位 признать полностью статус рыночной экономики
承认事实 считаться с фактом; признать факт
承认选举有效 признать выборы состоявшимися
承受能力 возможность в восприятии нагрузки; способность вынести нагрузку
承载能力 пропускная способность
承租 брать в аренду
城际客运系统 линия междугородных пассажирских перевозок
城市的承载能力 пропускная способ-

城市公共设施 ность города

城市公共设施 инженерные объекты в городе

城市公用事业 городские коммунальные службы

城市规划 городская планировка

城市轨道交通装备 оборудование для городского рельсового транспорта

城市化进程 процесс урбанизации

城市基本生活必需品和服务价格监审办法 меры контроля за ценами на основные виды товаров первой необходимости и услуги для городского населения

城市建设 градостроительство

城市交通拥堵 городские транспортные пробки

城市经济体制综合改革试点 экспериментальные объекты по комплексной реформе экономической системы городов

城市居民自治 самоуправление городского населения

城市贫民的最低生活保障制度 порядок обеспечения прожиточного минимума для нуждающихся горожан

城市群 группа городов

城市人口 городское население

城市社区 городской микрорайон

城乡、区域发展差距 разрыв в уровне развития города и села, а также регионов

城乡并重 равное внимание городу и деревне

城乡串通 связь между городом и деревней

城乡低收入人口 городское и сельское население с низкими доходами

城乡电网改造 реконструкция электрических сетей в городах и деревнях

城乡对立 противопоставление города и деревни

城乡二元经济结构 бинарная, то есть урбано-аграрная структура экономики

城乡发展差距 разрыв в уровне развития города и села

城乡分割 разрыв между городом и деревней

城乡改革的配套 комплектность городских и сельских реформ

城乡个体工商户所得税 подоходный налог с городских и сельских индивидуальных ремесленников и торговцев

城乡构成 структура городов и сел

城乡户籍制度 порядок прописки в городах и селах

城乡集体和个体企业 коллективные и индивидуальные предприятия в городе и на селе

城乡结构 структура города и деревни

城乡结合 смычка города с деревней

城乡就业 трудоустроенность в городе и на селе

城乡居民生活不断改善 Жизнь населения городов и сел непрерывно улучшается.

城乡居民收入 доходы населения города и села

城乡矛盾 противоречия между городом и деревней

城乡免费义务教育 бесплатное обязательное обучение в городе и на селе

城乡贫困人口 бедное население в городе и на селе

城乡三级医疗保健网 трехступенчатая сеть здравоохранения в городе и на селе

城乡社会救助体系 основная система социальной помощи в городе и вдеревне

城乡市场繁荣活跃 Рынки в городах и деревнях расцветают и оживляются.

城乡物资交流 товарообмен между городом и деревней

城乡医疗卫生条件 условия медицинского обслуживания в городе и в деревне

С

城镇登记失业率 уровень зарегистрированной безработицы в городах

城镇个体劳动者 труженики индивидуального сектора в городах и поселках

城镇固定资产投资 инвестиция в основные фонды в городах

城镇化 урбанизация

城镇就业困难人员 категорий городского населения, которому трудно найти работу

城镇居民基本医疗保险制度 система основного медицинского страхования для неработающего городского населения

城镇居民人均可支配收入 среднедушевые доходы горожан, находящиеся в их непосредственном распоряжении

城镇居民人均住房使用面积 среднедушевая используемая площадь жилья населения городов, поселков

城镇居民最低生活保障 гарантированный прожиточный минимум городских жителей, обеспечение прожиточного минимума городского населения

城镇企业 городские и поселковые предприятия

城镇污水处理设备配套管网建设 строительство канализационных сетей для объектов по переработке городских сточных вод

城镇职工 городские рабочие и служащие

城镇职工和城镇居民医保参保率 коэффициент участия в основном медстраховании городских рабочих и служащих, в основном медстраховании неработающего городского населения

城镇住房建设 жилищное строительство в городах и поселках

城镇住房商品化 коммерциализация жилой площади в городах

乘势而上 прорываться вперед пользуясь моментом

程控电话交换机 телефонный коммутатор с программированным управлением

惩戒措施 дисциплинарные меры

惩前毖后, 治病救人 извлекать урок из ошибок прошлого в назидание на будущее, и лечить, чтобы спасти больного

惩一儆百 покарать одного в назидание остальным

惩治腐败 наказание разложившихся элементов

惩治和改造犯罪分子 наказывать и перевоспитывать преступников

惩治和预防腐败体系 система наказания и профилактики разложения

惩治受贿行为 карать взяточничество

澄清事实 восстановить факты в истинном свете

澄清问题 внести ясность в вопрос

橙色预警 «оранжевый» уровень предупреждения

吃饭问题 проблема питания

吃喝玩乐 вести праздный образ жизни

吃紧的关头 критический момент

吃苦头 икусить горькие плоды

吃苦在前, 享受在后 на лишения идти первым, а благами пользоваться последним

吃亏 оказаться внакладе (от чего)

吃透上情, 了解下情 хорошо знать намерения верхов и настроения в низах

痴心妄想 бредовые идеи; бредни

持股公司 держательная компания; холдинг

持久战 затяжная борьба

持械聚众闹事 совершать преступление вооруженной бандой

持续、稳定、协调的发展 неуклонное, устойчивое и гармоническое развитие

持续不断的发展 поступательное развитие

持续增长 неуклонный рост

持有人 держатель; предъявитель

持中立态度 занимать нейтралитет

赤字 дефицит

赤字率和债务负担率 дефицит и доля госдолга

赤字性拨款 дефицитное финансирование

冲锋陷阵 атаковать неприятельские позиции; героически бороться за справедливое дело

冲击 натиск; внезапный удар; атаковать; штурмовать

冲减国家预算收入 погашать что-л. за счет бюджетных доходов

冲破陈腐的观念 рвать с косными взглядами; отметать косность

冲破封锁 прорвать блокаду

冲破关系网 пресекать кумовские отношения

冲破精神枷锁 разорвать духовные оковы

冲破重重阻碍 пробиваться через многочисленные преграды

冲破阻力 прорвать препоны

冲突各方 вовлеченные в конфликт стороны; конфликтующие стороны

冲突升级 эскалация конфликта

冲销合同 сторнировать договор

冲销破产企业的债务 сторнировать задолженность обанкротившихся предприятий

冲销债务 сторнировать задолженность

充分把握发展机遇 хвататься за все, до малейших, шансы на развитие

充分的理由 полновесный довод

充分发挥……的基础性作用 полным развертыванием базисной роли

充分发挥辐射和带动作用 полностью выявлять радиальную и ведущую роль

充分发挥科学技术作为第一生产力的作用 полностью выявлять роль науки и техники как наипервейшей производительной силы

充分发挥示范和带动作用 в полной мере выявлять роль примера и авангарда

充分发挥政府调控和市场调节"两只手"的作用 полное выявление роли двух рычагов, то есть роли правительственного контроля и рыночного регулирования

充分合理的理由 уважительная и веская причина

充分就业 полная занятость

充分考虑支持中西部发展 полностью учитывать необходимость поддержки развитию центральных и западных регионов

充分利用 полностью использовать

充分利用国际科技资源 в полной мере использовать мировые научно-технические ресурсы

充分满足人民的需要 полностью удовлетворять потребности народа

充分说理的工作 аргументированная разъяснительная работа

充分证据 исчерпывающие аргументы; убедительные доказательства

充分准备 всесторонняя подготовка

充满革命激情 полный революционного пафоса

充满活力的体制 необычайно жизнедеятельный механизм

充满乐观 преисполниться оптимизмом

充满生机和活力 полный жизненных сил и энергии

充满希望 быть полным надежд

充满信念 жить верой

充满信心 проникнуться уверенностью

充实基层 пополнение низовых органов

憧憬幸福 жаждать счастья

崇拜强权 культ силы

崇高称号 высокое звание

崇高道德品质 высокие моральные ка-

чества
崇高的国际义务 высокий интернациональный долг
崇高的事业 благородное дело
崇高的医德 высокая врачебная этика
崇高精神 возвышенный дух
崇高使命 высокая миссия
崇尚科学的社会风气 общественные веянья почитания науки
崇洋媚外 преклонение перед иностранщиной
重弹老调 заводить шарманку (о чем); повторять старую песню; заводить одну и ту же песню
重蹈覆辙 снова пойти по неверному пути
重叠机构 дублирующие органы
重返家园 возвращаться к домашнему очагу
重复建设 дублирование в строительстве; дублирующее строительство
重复生产 дублирующее производство
重复引进 дублирование импорта; повторный импорт
重建工作 восстановительные работы
重判 пересмотр судебного приговора
重新分配职能 перераспределение обязанностей
重新划分势力范围 передел сфер влияния
重新配置劳动力 перегруппировка рабочей силы
重新审理案件 пересмотреть дело
重整队伍 перегруппировать ряды
重走老路 повторение старой практики
重组改制 реорганизация и преобразование собственности
重组与兼并 перегруппировка и слияние
抽查 выборочный контроль
抽查公告制度 система оглашения результатов выборочной проверки
抽象劳动 абстрактный труд

抽样分析 выборочный анализ
抽样检查 выборочная проверка
抽样评估 выборочная оценка
抽样调查 выборочное обследование
酬金 гонорар
筹备工作 подготовительная работа
筹备委员会 организационная комиссия
筹集资金 аккумуляция денежных средств
筹资成本 себестоимость аккумулированных средств
筹资机制 механизм сбора средств
筹资渠道 каналы аккумуляции средств
丑恶现象 уродливые явления
丑化历史 чернить историю
丑闻 скандальная новость; скандал
臭名远扬 широко оскандалиться
臭氧层 озоновый щит; слой озона
臭氧洞 озоновая дыра; озонная дыра
出厂 сойти с главного конвейера завода
出厂价格 отпускные цены; цена завода-изготовителя
出动军队 пустить вход войска
出尔反尔 метаться из стороны в сторону
出发点和落脚点 исходный и конечный пункт
出发点一致 сойтись в изначальном мнении
出访过程中最高级别的 самый высокий по статусу в ходе визита
出格 выйти за пределы допустимого; выйти из рамок
出国(境)经费 расходы на загранкомандировки
出国和归国留学人员 лица, уехавшие учиться за границу и лица, вернувшиеся оттуда после обучения
出国护照 заграничный паспорт
出海口 выход в океан
出境签证 выездная виза
出境游需求 спрос на зарубежные поездки

出口补贴 экспортные дотации
出口产品 экспортная продукция
出口产品质量、档次和附加值 качество, классность и добавленная стоимость экспортной продукции
出口创汇 увеличение притока инвалюты за счет расширения экспорта
出口创汇型企业 предприятия, получающие инвалюту от экспорта
出口代理制 экспортная комиссионная система
出口订货 экспортные заказы
出口风险担保 гарантия по экспортному риску
出口关税 экспортные пошлины
出口管制 экспортный контроль
出口结汇售汇制度 правила экспортно-валютных расчетов и продажи
出口津贴 экспортные дотации
出口偏向 экспортный уклон
出口品牌 экспортные марки
出口潜力 экспортный потенциал
出口商品交易会 ярмарка экспортных товаров
出口商品收购额 объем закупок товаров на экспорт
出口商品种类表 номенклатура экспорта
出口生产体系 система экспортного производства
出口市场 экспортные рынки
出口市场多元化 диверсификация экспортных рынков; экспортно-рыночная диверсификация
出口收汇 инвалютные поступления от экспорта
出口退税 возврат налогов на экспорт; возврат уплаченных налогов на экспорт продукции; возврат экспортной пошлины на продукцию; экспортная бонификация
出口退税率 коэффициент возврата налогов на экспорт
出口限额 лимит экспорта
出口信贷 кредит под экспортную продукцию; экспортный кредит
出口许可证 лицензия на экспорт; экспортная квота
出缺 выбытие из состава
出人头地 выйти в люди
出生率 коэффициент рождаемости
出生人口素质 состояние здоровья новорожденных
出示身份证 предъявить удостоверение личности
出台 обнародовать; опубликовать
出台政策措施 обнародовать установки и меры
出土文物 археологические находки
出现一些不以我们意志为转移的问题 Некоторые проблемы могут возникнуть помимо нашей воли.
出于安全考虑 по соображениям безопасности
出于策略考虑 из тактических соображений
出于国家安全的考虑 по соображениям государственной безопасности
出于权益的考虑 из конъюнктурных соображений
出于人道主义考虑 из гуманных соображений
初步成效 начальные успехи
初步繁荣昌盛 добиться первых успехов на пути процветания и могущества
初步缓解粮食供应的紧张情况 несколько разрядить напряженность в снабжении зерном
初步迹象 первые симптомы
初步满足 в основном удовлетворять
初步设想 предварительные соображения
初步实现 первичная реализация
初步调查 первичное обследование
初步稳定 начальная стабилизация
初步协定 предварительное соглашение
初步形成 создать в предварительном порядке

初步意见 предварительные соображения
初步准备 начальная подготовка
初次分配及再分配 при начальном распределении и перераспределении
初等教育 начальное образование
初婚年龄 начальный возраст вступления в брак
初级产品 продукция первичной обработки
初级加工 первичная обработка
初级阶段 начальная стадия
初级农业生产合作社 сельскохозяйственные производственные кооперативы низшего типа
初级市场 субрынок
初加工产品 продукция первичной обработки
初见成效 дать первые результаты
初具雏形 первые контуры
初期社会主义 социализм на начальной стадии
初选 первичные выборы
初战告捷 победа в первом сражении
初衷 первоначальные намерения; первое желание
储备货币 резервная валюта
储备粮 резервное зерно
储备调节体系 система хранения и распределения
储备制度 система резервных фондов
储备资金 резервный фонд
储蓄存款 сберегательный вклад
储蓄机构 сберегательные учреждения
储运系统 система хранения и транспортировки
处处为人民着想 постоянно учитывать народные интересы
处分 наложение взыскания
处境困难 оказаться в тяжелом положении; очутиться в трудном положении
处理本国事务 вершить дела своей страны
处理好各种关系 правильно наладить соотношения разных аспектов
处理好国家和企业的分配关系 правильно разрешать отношения распределения между государством и предприятиями
处理好利益关系 разумно регулировать материальные отношения
处理好效率和公平的关系 правильно регулировать отношения между эффективностью и справедливостью
处理好政府和市场的关系 урегулирование соотношения между административным регулированием и рынком
处理积压商品 ликвидация залежалых товаров
处理积压物资 реализовать залежавшиеся материальные ценности
处理贸易摩擦 разрешать торговые трения
处理日常工作 заниматься текущей работой
处事持重 проявлять осмотрительность в делах
处心积虑 из кожи лезть вон
处以罚金 наложить штраф
处于被动地位 находиться в пассивном положении
处于初级阶段 переживать начальную стадию
处于高位 держаться на высоком уровне
处于攻坚阶段 находиться в стадии штурма
处于孤立状态 быть в ваккуме; находиться в полной изоляции
处于结构调整阵痛期、经济增长换档期 Структурное регулирование переживает период "родовых схваток", а рост экономики — период "переключение скоростей"
处于绝境 находиться в безвыходном положении
处于历史最好阶段 находиться на наилучшем этапе за всю историю
处于劣势 находиться в невыгодном

положении

处于生死存亡的关头 находиться под смертельной угрозой; находиться на грани жизни и смерти

处于停滞状态 находиться в состоянии застоя

处于危机之中 переживать кризис

处于悬而未决的状态 в подвешенном состоянии

处于战争状态 находиться в состоянии войны

处于主动地位 держать инициативу в своих руках

处在十字路口 стоять на перепутье; остановиться на перекрестке

处在一个非常重要的历史时期 переживать чрезвычайно важный исторический период

处在重要关头 находиться на важном рубеже

触犯法律 нарушить закон

触犯刑法 нарушить уголовные законы

触及关键问题 коснуться ключевого вопроса

触及深层利益关系 затрагивать глубокоярусные отношения интересов

触目皆是 встречаться на каждом шагу

触目惊心 потрясающий; устрашающий

穿过国境线 пересечь границу

穿小鞋 быть в трудном положении

传帮带 передавать (кому) лучшие традиции, помогать ему и направлять его

传播工具 средства пропаганды

传播科学文化知识 распространять научно-культурные знания

传递经济信息 передача экономической информации

传染病、慢性病的预防控制 предупреждение и локализация инфекционных и хронических заболеваний

传染病防疫站 санитарно-эпидемиологическая служба

传送手段 средства передачи

传统安全威胁 угроза безопасности в традиционном понимании

传统产业 традиционные производственные отрасли

传统出口商品 товары традиционного экспорта

传统出口市场 традиционные экспортные рынки

传统的伊斯兰建筑风格 традиционная исламская архитектура

传统服务业 индустрия традиционного сервиса

传统工艺 традиционные технологии

传统管理模式 традиционная модель управления

传统行业 традиционные отрасли

传统模式 традиционная модель

传统农业技术 традиционные сельскохозяйственные технологии

传统偏见 старые предрассудки

传统商品 традиционные товары

传统文化 традиционная культура

传统消费 традиционные формы потребления

传统医药 традиционная медицина и фармакология

传统友谊 традиционная дружба

传销和变相传销 пирамидальный селлинг со всеми разновидностями

串供 сговор о даче ложных показаний

串门子，拉关系 обивать пороги, завязывать знакомства

串通涨价 сговор ради повышения цен

窗口行业 оконовые отрасли; показательные отрасли

窗口作用和辐射作用 роль контактного окна и центра излучения

闯红灯 перейти на красный свет

创办第三产业 создать предприятия третьей индустрии

创出牌子 пользоваться достаточной известностью

创汇 выручить инвалюту

С

创历史新高 достигнуть новой исторической высоты
创立大会 учредительное собрание
创始国 страна-учредительница
创收 создавать доходы
创新科技投入方式 обновлять формы вложений в науку и технику
创新利用外资方式,优化利用外资结构 обновлять формы и оптимизировать структуру использования инокапитала
创新能力 инновационный потенциал
创新人才 кадры инновационного уровня
创新型政府、廉洁型政府和服务型政府 инновационное и честное правительство обслуживающего типа
创新型国家 государство инновационного типа
创业 основывать (закладывать) дело; предпринимательство
创业板 мегмент; сегмент инновационных и растущих компаний
创业板、股指期货和融券融资业务 сегмент инновационных и растущих компаний, фьючерсы на индексы акций и маржинальная торговля
创业费用 учредительские затраты
创业股 учредительские акции
创业活动 предпринимательская деятельность
创业阶段 этап становления дела
创业精神 созидательный дух зачинательства
创业时期 период основания дела
创业投资 учредительские капиталовложения
创业投资基金 фонд венчурного инвестирования
创业园 предпринимательские парки
创业者 зачинатель своего дела
创意产业 творческая индустрия
创造比较好的条件和环境 создать более благоприятные условия и среду
创造才能 творческий потенциал
创造更好的条件 обеспечивать более благоприятные условия
创造和总结新鲜经验 приобретать и суммировать (обобщать) свежий опыт
创造环境 создать среду
创造活动 творческое созидание
创造活力 творческая энергия
创造机会公平 создавать равенство шансов
创造积极性 творческая активность
创造了彪炳史册的伟业 создать великое дело, вошедшее в славные анналы истории
创造力 созидательные силы
创造良好的投资条件 создавать благоприятные инвестиционные условия
创造奇迹 делать чудо
创造条件 создать возможность
创造新的理论 разработать новую теорию
创造新纪录 поставить новый рекорд
创造性的见解 оригинальные взгляды
创造性的杰作 шедевры новаторства
创造性的研究 новаторские исследования
创造性地运用 творческое применение
创造性地执行 творческое осуществление
创造性工程 творческое строительство; новаторский объект
创造性构想 новаторская концепция
创造性活动 созидательная деятельность
创造新的工作岗位 создавать новые рабочие места
吹毛求疵 мелочные придирки; быть придирчивым
吹捧 петь дифирамбы (кому); хвалить и превозносить
垂直管理 вертикальное управление
垂直领导 руководство по вертикальной линии
垂直生产工艺 вертикальная технология производства

垂直一体化 вертикальная интеграция
锤炼品德意志 закалять свои моральные и волевые качества
纯收入 чистые доходы
唇齿相依 сильная взаимозависимость
唇亡则齿寒，户破则堂危 Когда нет взаимной поддержки, каждому грозит опасность.
辞呈 прошение об отставке
辞去职务 уволиться (уйти) с работы; выйти в отставку
慈善活动 милосердная деятельность; благотворительность
慈善机构 благотворительные учреждения
慈善基金 благотворительный фонд
慈善施舍 благотворительная подачка
慈善事业 благотворительность; дело благотворительности
磁悬浮列车 магнитоплан; магнитопоезд
磁悬浮铁路 магнитная железная дорога
次级房贷危机（次贷危机）кризис субипотечного кредитования; кризис субипотечных кредитов
次品 выбракованный товар
次生污染 вторичное загрязнение
次生灾害 повторные бедствия
次要成分 наносные элементы
次要市场 вторичный рынок
次要问题 второстепенный вопрос
刺激国内消费 стимулировать внутреннее потребление
刺激经济增长 стимулировать экономический рост
刺激首创精神 стимулировать инициативу
刺激消费 стимулировать потребление
从本质上揭示 расскрыть по существу
从大局出发 исходить из интересов общего дела; исходить из общих интересов
从大局着眼看问题 подходить к вопросу с точки зрения обстановки в целом
从单一走向多样化 от монизма к плюральности
从防御转入进攻 переход от обороны к наступлению
从废墟上振兴国家 поднять страну из развалин
从废墟中重建 восстать из руин
从根本上缓解 коренное смягчение
从根本上说 говоря по существу
从根本上应对气候变化的挑战 коренное реагирование на вызовы климатического изменения
从更广的角度 под более широким углом зрения
从国际环境看 с точки зрения международной обстановки
从国内看 с точки зрения внутренней обстановки
从国情出发 исходить из конкретных особенностей страны
从宏观上 в макроскопическом плане
从价关税 адвалорем; адвалорная пошлина
从教育入手 начать с образования
从紧的货币政策 устроженная денежная политика
从宽处理 определить меры наказания с великодушным подходом
从理论高度和政治角度 с высоты теории и под политическим углом зрения
从量到质的变化 переход количества в качество
从领导班子中退出 выйти из состава руководства
从领导岗位上退下 оставить руководящие посты
从贫困走向温饱，从温饱走向富裕 от нищеты к теплу и сытости, от тепла и сытости к зажиточной жизни
从轻处理 облегчить наказание
从全局利益出发 исходить из интере-

сов целого

从群众中来，到群众中去 черпать у масс и нести в массы

从善如流 охотно следовать добрым советам (букв.; внимать добру столь же естественно, естественно течет поток)

从实际出发 исходить из действительности; исходить из реальной действительности; исходить из реального положения

从事第二职业 работать по второй профессии

从事和平建设 заниматься мирным созидательным трудом

从事违法活动 заниматься противоправной деятельностью

从事意识形态工作的干部 кадровые работники идеологического фронта

从事与外交身份不相称的活动 заниматься деятельностью, несовместимой с дипломатическим статусом

从属意义 подчиненное значение

从数量增长到质量提高的变化 переход от наращивания количества к повышению качества

从死胡同里找个出路 найти выход из создавшегося тупика

从统筹全局的观点出发 исходить из общей ситуации

从头到尾 от звонка до звонка; от начала до конца

从温饱到小康 переходить от удовлетворения самых насущных потребностей к средней зажиточности

从我国的国力出发 исходить из реальных возможностей страны

从无到有 делать нечто из ничего

从严惩处 применять ужесточенные (устроженные) меры наказания; сурово наказывать

从严治党 строго управлять партией; строгое управление в партии

从严治政 строго спрашивать с администрации

从业人员 численность занятых

从一个极端走到另一个极端 бросаться из крайности в крайность

从源头上 в истоках; в корне

从源头上预防和解决腐败问题 предотвращать и разрешать проблемы разложения (коррупции), начиная с их истоков

从战略的高度来看待和发展关系 со стратегической высоты рассматривать и развивать отношения

从战略的高度确定目标 со стратегической высоты установить цели

从长远角度看问题 подходить к вопросу с позиции долгосрочной перспективы

从制造大国转向制造强国 превращение Китая из страны, крупной лишь по объему производимой продукции, в мирового лидера обрабатывающей промышленности

从中央到地方 как в центре, так и на периферии; от центральных до местных органов

从中央到基层 от ЦК до первичных организаций

从中渔利 погреть руки (на чем); извлекать выгоды для себя

从中长期看 с позиций средней и далекой перспективы

从重惩处 применять ужесточенные (устроженные) меры наказания

从重从快集中打击刑事犯罪 нанести быстрый, сильный и целенаправленный удар по уголовной преступности

从总体上看 глядя (говоря) в целом

从组织上保证党的基本经验的贯彻落实 организационно гарантировать претворение в жизнь основного опыта

粗暴践踏公认的国际法准则 грубо попирать общепринятые нормы международного права

粗放经济 экстенсивное хозяйство

粗放经营 экстенсивное ведение хозяйства; экстенсивное хозяйствование

粗放式发展 развивать экстенсивным путем

粗放型发展道路 экстенсивный путь развития

粗放型经营 хозяйство экстенсивного типа

粗放型增长 экстенсивная модель роста; модель экстенсивного роста

粗加工制成品 готовая продукция первичной обработки

粗略估计 оценка «на глаз»; приблизительная оценка

粗制滥造 допускать халатную небрежность

促产增收 увеличение доходов на основе роста производства

促合作 стимулирование сотрудничества

促进大中小城市和小城镇协调发展 обеспечивать гармоничное развитие как крупных, средних и малых городов, так и поселков городского типа

促进地方财力增长 стимулировать рост местных финансов

促进房价合理回归 стимулировать возвращение цен на жилье на разумный уровень

促进改善政风、民风 стимулировать улучшение административного и народного стиля

促进高等教育发展 стимулировать развитию высшего образования

促进工业由大变强 стимулировать переход промышленности от ее масштабности к повышению ее мощностей

促进共同发展 стимулирование совместного развития

促进国际收支本平衡 стимулировать сбалансированность в основном международных платежей

促进加工贸易转型升级 стимулировать трансформацию и восхождение давальческой торговли на более высокую ступень

促进就业 стимулировать трудоустройство

促进劳动者自谋职业和自主创业 содействовать самостоятельному поиску работы и самостоятельному предпринимательству трудящихся

促进领导干部廉洁从政 способствовать честному исполнению руководящими кадрами своих административных функций

促进农村环境综合整治和生态示范创建 продвигать комплексное упорядочение окружающей среды и показательное экостроительство на селе

促进农业科技进步 стимулировать научно-технический прогресс агросектора

促进人的全面发展 стимулировать всестороннее развитие человеческой личности

促进人类进步 содействовать прогрессу человечества

促进生态修复 стимулировать экологическую рекультивацию

促进世界经济均衡稳定发展 содействие равномерному и стабильному развитию мировой экономики

促进体内新陈代谢 стимулировать обмен веществ в человеческом теле

促进现代化建设各个环节、各个方面相协调 стимулировать координацию всех звеньев и аспектов модернизации

促进跨越式发展的新举措 меры по стимулированию скачкообразного развития

促进以创业带动就业 стимулировать трудоустройство за счет предпринимательства

促进义务教育均衡发展 стимулировать равномерное развитие обязательного образования

促进作用 стимулирующая роль

促内需 содействие внутреннему потреблению; стимулирование внутреннего потребления
促销 стимулировать сбыт
篡党夺权的阴谋 интриги с целью узурпации партийной и государственной власти
篡改事实 подтасовывать факты
催泪瓦斯 слезоточивый газ
催生新的技术革命 побуждать к новой научно-технической революции
村办工业 сельская промышленность
村村通广播电视工程 программа «радио и телевидение—каждой деревне»
村民委员会 комитет сельских жителей
村民自治组织 организация сельского самоуправления
村卫生室 сельский фельдшерский медпункт
村镇文化 культура на поселково-волостном уровне
存贷差额 депозитно-кредитная разница; разница между суммой депозитов и кредитов
存贷款基准利率 депозитно-кредитные базисные процентные ставки
存贷款利率 процентные ставки по вкладам и кредитам
存贷业务 вкладные и кредитные операции; депозитно-кредитные операции
存放国 государство-депозитарий
存款处 депозитная касса; депозитный отдел
存款待购 денежный вклад для совершения покупок
存款额 сумма сберегательных вкладов
存款类金融机构 кредитные финансовые учреждения
存款余额 остаточная сумма сбережений
存款准备金制度 система депозитных фондов
存款总额 общая сумма вклада
存利去弊 сохранять полезное, устранять вредное
存量资产 наличные активы
存心 задаться целью
存在着弱点和不足 Имеются слабости и недостатки.
存折 сберегательная книжка
寸步不离 шаг за шагом следовать
挫败国内外敌对势力的渗透 сорвать просачивание внутренних и внешних враждебных сил
挫伤积极性 гасить активность
措辞不当 словесные неточности
措辞上的修改 изменения в формулировке
错失良机 терять золотое время; упускать благоприятный момент
错误倾向 ошибочные тенденции
错误性质 характер (сущность) ошибок
错综复杂 сложное переплетение

D

搭建平台 построить площадку
达成共识 достичь единства мнений; достичь общего знаменателя
达成和平协议 достигнуть соглашения о мире
达成全面协议 достичь всеобъемлющего соглашения
达成协议 достичь договоренности; прийти к согласию
达成一致意见 добиться консенсуса
达到标准 выйти на рубеж; до кондиции
达到顶点 достигать кульминационной точки
达到国际先进水平 достичь передового международного уровня
达到空前的团结 обеспечить небывалую сплоченность
达到令人无法容忍的地步 достичь точки кипения; достичь нетерпимой степени
达到设计能力 освоить проектную мощность
达到设计指标 достигать проектных показателей
达到世界前列 выйти на передовые рубежи государств всего мира
达到危机前水平 выйти на докризисный уровень
达到无以复加的地步 дойти до крайних пределов
达到相当大的规模 приобретать серьезные масштабы
达到相互谅解 достигнуть взаимопонимания
达到新的创纪录水平 достичь нового рекордного уровня
达到预期目的 достичь намеченной цели
达到圆满结局 прийти к желаемому результату

达到政治思想上高度一致 добиться высшего идейно-политического единства
打错了算盘 ошибаться в расчетах
打得火热 полностью спеться
打掉傲气 сбить спесь (с кого)
打掉自卑感 преодолеть чувство собственной неполноценности
打定主意 задаться мыслью
打防结合，预防为主 вести борьбу в сочетании с профилактикой, с акцентом на последнюю
打好基础 заложить фундамент
打击不力 неощутимый (слабый) удар
打击盗版 наносить удар по пиратским изданиям
打击恶意囤积 ликвидация злостного придерживания товаров
打击反动气焰 сбить реакционную спесь
打击犯罪活动 борьба с преступностью
打击经济领域中严重犯罪活动 борьба за пресечение (по пресечению) серьезной преступной деятельности в области экономики; пресечь серьезную преступную деятельность в хозяйственной сфере
打击恐怖活动 подавлять террористические акции
打击恐怖主义、分裂主义和极端主义上海公约 Шанхайская конвенция о борьбе с терроризмом, сепаратизмом и экстремизмом
打击面 сфера нанесения удара
打击目标 ударный объект
打击刑事犯罪和经济犯罪 бороться с уголовными и хозяйственными преступлениями
打击走私 нанести удары по контрабанде

打基础 закладывать основу
打开出口销路 открыть пути для сбыта на мировом рынке
打开国际市场 вступление на мировой рынок
打开局面 открыть новые горизонты
打开门户 распахнуть двери
打开缺口 пробить брешь
打开视野 расширять кругозор
打开销路 внедрить в сбыт
打开新的局面 создать новую обстановку (ситуацию)
打开一条出路 проложить себе дорогу
打乱计划 сорвать план
打乱了工作节奏 нарушить ритм работы
打乱战略部署 расстроить стратегическую расстановку сил
打破部门、地区的局限 сметать ведомственные и территориальные барьеры
打破常规 ломать общепринятые шаблоны
打破陈规旧套 сломать стереотипы
打破分割和封锁 снести перегородки и барьеры
打破分配上的平均主义 покончить с уравниловкой в распределении
打破惯例 нарушить общий порядок
打破行业垄断 сокрушать отраслевой монополизм
打破行政隶属关系 пробиваться через отношения административной подчиненности
打破幻想 разбить иллюзию
打破僵局 сдвинуть с мертвой точки
打破界限 разрушить перегородки (разграничительные барьеры)
打破经营垄断 ломать хозяйственную монополию
打破精神枷锁 освободиться от духовных оков
打破军民界限、部门地方界限 устранять перегородки между военными и гражданскими, центральными и местными органами
打破历史纪录 побить исторический рекорд
打破民族、肤色和地理的障碍 устранить перегородки, разделяющие людей по национальной принадлежности, цвету кожи и географическому принципу
打破平衡 нарушить равновесие
打破条条框框 сломать всякие рамки и шаблоны
打破问题的僵局 сдвинуть вопрос с мертвой точки
打破习惯势力的束缚 сломать сковывающую мысль силу привычки
打破现状 изжить существующее положение
打下坚实基础 заложить прочный фундамент
打响第一枪 сделать первый выстрел
打消顾虑 рассеять опасения
打消群众的主动性 свести на нет инициативу масс
打赢信息化战争 одержать победу в информационной войне
打砸抢分子 погромщики
打造命运共同体 создать сообщество с единой судьбой
打着社会主义的旗号 прикрываться флагом социализма
打着拥护的旗号 выступать под флагом одобрения чего-л.
打中要害 нанести удар в самую точку; не в бровь, а в глаза
大案要案 крупные и важные дела
大变动的历史时期 переломный этап исторического развития
大变革 крупные перемены
大标语 транспаранты с лозунгами, большие настенные лозунги
大吃大喝 устроить пирушки и застолья
大胆探索 вести смелые поиски
大胆提拔干部 смело выдвигать кадры
大刀阔斧 действовать с большим

размахом
大多数情况下 в большинстве случаев
大额度资金使用 использование большого количества денежных средств
大方向 главное направление
大放厥词 грубые измышления
大分化 большое (серьезное) расслоение
大风大浪中 в бурях и штормах
大幅度波动 большие колебания
大幅度提高粮食最低收购价 значительное повышение минимальных закупочных цен на зерно
大幅度增长 в больших размерах увеличиться
大幅降低关税 радикально снизить таможенные пошлины
大改组 большая перегруппировка; существенная реорганизация
大公无私的精神 дух бескорыстия
大规模的住房建设 масштабное жилищное строительство
大规模行动 вестись в больших масштабах
大规模集成电路 крупногабаритные интегральные схемы
大规模开展公共租赁住房等保障性住房建设 развертывать масштабное строительство общественного арендного жилья и прочих квартир в рамках программы обеспечения гарантированным жильем
大规模入侵 крупномасштабное вторжение
大规模杀伤武器 оружие массового поражения
大规模增加 в крупных масштабах наращивать
大国风度 величие державы
大国集团 группировка держав
大国沙文主义 великодержавный шовинизм
大国一致原则 принцип единогласия великих держав

大好形势 прекрасная обстановка
大会执行主席 председательствующий сессии
大会主题 лейтмотив съезда
大检查 всесторонняя ревизия
大江大河治理 обуздание больших рек
大局意识 понимание интересов дела в целом
大开方便之门 настежь отворять двери
大力帮助 всемерная помощь
大力表扬好人好事 всемерно поощрять достойных людей и достойные дела
大力促进中部地区崛起 всемерно стимулировать подъем центральных регионов
大力发展 всемерное развитие
大力发展服务贸易 обеспечивать интенсивное развитие сервисной торговли
大力发展家庭服务业 всемерно развивать домашний сервис
大力发展劳动密集型产业 всемерно развивать трудоемкие производства
大力发展农村学前教育 всемерно развивать дошкольное образование на селе
大力发展现代服务业 всемерно развивать современную индустрию сервиса
大力发展职业教育 всемерно развивать профессиональное обучение
大力扶持 всемерная поддержка
大力弘扬爱国主义、集体主义、社会主义 всемерно пропагандировать идеи патриотизма, коллективизма и социализма
大力开发 интенсивное освоение
大力开展 поставить на широкую ногу
大力开展创建文明行业活动 интенсивно развертывать мероприятия по созданию цивилизованных отраслей
大力提倡 всемерное поощрение

大力推动公益性文化事业发展 реальное содействие развитию социально полезных культурных мероприятий

大力推进反价格垄断执法工作 энергично продвигать правоисполнение в борьбе с ценовым монополизмом

大力推进节能减排 всеми силами поощрять сокращение энергозатрат и вредных выбросов

大力推进理论创新 интенсивно стимулировать теоретическое новаторство

大力压缩公用经费等一般性支出，降低行政成本 всемерно сокращать служебные и другие общие расходы, чтобы снижать административные издержки

大力抓好 уделять максимум внимания (чему)

大量出口 экспортировать огромное количество

大量积压 крупное затоваривание

大量批发 крупная оптовая торговля

大量生产 массовое производство

大流通体系 структура всеохватывающего обращения

大逆不道 смертный грех

大批贪官落马 Большое количество чиновников было снято с должностей из-за коррупции.

大批杰出人才 большие контингенты незаурядных кадров

大批战利品 большие трофеи

大骗局 величайший обман

大企业集团 крупный блок предприятий

大起大落 огромные экономические подъемы и спады

大气层核试验 ядерное испытание в атмосфере

大气候 макроклимат; общая ситуация

大气净化 очистка атмосферы (от загрязнений)

大气卫生监测 санитарная мониторизация атмосферного воздуха

大气污染防治 предупреждение и устранение загрязнения атмосферы

大权独揽 забрать всю власть в свои руки

大使级会谈 переговоры на уровне послов

大使级外交关系 дипломатические отношения на уровне посольств

大势所趋 необратимая тенденция; тенденция общего развития обстановки

大事化小，小事化了 превращать большое в малое, а малое сводить на нет

大书特书 вписывать золотыми буквами

大耍手腕 прибегать к крупному маневру

大肆活动 бешеная деятельность

大肆宣扬 на все лады рекламировать

大肆渲染 звонить во все колокола; расписывать изо всех сил

大踏步前进 колоссально шагать вперед

大体一致的意见 в общем плане единое мнение

大无畏的革命气概 революционное бесстрашие

大型水利建设 строительство крупномасштабного гидротехнического узла

大言不惭 нисколько не смущаться; безо всякого стеснения

大有前途 (у кого) большое будущее

大有人在 вполне достаточно людей

大有作为 сделать можно многое

大政方针 политический курс

大中型项目 крупные и средние объекты

大众消费品 товары массового потребления

呆账 безнадежные долги; невозвратимые долги

逮捕证 ордер на арест

代办领事 консульский агент

代表产生办法 порядок избрания депутатов

代表大多数人的利益 выражать интересы большинства
代表大会的口号 девиз съезда
代表候选人 кандидаты в депутаты
代表机关 представительные органы
代表名额 норма представительства
代表任期制 порядок срока полномочий депутатов
代表团成员 член делегации
代表小组 депутатская группа
代表性人物 типичные представители
代表中国先进生产力的发展要求 представлять требования развития передовых производительных сил Китая
代表中国先进文化的前进方向 представлять прогрессивное направление китайской передовой культуры
代表中国最广大人民的根本利益 представлять коренные интересы самых широких слоев китайского народа
代代相传 передавать из поколения в поколение
代号为"……"的联合演习 совместные тренировки под кодовым названием «…»
带动功能强，支撑作用大 играть мощную стимулирующую и большую поддерживающую роль
带动群众为经济发展和社会进步艰苦奋斗 вести массы на упорную борьбу в целях развития экономики и социального прогресса
带动作用 роль авангарда
带个好头 показать личный пример
带来不利影响 невыгодно сказаться на чем
带来可喜结果 приносить отрадные результаты
带来实实在在的利益 принести (кому) реальную выгоду
带来新的活力 принести больший динамизм
带来严重后果 привести к серьезным последствиям
带头 подавать личный пример (в чем); служить примером
带薪休假 отпуск с сохранением зарплаты; оплачиваемый отпуск
带有偶然性 носить случайный характер
带有普遍性 иметь всеобщий характер
带有全局性的重大问题 важнейшие вопросы, касающиеся общих интересов
贷款 банковские кредиты
贷款担保 кредитные гарантии; гарантии по кредитам
贷款规模 масштабы кредитования
贷款利率 банковские процентные ставки на кредиты
贷款审批权限 право утверждения кредитов
贷款条件 кредитные условия
贷款限额 лимит кредитов
贷款协定 соглашение о кредите
待清理的财产 неликвиды
待业保险 страхование на случай ожидания трудоустройства; страхование ожидающих трудоустройства
待业青年 молодежь, ждущая работы
待业人员 лица, ожидающие трудоустройства
担保银行 банк-гарант
担负重大的历史责任 выполнять великую историческую миссию
单双号限行制度 система ограничения выезда на улицу механических транспортных средств согласно последней цифре их номера
单(双)向交通 одностороннее (двустороннее) движение
单边主义 односторонняя политика
单产 урожайность на единицу площади зерна
单程票 разовый билет; билет для проезда в один конец
单独交易 сепаратная сделка
单独留下来 остаться с глазу на глаз

D

单独谈判 сепаратные переговоры
单方面 в одностороннем порядке
单方面的措施 односторонние меры
单方面停火 одностороннее прекращение огня
单方面停止军事行动 одностороннее прекращение военных действий
单行条例 отдельно действующие положения; положения по отдельным вопросам
单极世界 монополярный мир; однополярный мир
单亲家庭 полусемья
单位面积产量 количество продукции с единицы площади
单位容量 единичная мощность
单位消耗量 удельный расход
单一的公有制 унитарная система общественной собственности
单一的所有制结构 однообразная структура собственности
单一经营 монокультурное хозяйствование
胆略 мужество; отвага и смекалка
胆识 смелость и знания
胆子要大,步子要稳,走一步,看一步 действовать смело, но основательно, осмотрительно и обдуманно
旦夕之间 с сегодня на завтра
淡泊名利、无私奉献 бескорыстная жертвенность, безразличие к славе и выгоде
淡季 глухое время; мертвый сезон
淡水养殖 пресноводная аквакультура
弹道导弹 баллистическая ракета
当场捕获 поймать с поличным; поймать на месте преступления
当场落网 попасться с поличным
当大事来抓 браться как за первостепенное дело
当地的特色产品 местные специфические товары
当地风俗 местные обычаи
当家作主的愿望 стремление быть хозяином в своем доме; желание быть самим себе хозяевами
当面批评 критиковать в лицо
当年持平的原则 принцип годичной сбалансированности
当前产业结构 существующая отраслевая структура
当前急需 действительная потребность в настоящее время
当前利益 текущие интересы
当前任务 ближайшая задача; очередная задача
当前形势 текущее положение
当权人士 правящие круги
当事人 заинтересованное лицо
当事一方 заинтересованная сторона
当务之急 первостепенная задача; наиболее актуальная задача
挡不住复兴的历史进程 не остановить исторический процесс возрождения
党报党刊 партийная печать
党代表会议 партийная конференция; партийный съезд
党的基本路线 основная партийная линия
党的基层组织 первичная партийная организация
党的纪律 партийная дисциплина
党的建设 строительство партии
党的领导方式和执政方式 формы партийного руководства и правления
党的前途和命运 судьба и будущее партии
党的全国代表大会 всекитайский съезд Коммунистической партии Китая
党的统一领导 единое руководство партии
党的形象 облик (имидж) партии
党的性质 сущность партии
党的政治纪律 политическая партдисциплина
党的支部委员会 бюро партячейки
党的执政方式 формы государствен-

ного правления партии

党的执政能力 управленческое умение партии

党的执政水平 уровень осуществляемого партией управления государством

党的宗旨 предназначение партии

党的最高理想和最终目标 высший идеал и конечная цель партии

党费 партийный (членский) взнос

党风廉政建设 строительство партийного стиля и неподкупного аппарата

党风政风建设的核心问题 кардинальный вопрос в деле улучшения партийного и административного стиля

党和国家工作重心 центр тяжести партийно-государственной работы

党和国家一切工作的出发点和落脚点 исходная и конечная точка всей партийно-государственной работы

党纪处分 партвзыскание (партийное взыскание)

党纪国法 партийная дисциплина и государственные законы

党纪面前人人平等 перед партийной дисциплиной все равны

党建的科学水平 научный уровень партийного строительства

党课 партучеба

党龄 партийный стаж

党内骨干 партийный костяк

党内基层民主 внутрипартийная демократия в низовых организациях

党内激励、关怀、帮扶机制 внутрипартийный механизм поощрения, заботы и помощи

党内路线斗争 борьба линий внутри партии

党内民主 внутрипартийная демократия

党内情况通报制度 порядок внутрипартийной информации

党内同志 партийные товарищи

党内选举制度 порядок партийных выборов

党内询问和质询 внутрипартийные справки и запросы

党内职务 посты, занимаемые в партии; внутрипартийные посты

党内指示 внутрипартийная директива

党外群众 беспартийные массы

党外人士 внепартийные круги

党外知识分子 беспартийные интеллигенты

党外职务 внепартийные посты

党务公开 гласность партийных дел

党校 партийная школа

党心所向,军心所向,民心所向 единство устремлений партии, армии и народа

党性强 стойкая партийность

党要管党、从严治党 Партия должна управлять собой и управлять строго.

党员干部 партийные кадровые работники

党章 Устав партии

党政不分 нечеткое разграничение партийных и правительственных функций

党政第一把手 первое партийное и правительственное лицо

党政分开 разграничение функций партийных и правительственных органов

党政机构重叠 дублирование в партийном и правительственном аппарате

党政机关 партийные и правительственные органы

党支部 партийная ячейка

党执政能力的重要标志 важный показатель способности партии к управлению

导弹发射系统 система ракетного запуска

导弹防御系统 система ПРО

倒计时 обратный отсчет времени

D

倒买倒卖 перепродажа
倒退 отступить назад
倒转历史车轮 повернуть вспять колесо истории
到了爬坡过坎的紧要关头 Настало время преодолевать ключевые высоты и обрывы на пути движения вперед
到期 истечение срока
到位 на должном уровне
盗窃公共财物 растаскивать общественное имущество
盗窃国家机密 кража государственной тайны; хищение государственной тайны
盗窃国家经济情报 похищать секретную государственную экономическую информацию
盗窃国家资产 расхищать государственное имущество
盗用公款 разворовывать общественные средства; растратить казенные деньги
盗用国家名义 прикрываться именем государства
道路规划 проектирование дорог
道路施工 дорожные работы
道路网 дорожная сеть
道义上的责任 моральная ответственность
道义上的支持 моральная поддержка
得不偿失 Приобретенное не возмещает потерянное.
得到更多实惠 получать еще больше реальной (действительной) пользы
得到更好体现 найти лучшее воплощение
得到广泛反馈 встретить широкий отклик
得到谅解 получить понимание и прощение
得到实惠 получить практические выгоды
得到实际体现 найти свое практическое воплощение
得到信任 пользоваться доверием

得到益处 извлечь пользу
得到应有惩罚 получить заслуженное возмездие
得到尊重 добиться уважения
得道多助，失道寡助 Тот, на чьей стороне справедливость, пользуется широкой поддержкой, а тот, кто совершает несправедливость, лишает себя поддержки.
得力助手 дельный помощник
得人心 встречать одобрение; завоевать симпатию народа
得天独厚 исключительно хорошие природные условия; быть одаренным и иметь положение в обществе
德才兼备 учет морально-деловых качеств; соединять в себе высокие моральные и деловые качества
德才兼备、年富力强的中青年 кадры молодого и среднего возраста с высокими моральными и деловыми качествами, полные сил и энергии
德育 нравственное воспитание
德智体全面发展 всестороннее развитие в нравственном, умственном и физическом отношениях
登峰造极 верх совершенства; довести до высшей степени
登记备案制 система регистрации
登上政治舞台 выйти на политическую арену
等级工资制 система разрядной заработной платы
等级观念 сословные представления
等级制度 сословная система
等价交换 эквивалентный обмен
等价物 эквиваленты
低谷期 период депрессии
低级表演 низкопробные художественные выступления
低级阶段 низшая фаза
低级趣味 низменные вкусы
低价销售 продажа по демпинговым ценам
低劣产品 низкосортная продукция

低生育水平 низкий уровень рождаемости

低收入群体 низкооплачиваемые категории населения; группы населения с низкими доходами

低碳生活方式 низкоуглеродный образ жизни

低纬地区 низкоширотная зона

滴灌 капельное орошение

敌对分子 враждебные элементы

敌对行动 враждебные действия

敌对势力 враждебные силы

敌情 данные (сведения) о противнике

敌视社会主义的势力 враждебные социализму силы

抵抗侵略 отражать агрессию; сопротивляться агрессии

抵押贷款 ипотечный кредит

抵押购房 купить жилье на ипотеке

抵御冲击 отразить натиск

抵御风险能力 способность противостоять рискам и опасностям

抵御亚洲金融危机 отразить натиск азиатского финансового кризиса

抵御灾害性气候事件 борьба со стихийными бедствиями, вызванными климатическими изменениями

抵制不良倾向 борьба с нездоровыми тенденциями

抵制腐朽思想 противостоять тлетворной идеологии

底薪 основная зарплата

底子薄 слабое основание

地大物博 обладать обширной территорией и богатыми материальными ресурсами

地方保护主义 ведомственность

地方拨款 средства, выделяемые местными органами власти

地方财政 местные финансы; местный бюджет

地方各级人民法院 местные народные суды разных ступеней (уровней)

地方各级人民检察院 местные народные прокуратуры разных ступеней (уровней)

地方各级政府 местные правительства разных ступеней (уровней)

地方管理机构 органы местного управления

地方合作 местное сотрудничество

地方民族主义 местный национализм

地方人民代表大会选举 выборы в местные собрания народных представителей

地方上缴中央的收入 доходы, отчисляемые с мест центру

地方税 местный налог

地方特产加工区 зона по переработке местной специфической продукции

地方性法规 законоположения местного значения; нормативные акты местного значения

地方政府 местное правительство

地方政权 местная власть

地方主义 местничество

地方资金 местные средства

地理上毗邻的国家 страны, близкие географически

地理上相距遥远 далеки друг от друга в географическом плане

地理优势 преимущество в географическом положении

地球村 глобал виллидж; глобальная деревня

地区霸权主义 региональный гегемонизм

地区布局 районное (региональное) размещение

地区差价 разница в ценах между районами

地区动荡 локальные потрясения

地区封锁 региональная обособленность

地区环境 региональная среда

地区价格 зональная (региональная) цена

地区经济合作 региональное экономическое сотрудничество

地区热点问题 региональные горячие проблемы
地下人行横道 подземный переход
地下水 грунтовые воды
地域观念 местечковые представления (взгляды); регионализм
地域价格 зональная (региональная) цена
地域经济 региональное хозяйство
地域平衡 территориальный паритет
地域优势 географическое преимущество
地缘政治 геополитика
地震监测 сейсмический мониторинг
地质灾害 геологические бедствия
递减 дегрессия; постепенное уменьшение
递交国书 вручить верительную грамоту
递交照会 вручить ноту
递增 постепенное (пропорциональное) увеличение; прирост
第二职业 вторичная занятость; вторая работа
第三产业 третья индустрия; третья сфера экономики
第四代移动通信技术标准 технические стандарты мобильной связи четвертого поколения
第一把手 первая скрипка; главный ответственный руководитель
第一轮会谈 первый тур переговоров; первый раунд переговоров
第一要务 дело первой важности; первостепенная задача
缔约国 государство-участник; страна-участница договора
缔约双方 обе договаривающиеся стороны
缔造 стоять у колыбели (чего)
颠倒黑白 переворачивать факты с ног на голову; принимать черное за белое
颠倒是非 извращать истинное положение вещей; переворачивать вещи вверх ногами
颠扑不灭的真理 сущая правда; непреложная истина
典型重大案件 наиболее характерные и наиболее крупные дела; наиболее крупные дела типичного характера
电话会议 селекторное совещание; телеконференция
电气化铁路 электрифицированная железная дорога
电子工业 электронная промышленность
电子商务 электронная коммерция
电子信息产业 электронно-информационная индустрия
玷污光荣称号 позорить славное звание
垫付款 авансированная сумма
奠定坚实的社会基础 заложить прочную социальную основу
奠定物质基础 заложить материальную основу
吊销护照 лишение паспорта; отобрать паспорт
吊销营业执照 аннулирование лицензии на хозяйствование
掉以轻心 допускать беспечность; поступать легкомысленно; впадать в благодушие
调兵遣将 передислокация войск
调查和了解意见和要求 обследовать и разузнавать мнения и требования
调查基层情况 обследовать положение в низах
调动人的因素 активизация человеческого фактора
调动舆论工具 пустить в ход средства пропаганды
调动主动性 выявить инициативу
顶风违纪 поступать наперекор нормам дисциплины; демонстративно нарушить дисциплину
顶住逆流 упорно противодействовать регрессивной тенденции

顶住压力 устоять перед натиском; выдержать прессинг

鼎盛时期 в период расцвета

订单农业 сельское хозяйство, работающее по заказам; производство сельхозпродукции по заказам

订契约 заключить сделку

定编定岗定员 нормирование штатного расписания и персонального состава

定点卫星 спутник, стабилизированный (зафиксированный) на заданной орбите

定额贸易协定 контингентное торговое соглашение

定居 перейти на оседлый образ жизни; приехать на постоянное жительство

定期会晤 регулярная встреча

定期会议 очередное совещание

定期接触 регулярные контакты

定期开展群众卫生运动 регулярно (периодически) проводить (развертывать) массовое движение (кампании) за санитарию и гигиену

定期交流 обмен на регулярной основе

定期体格检查 регулярный (периодический) медицинский осмотр

定向培训 целевое перепрофилирование

定向使用 использование по назначению

东道主 страна-организатор

东山再起 взять реванш; подняться вновь

动车组 моторвагонный подвижной состав

动荡不安 катаклизмы; социальные потрясения; нестабильность

动机 исходная точка; импульс

动乱 волнения и беспорядки; смута

动迁 отселение

动态 динамика

动用战略储备 задействовать стратегические запасы

动员积极性和创造性 мобилизовать активность и творческую инициативу

动员力量 напряжение сил

动员人员后备 мобилизовать людские резервы

动员所有政权机关 подключение всех ветвей власти

动植物疫病防控 профилактика и локализация зоо-и фитоэпидемий

冻结工资 замораживание заработной платы

冻结外汇 блокирование валюты

冻结账户 заблокировать счет

冻结资产 заморозить активы; заморозить имущество

冻结资金 блокирование средств

兜圈子 ходить вокруг да около; вилять

督促后进 подстегивать отстающих

督促有关部门 поторопить соответствующие органы

独断专行 заниматься самоуправством

独家代理 монопольное агентство

独家新闻 эксклюзивная новость

独具特色的发展 развитие (чего) с присущим ему своеобразом

独立发展 самостоятельное развитие

独立关税地区 район самостоятельных таможенных пошлин

独立行使审判权 самостоятельно осуществлять правосудие

独立核算 самостоятельный баланс; самостоятельный хозрасчет

独立审判案件 независимый при разборе дел

独立思考 самостоятельное мышление

独立自主, 自力更生 независимость и самостоятельность, опора на собственные силы

独立自主的和平外交政策 независимая и самостоятельная мирная внешняя политика

独资企业 предприятие на капитале одного субъекта; предприятие односубъектного капитала

渎职失职 нарушение служебного долга

杜绝恶习 покончить с вредными привычками

杜绝各种浪费 покончить с расточительством во всех его видах

杜绝劣质工程 исключать появление низкокачественных строительных объектов; исключить из практики низкокачественные объекты

端正党风 выправление стиля партии

端正工作作风 выправить стиль работы

端正经营指导思想 выправлять руководящие идеи в области хозяйственной деятельности

端正认识 прийти к правильному пониманию

短期行为 конъюнктурщина

短期资本 краткосрочный капитал

短缺商品 дефицитная продукция

短暂停留 непродолжительное пребывание

断绝关系 разорвать отношения

断绝经济往来 разрыв экономических связей

断绝外交关系 порвать дипломатические отношения

断绝友谊 разорвать дружбу

断然否认 категорическое опровержение

断送自己的前程 испортить свою карьеру

队伍的纯洁性 чистота рядов

对财政状况的评估 диагноз финансового состояния

对策 ответные меры; контрмеры

对党的工作提出建议和倡议 выступать с предложениями и инициативами относительно партийной работы

对党和人民创造的历史伟业倍加自豪 вдвойне гордиться великими историческими свершениями партии и народа

对党和人民确立的理想信念倍加坚定 вдвойне крепить установленные партии и народные идеалы и веру

对腐败分子零容忍、严查处 с нулевой терпимостью подходить к коррупционерам, подвергать их строгому наказанию

对干部实行民主监督 демократический контроль над кадровыми работниками

对各省进行巡视 инспектирование во всех провинциях

对话代替对抗 диалог вместо конфронтации

对话机制 механизм диалога

对经济实行宏观管理 управлять экономикой на макроуровне

对具体情况做具体分析 конкретный анализ конкретной ситуации

对口扶持 брать шефство над организациями своего профиля

对立统一规律 закон единства противоположностей

对内经济搞活 оживление экономики внутри страны

对内政策 внутренняя политика

对农民的四项补贴（粮食直补、农资综合补贴、良种补贴、农机具购置补贴）支出 расход на четыре вида дотаций крестьянам (прямые дотации зернопроизводителям, комплексные дотации на средства сельхозпроизводства, дотации на элитные сорта и дотации на приобретение сельхозтехники)

对人民解放军和其他人民武装力量的领导 продолжать руководство Народно-освободительной армией и другими народными вооруженными силами

对外工程承包和劳务合作 строительные подряды и сотрудничества в сфере трудовых услуг за рубежом

对外关系 внешние отношения

对外合作 внешнее сотрудничество

对外交流 связь с другими странами

对外经济开放 расширение экономических сношений с заграницей
对外经济贸易和技术交流 торгово-экономический и технический обмен с заграницей
对外经济贸易洽谈会 внешнеэкономическая торговая ярмарка
对外经营机制 механизм внешнеэкономической деятельности
对外经营权 право на внешнюю торговлю
对外贸易的多元化 внешнеторговый плюрализм; плюрализация внешней торговли
对外贸易逆差 пассивный баланс внешней торговли
对外投资 зарубежное производство инвестирования; зарубежные капиталовложения
对外文化交流 культурный обмен с заграницей
对外影响力 потенциал международного влияния
对外援助规模持续扩大 Непрерывно ширится помощь другим странам.
对外援助支出 расход на экономическую помощь другим странам
对外政策方针 внешнеполитический курс
对外政策原则 принципы внешней политики
对外直接投资 прямая внешняя инвестиция
对我国的发展提出新的要求 предъявлять новые и более высокие требования к развитию нашей страны
对现状的不满情绪 недовольство существующим порядком вещей
对销 квитовка
对形势的清醒估计 трезвая оценка обстановки
对选举法的修改 поправки в избирательное законодательство
对由此所产生的一切后果承担全部责任 нести всю ответственность за все вытекающие отсюда последствия
对峙局面 конфронтационная ситуация
对中俄两国建立的发展关系的模式和前景充满信心 питать большие надежды по вопросам модели и перспективам развития китайско-российских связей
对中国经济的运作负面影响非常明显 оказать негативное влияние на экономику Китая
敦睦邦交 добрососедские отношения
敦请公众注意 обращать внимание общественности
多、快、好、省的方针 курс «больше, быстрее, лучше и экономнее»
多边、双边经贸合作 многостороннее и двустороннее торгово-экономическое сотрудничество
多边核力量 многосторонние ядерные силы
多边会谈 многосторонние переговоры
多边机制 многосторонний механизм
多边经贸合作 многостороннее торгово-экономичсское сотрудничество
多边贸易 многосторонняя торговля
多边事务 многосторонние дела
多边条约 многосторонний договор
多边外交 многосторонняя дипломатия
多边主义 мультилатерализм
多边组织和地区机构 многосторонняя организация, региональная структура
多层次、多渠道开放 многоярусная и многоканальная открытость
多层次、多形式、多渠道的新格局 новая многоступенчатая, многоканальная и многообразная по формам конфигурация (архитектоника)
多层次、多形式、学科门类比较齐全的体系 многоярусная и многообразная по формам система (высшего обра-

зования) со сравнительно полным перечнем дисциплин

多层执法 многоярусное правоисполнение

多成分经济 многоукладная экономика

多党合作和政治协商制度 институт многопартийного сотрудничества и политических консультаций

多方面经验 многогранный опыт

多方面援助 многосторонняя помощь

多方面支持 многосторонняя поддержка

多方为难 ставить (кому) палки в колеса

多回合谈判 многотуровые переговоры

多级格局 многополярная архитектоника (конфигурация)

多极化 многополярность; многополюсность

多极化趋势 тенденция к многополярности

多极世界 многополюсный мир; многополярный мир

多劳多得 "Больше трудишься — больше получаешь."

多轮谈判 многораундовые переговоры

多民族国家 многонациональное государство

多民族聚居 многонациональная семья народов

多渠道经营 многоканальное хозяйствование

多为群众办好事、办实事 больше делать для масс полезного и практического нужного

多赢格局 многосторонняя выигрышная структура

多元发展 диверсификация развития

多元分配形式 многообразные формы распределения

多元化 плюрализм

多元文化 мультикультура

多元增长格局 архитектоника плюрального роста

多灾多难 многострадальный

多种成分、多种形式的所有制构成 структура собственности, многообразной по составу и по форме

多种分配方式并存 сосуществование многообразных форм распределения

多种经营 многообразные формы хозяйствования

多种所有制经济 экономика с многообразием форм собственности

多种所有制经济共同发展 совместное развитие различных секторов экономики

多种形式的家庭联产承包责任制 многообразная по формам система подрядной ответственности крестьянского двора

多种形式的经济 хозяйство, многообразное по формам

多种形式的生产责任制 система многообразной производственной ответственности

多重国籍 многократное гражданство; полипатридство

Е

讹诈 шантаж; вымогательство
俄罗斯反恐战略 стратегия России в борьбе против терроризма
俄罗斯联邦驻中华人民共和国特命全权大使 чрезвычайный и полномочный посол РФ в Китае
俄罗斯中国旅游年 Год китайского туризма в России
俄罗斯中国年 Год Китая в России
俄中贸易遭遇刹车 торможение российско-китайской торговли
俄中关系的动力和源泉是两国人民间的友谊和相互理解 Движущей силой, источником российско-китайских отношений является дружба и взаимопонимание между народами.
额定期限 нормативный срок
额定人数 нормированное число людей
扼杀在摇篮里 задушить в колыбели
恶果 вредные последствия
恶化情况 ухудшить положение
恶性案件 злостные (тяжкие) преступления
恶性竞争 злостная конкуренция
恶性膨胀 злостное разбухание
恶性事故 злотворная авария
恶性通货膨胀 безудержная инфляция; острая инфляция
恶性循环 порочный круг
恶意炒作 злостные манипуляции
恶意逃废债务 злонамеренное уклонение от погашения задолженности

遏制房价过快上涨 сдерживать чрезмерно быстрый рост цен на недвижимость
遏制过度投机 не допускать случаев чрезмерной спекуляции
遏制力量 сдерживающая сила
遏制社会丑恶现象 изживать социальные пороки
遏制重特大安全事故 пресекать крупные и особо серьезные аварии
厄尔尼诺现象 феномен Эль Ниньо
恩将仇报 платить злом за добро
二把手 второе ответственное лицо
二次能源 вторичные ресурсы энергии
二次探底 повторное надение на дно
二级市场 вторичный рынок
二期工程 строительные объекты второй очереди
二手材料 материалы из вторых рук
二手车 подержанные автомобили; автомобиль с пробегом; машина бывшая в употреблении
二手房 вторичное жильё; жильё вторичного фонда
二为方向 (为人民服务, 为社会服务) курс на «два служения»: (на служение народу и служение делу социализма)
二维条形码 двухмерный штриховой код
二氧化碳排放量 объем выбросов двуокиси серы

F

发表联合公报 опубликовать совместное коммюнике
发表声明 сделать заявление
发表意见 высказать мнение
发病率 заболеваемость; коэффициент заболеваний
发布信息 предоставлять информацию
发布宣告 издать декларацию
发布指示 дать директиву
发出信号 дать (кому) сигнал (о чем)
发达国家 развитая страна
发达经济体 развитые экономические субъекты
发电、输电、变电工程 объекты по выработке, передаче и трансформации тока
发电机组 электроагрегат
发电机组容量 мощность электроагрегата
发电量 выработка электроэнергии; мощность генератора
发电设备 генераторное оборудование; генераторные установки
发电装机 электроагрегаты
发电装机容量 мощность генераторного оборудования; мощность энергоблоков (электрогенераторов)
发动积极性 поднимать активность
发动群众 подымать массы; мобилизовать массы
发放价格临时补贴 выдача временных ценовых дотаций
发放农业贷款 выдать сельскохозяйственные ссуды
发放签证 выдавать визу
发行地方债券 выпустить местные займы
发行公债 выпускать заем; эмиссия займа
发行股票 выпускать акции
发行国债 эмитировать обликации госзаймов; эмитировать (выпускать) госзаймы
发行货币 денежная эмиссия; выпуск денег в обращение
发行权 эмиссионное право
发行税 эмиссионный налог
发行体制 экспедиционная система
发行银行 эмиссионный банк
发行有价证券 эмиссия ценных бумаг
发行纸币 выпуск бумажных денег
发号施令 администрировать; диктовать свою волю
发挥才能和创造力 развернуть таланты и творческие силы
发挥道德模范榜样作用 развертывать показательную роль живых примеров нравственности
发挥负责任大国作用 играть роль ответственной державы мира
发挥干劲 давать полный простор энтузиазму
发挥各级党组织和广大党员的积极性创造性 выявлять активность и творческую инициативу партийных организаций, широких слоев коммунистов
发挥好舆论监督作用 выявлять роль контроля со стороны общественности
发挥积极性和创造性 развивать активность и творческую инициативу
发挥建设性作用 играть конструктивную роль
发挥领导作用 проявить руководящую роль
发挥模范作用 выявлять образцовую роль

发挥潜力 дать простор потенциальным силам

发挥群众的创造性 развернуть творческие силы масс

发挥人民首创精神 выявлять творческую инициативу народа

发挥市场在资源配置中的基础性作用 развертывать базисную роль рынка в размещении ресурсов

发挥特长 предоставить простор развитию личности

发挥职能 развивать функции

发挥中央和地方两个积极性 развивать два вида активности — активность в центре и на местах

发挥主导作用 поднять еще выше ведущую роль

发挥主动性、自觉性和自主精神 поднять инициативу, сознательность и самостоятельность

发挥自己的聪明才智 выявлять (проявлять) свой ум и способности

发挥自己的优势 выявлять собственные преимущества

发挥自己最大的能力 достичь предела своих возможностей

发掘潜力 вскрыть потенциальные возможности

发明创造 изобретательство и новаторство

发起国 страна-инициатор

发起者 инициатор; зачинатель; учредитель

发射火箭 запуск ракеты

发射新型卫星 запуск спутников нового типа

发生法律效力 обрести законную силу

发扬爱国主义传统 развивать патриотические традиции

发扬成绩 умножить успехи

发扬党的优良传统和作风 развивать славные партийные традиции и стиль работы

发扬党内民主 развивать внутрипартийную демократию

发扬光大 вести к расцвету; наследовать и развивать

发扬民主 развить демократию

发扬人道主义精神 руководствоваться духом гуманизма

发扬社会主义新风尚 развивать новые социалистические нравы

发扬社会主义正气 утверждать здоровые, социалистические начала

发展不平衡 неравномерность развития

发展才是硬道理 Развитие —— основная цель; Только в развитии непреложная истина.

发展残疾人事业 обеспечивать развитие инвалидного дела

发展出口创汇 рост экспорта и валютных поступлений

发展初期 первичный период развития

发展大好形势 развивать благоприятную обстановку

发展动力 движущие силы развития

发展多种形式的集体经济和合作经济 обеспечивать развитие многообразных по форме коллективных и кооперативных хозяйств

发展多种形式的适度规模经营 развивать многообразное по формам и рациональное по масштабам хозяйствование

发展各类金融市场 обеспечивать развитие финансовых рынков всех типов

发展各类生产要素市场 обеспечивать развитие рынков различных компонентов производства

发展关系 развивать отношения

发展光伏产业 развитие фотовольтаической индустрии

发展规划 программа (план) развития

发展规律 закон развития

发展后劲 резерв для нового развития; потенциал для последующего развития

发展环保产业 обеспечивать развитие экоохранной индустрии

发展机遇 шансы на развитие
发展基础设施建设 развитие инфраструктуры
发展价格政策的调节作用 выявлять регулирующую роль политики цен
发展经济，保障供给 развивать хозяйство и обеспечивать снабжение
发展前景 перспективы развития
发展清洁能源和可再生能源 развивать экологически чистые и возобновляемые энергоресурсы
发展是硬道理 Развитие — это непреложная истина.
发展体育运动，增强人民体质 развивать физкультуру и спорт, улучшать физическую подготовку народа
发展文化产业 развитие культурной индустрии
发展我国同世界各国的关系 обеспечивать развитие наших государственных отношений со странами мира
发展现代产业体系 развивать систему современных производств
发展现代服务业 развивать современный сервис
发展现代农业 развивать современное сельское хозяйство
发展乡镇企业 обеспечивать развитие поселково-волостных предприятий
发展新产品 развивать производство новых видов товаров
发展新党员 расширять прием в партию новых членов
发展友好关系的典范 пример развития дружественных связей
发展友好合作关系 развивать связи дружественного сотрудничества
发展远程教育和继续教育 обеспечивать развитие дистанционного и продолженного обучения
发展滞后 отставание в развитии
发展中的差距 разрыв в уровне развития
发展中的经济主体 развивающиеся экономические субъекты
发展中国家 развивающаяся страна
发展中社会主义大国 крупная развивающаяся социалистическая страна
发展壮大 набирать силу; развивать и наращивать мощь
罚没收入 штрафовать вплоть до конфискации доходов
法宝 магическое (чудодейственное) средство; талисман
法定程序 узаконенный (установленный законом) порядок
法定传染病 инфекционные заболевания, включенные в государственную программу профилактики и лечения; инфекционные заболевания, подлежащие регистрации
法定存款准备金率 узаконенный коэффициент (процент) резервного фонда по вкладам
法定代理人 законный представитель
法定地址 юридический адрес
法定多数 квалифицированное большинство
法定汇率 официальный валютный курс
法定货币 законное платежное средство; деньги дозволенные законом
法定基金 уставный фонд
法定继承人 законный наследник
法定节假日 официально установленные праздничные и выходные дни
法定结婚年龄 узаконенный начальный возраст вступления в брак
法定考试 предусмотренные законом экзамены
法定期限 срок, установленный законом
法定人数 кворум; правомочное число
法定时间 узаконенный час
法定数量 законное количество
法律程序 законная процедура; правовой порядок; законный порядок
法律冲突 коллизия законов
法律地位 правовой статус; правовое

(юридическое) положение

法律法规和政策 законы, нормативные акты и государственные установки

法律服务 юридическое обслуживание

法律顾问 юрисконсульт

法律规定 юридическое предписание

法律规范 правовая норма

法律基础 правовая база; правовая основа

法律监督机关 орган юридического надзора

法律面前人人平等 все граждане равны перед законом

法律上承认 признание деюре; юридическое признание

法律上一律平等 равенство всех перед законом

法律体系 правовая система

法律调节 законодательное регулирование

法律援助 оказание юридической помощи

法律允许的范围内 в рамках, дозволенных законодательством

法律责任 судебная ответственность; юридическая ответственность

法律制裁 карать (подвергать санкциями) по закону

法律追究 привлекать к судебной ответственности

法人代表 представитель юридического лица

法人地位 положение юридического лица

法庭宣判 судебное постановление

法院判决 судебный вердикт; судебное решение

法院审理 судебное разбирательство

翻旧账 ворошить прошлое

翻两番 увеличить вчетверо; возрасти в четыре раза четырехкратное увеличение

翻天覆地的变化 грандиозные (колоссальные) перемены

翻天覆地的历史性变革 колоссальные (огромные) перемены великого исторического значения

翻一番 удвоение; увеличение в два раза; двухкратное увеличение

繁荣昌盛 быть в расцвете сил

繁荣的时代 цветущее время; время расцвета

繁荣发展哲学社会科学 обеспечивать процветание и развитие философии и общественных наук

繁荣富强 процветание и могущество

繁荣经济 процветающая экономика; экономическое процветание

繁荣民族文化 процветающая национальная культура

繁荣农村经济 процветать экономику села

繁荣社会主义市场 процветающий социалистический рынок

繁荣时期 период расцвета

繁荣文化市场 процветание культурного рынка

反霸权主义力量 антигегемонистские силы

反霸权主义声明 антигегемонистское заявление

反动面目 реакционное обличье

反动气焰 реакционная спесь

反对采取简单、粗暴的态度 выступать против упрощенства и грубости

反对党 оппозиционная партия; партия в оппозиции

反对党领导人 глава оппозиционной партии

反对帝国主义、封建主义、官僚资本主义的长期革命斗争 длительная революционная борьба против империализма, феодализма и бюрократического капитализма

反对和防止个人或少数人专断 пресекать и предотвращать самоуправство как отдельной личности, так и меньшинства

反对铺张浪费 бороться против излишества и расточительства

F

反对奢侈浪费 пресекать роскошь и расточительство

反对特殊化 отказываться от привилегий; выступать против привилегии

反对歪风 пресекать вредное поветрие

反对形式主义、官僚主义,反对弄虚作假 выступать против формализма, бюрократизма, очковтирательства

反对一切"左"和右的错误倾向 выступать против всех и всяких, как «левых», так и правых, ошибочных уклонов

反对一切形式的恐怖主义 выступать против терроризма во всех его формах

反腐败斗争 борьба с разложением

反腐败斗争的长期性、复杂性、艰巨性 длительность, сложность и трудность борьбы против разложения

反腐败抓源头 бороться с разложением, начиная с его истоков

反腐倡廉 бороться с разложением, ратовать за бескорыстие

反复测算 многократные подсчеты

反复激烈的较量 многократные ожесточенные схватки

反复无常 метание из стороны в сторону

反复酝酿 многократный обмен мнениями

反间谍工作 контрразведывательная деятельность; контрразведка

反恐行动 антитеррористические акты

反馈 обратная связь

反垄断法 Закон против монополии; Антимонопольный закон

反面教材 отрицательный материал; негативный материал

反倾销 антидемпинг

反社会行为 антиобщественные поступки (действия)

反洗钱 борьба с отмыванием капитала; борьба с отмыванием денег

反响 отклик (среди кого); реакция

反映不同的地方特色 отразить особенности разных местностей

反映经济活动中的真实情况 показывать реальную картину экономической жизни

反映了对党和国家工作的新要求 отражать новые требования к работе нашей партии и народа

反映群众的意见和要求 отражать мнения и нужды масс

反映群众意愿 выражать чаяния народа

反映市场供求关系 отражать соотношение между рыночным спросом и предложением

反映现实生活 отражать реальную жизнь

反映新人、新事、新思想 отображать новых людей, новые дела, новые мысли

反战游行 антивоенная демонстрация

犯罪猖獗 криминальная вакханалия

犯罪分子 преступные элементы; преступники

犯罪高发区 криминогенная зона

犯罪行为 преступления; преступные действия (деяния)

犯罪活动 преступная деятельность

犯罪集团 преступная группировка; преступная шайка

犯罪未遂 покушение на преступление

犯罪嫌疑人 лицо, подозреваемое в совершении преступления

犯罪中止 отказ от продолжения преступной деятельности

泛突厥主义 пан-тюркизм

泛亚洲组织 паназиатская организация

泛伊斯兰主义 пан-исламизм

贩毒 наркобизнес

贩毒吸毒 продажа и употребление наркотиков

贩卖人口 торговля людьми; торговля живым товаром

防范措施 превентивные меры; меры

предосторожности

防范风险 предотвращение рисков

防范和化解金融风险 предотвращать и снимать финансовые риски

防范机制 механизм предупреждения

防范系统性金融风险 предотвращать системные финансовые риски

防风固沙林 лесные полосы, защищающие от ветров и фиксирующие пески

防洪工程 противопаводковые объекты(сооружения)

防洪抗旱 предотвращать наводнения и бороться с засухами

防护林体系 лесозащитные системы; система лесозащитных полос

防患于未然 Берегись бед, пока их нет.

防火措施 противопожарные меры

防控工作 профилактика и локализация

防控体系 система профилактики и контроля; система профилактики и локализации

防碰瓷 защита от шантажа

防沙治沙 предупреждать опесчанивание; бороться с опустыниванием

防伪标志 идентификационный знак

防卫力量 силы обороны; оборонная мощь

防疫工作 профилактическая работа; работа по борьбе с эпидемией

防御体系 оборонительная система

防灾减灾 предотвращать стихийные бедствия либо ослаблять их последствия; полностью либо частично предотвращать стихийные бедствия

防灾体系 система защиты от стихийных бедствий

防止病虫害 профилактика и борьба с заболеваниями животных и растений, с сельскохозяйственными вредителями

防止错误倾向 предупреждать возникновение ошибочных тенденций

防止恶性竞争 предотвращать злостную конкуренцию

防止经济出现大的起落 во избежание резких колебаний экономики

防止经济大幅度波动 предотвращать большие колебания в экономике

防止矿尘 предупредительные меры против угольной пыли

防止麻痹思想 остерегаться всякого благодушия

防止蔓延 предотвращение распространения

防止盲目乐观 предотвращать слепой оптимизм

防止盲目追求增长速度 пресекать слепую погоню за темпами роста

防止事故 предотвратить аварию

防止通货膨胀 предотвратить инфляцию

防止偷税漏税 предотвращение уклонения от уплаты или недоплаты налогов

防治艾滋病 профилактика и лечение СПИДа

防治疾病 профилактика болезней; предупреждать болезни (заболевания)

防治疟疾 борьба с малярией

防治污染 предотвращение и устранение загрязнения (окружающей среды)

房地产 недвижимое имущество; недвижимость

房地产开发 освоение недвижимости

房地产买卖合同 купчая на недвижимость; договор купли-продажи недвижимого имущества

房地产市场 рынок недвижимого имущества; рынок недвижимости

房地产市场泡沫 спекулятивный пузырь на рынке недвижимости

房价过快增长 чрезмерно быстрый рост цен на жилье

房价涨幅过高 чрезмерный рост цен

на недвижимость
房屋拆迁 снос жилых домов и переселение жильцов
房屋中介 квартирно-посредническое бюро
房屋租借市场 рынок аренды жилья
放到同等重要的地位 отводить одинаково важное место
放到突出位置 отводить видное место
放过机会 упускать случай
放管结合 сочетание либерализации и управления
放活 оживлять; давать простор
放开经营 свободное хозяйствование
放开企业手脚 снять путы с предприятий
放开手脚，大胆试验 смело экспериментировать, освободившись от пут
放开销售价格 отпускать продажные цены
放宽价格 либерализировать (отпускать) цены
放宽贸易禁令 ослаблять запрет на торговлю
放宽审批权限 расширять права на рассмотрение и утверждение (на визирование)
放宽条件 смягчение условий
放宽政策 ослабить ограничения, предусмотренные государственной политикой; смягчать государственные установки
放款业务 активные операции (банка)
放慢建设速度 свернуть темпы строительства
放慢速度 сбавить ход; сбавить скорость
放弃打算 отказаться от намерения
放弃观点 отказаться от взглядов
放弃投票 воздержаться от голосования
放权让利 спускать права и уступать интересы
放射性废物 радиоактивные отходы; радиоактивные выбросы

放射性废物的利用 утилизация радиоактивных отходов
放射性污染 радиоактивное загрязнение
放手发动群众 смело и решительно поднимать массы (народ)
放松监督 ослабить контроль
放松警惕 ослабить(притупить) бдительность
放松理论学习 ослабить теоретическую учебу
放调结合,稳定前进,保持物价总水平基本稳定 сочетать свободные цены с регулируемыми, ровным шагом продвигаться вперед и сохранять уровень цен в основном стабильным
放下包袱 облегчить наши тяготы; сбросить с себя груз
放眼世界,放眼未来 устремлять свой взор на окружающий мир, на будущее
放在一切工作的首位 ставить во главу угла всей работы
放之四海而皆准 верный для всех краев и земель; верный для всего мира
非常设机构 временно действующие структуры
非常事件 чрезвычайное происшествие (ЧП)
非常委员会 чрезвычайная комиссия
非常重视 придать большое значение
非常重要 крайне важно
非处方药 нерецептурные лекарства
非传统安全威胁 нетрадиционная угроза безопасности
非法集资 незаконное аккумулирование средств (капиталов)
非法拘禁 незаконное заключение под стражу
非法收入 незаконные доходы; нелегальные доходы
非法武装 незаконное вооруженное формирование

非法越境 незаконный переход границы
非法占有 незаконное присвоение
非官方消息 неофициальные сведения
非国家观点 агосударственная точка зрения
非价格竞争 неценовая конкуренция
非价格因素 неценовые факторы
非经营性收入 доходы не от торгово-хозяйственной деятельности
非就业人口 несамодеятельное население
非卖品 непродаваемый товар; не для продажи
非农业劳动人口 несельское трудовое население
非歧视性原则 принцип недискриминационного подхода; антидискриминационные принципы
非全日制工作时间 протяженность неполного рабочего дня
非商业机构 некоммерческая структура
非生产开支 пепроизводительные затраты; непроизводительные расходы
非物质文化遗产 нематериальное культурное наследие
非现金结算 безденежный расчет; безналичный расчет
非现金支付 безналичный платеж
非盈利机构 нерентабельная организация
非盈利性事业 неприбыльное дело
非正规军 нерегулярные войска
非正式会晤 неформальная встреча; неофициальная встреча
非正式会议 неофициальное (неформальное) совещание
非正式谈话 неофициальная беседа; кулуарная беседа
非正式消息 неофициальная новость; слухи из кулуаров
非正式组织 неформалы; нефор-
мальная организация
非政府组织 неправительственные организации (НПО)
非自然死亡 неестественная смерть
肥缺 доходное местечко; теплое местечко
废除 аннулирование
废除合同 расторгнуть контракт; аннулировать контракт
废除条约 аннулирование договора; денонсация договора; расторжение договора
废除制度 ликвидировать систему
废料 утильсырье; утиль; отходы; отбросы
废品回收 сбор утильсырья
废品综合利用 утилизация отбросов
废水、废气、废物污染 загрязнение в виде сточных вод, отработанных газов и отходов производства
废水、废气、废渣的处理 утилизация сточных вод, отработанных газов и отходов производства
废物利用 утилизация (использование, переработка) отходов
分辨真假 отличать правду от неправды
分别处理 дифференцированный подход
分别会见 в разное время встретиться; отдельно встретиться; раздельные встречи
分布不均 неравномерное размещение
分步骤、有领导、有秩序地进行 осуществлять постепенно, упорядоченно и под руководством
分担责任 делить ответственность
分段承包 вводить распределение подрядов по участкам
分工合理 рациональное разделение труда
分红制 система тантьем; система участия в прибылях
分级管理 поинстанционное управление; управление по ступеням (уровням)

分级评定 балльная оценка
分级责任制 поинстанционная ответственность; система ступенчатой ответственности
分类标准 критерий классификации
分类管理 дифференцированное управление
分离社会职能 избавляться от социальных функций; освобождение (предприятий) от выполнения социальных функций
分离所有权和经营权 отделение права собственности от права хозяйствования
分裂活动 раскольническая деятельность; раскольнические действия
分裂势力 сепаратистские силы
分裂图谋 раскольнические замыслы
分裂主义 раскольнизм
分流企业富余职工 перемещать избыточный персонал предприятий
分内的事 дело собственной (внутренней) компетенции
分配比例 пропорция распределения
分配不公 несправедливость распределения
分期偿还 погашение в рассрочку
分期分批 по срокам и по группам; периодически и поочередно
分歧的根源 корень расхождений
分歧点 предмет разногласия
分清敌友 отличать друга от неприятеля
分清轻重缓急 в зависимости от важности и срочности дела
分清情况 сообразоваться с обстоятельствами
分散经营 децентрализованное хозяйствование; рассредоточенное ведение хозяйства
分散精力 распылять силы
分税制 система раздельных налоговых поступлений (центра и мест); система раздельного налогообложения
分税制财政体制 финансовая система раздельного налогообложения
分税制改革 реформа по введению системы раздельного налогообложения
分庭抗礼 действовать в противовес (наперекор); быть (держаться) на равных
分享合作成果 совместное пользование плодами сотрудничества; делиться плодами сотрудничества
分支机构 филиал; отделение
分组审议 групповая дискуссия
纷至沓来 следовать один за другим
粉饰现实 лакировать действительность
粉碎阴谋 опрокинуть темные планы; сорвать темный план
奋斗目标 боевые задачи; цель борьбы
奋力开拓 самоотверженное первопроходство
奋力拼搏 всеми силами бороться
奋起直追 отважно стремиться вперед
奋勇前进 дальнейшее смелое продвижение вперед
丰富的矿藏 богатые залежи различных минералов
丰富的生产经验 богатый производственный опыт
丰富多彩的庆祝活动 разнообразные и многокрасочные праздничные мероприятия
丰功伟绩 великие (громадные) заслуги; великие (грандиозные) свершения
丰硕成果 богатые плоды; богатый урожай
丰衣足食 одежды и продовольствия в достатке
风波 неурядицы; распри
风力发电 выработка энергии с помощью ветра

风气 атмосфера; нравы; поветрия; веяния

风调雨顺 благоприятные погодные условия

风险补偿 компенсация за риск; рисковая компенсация

风险管理 управление рисками

风险经营 рисковое предпринимательство

风险可控 возможности в контролировании рисков

风险控制和监督 рисковой мониторинг и надзор

风险投资 венчурное (рисковое) финансирование; рисковые капиталовложения

风雨同舟 плыть в бурю в одной лодке

风云人物 видная фигура

封闭舱 герметическая кабина; гермокабина; гермоотсек

封闭状态 закрытый статус; замкнутость

封存账户 замороженный (заблокированный) счет

封山绿化 превращать горы в заповедники и озеленять их

封锁 держать на замке; запирать; блокировать

峰会 саммит; совещание в верхах

逢迎拍马 льстить и угодничать

奉公守法 выполнять обязанности с соблюдением законов

奉为国策 возвести на уровень государственной политики

奉献爱心 внести свою лепту

否决权 право вето

否决提案 отклонить предложение

否认客观真理 отрицать объективную истину

否认事实 отрицать факт

敷衍了事 работать спустя рукава; халатно относиться к делу

扶持发展经济 поддержка экономического развития

扶持先进 поддержка передового

扶持正气 поддерживать здоровые явления (все здоровое)

扶贫帮困 помогать нуждающимся избавляться от бедности

扶贫攻坚力度 динамика изживания бедности

扶贫济困 заботиться о бедствующихся, отзываться на чужие нужды

扶贫开发 освоенческие работы в порядке помощи нуждающимся

扶贫致富 избавляя от бедности, вести к зажиточности

扶贫专款 специальные средства для помощи нуждающимся

扶上马、送一程 подсаживать на коня и проводить в первый путь

扶优限劣 поддержка лучших и ограничение худших

扶正压邪 поддерживать добро и подавлять зло, утверждать добрые начала и искоренять дурные

服从大局 подчинение интересам целого

服从国家分配 по государственному распределению

服务出口 экспорт услуг

服务大局 служение интересам дела в целом

服务行业 индустрия услуг; сервисные отрасли

服务领域 сфера обслуживания

服务贸易 сервисная торговля; торговля услугами

服务网点 пункт обслуживания

服务网络 сеть обслуживания (сервиса)

服务项目 виды сервиса; сфера обслуживания

服务型政府 правительство обслуживающего типа

服务性收费 плата за обслуживание (услуги)

服用兴奋剂 допингование

服装工业 швейная промышленность

服装设计师 модельер-дизайнер

F

浮动工资 плавающая заработная плата
浮动汇率 плавающий курс инвалюты; колеблющийся обменный курс
浮动价格 плавающие цены; скользящая цена
浮动利率 плавающие процентные ставки
浮动外汇牌价 плавающие валютные курсы
浮夸虚报 отчеты с преувеличенными показателями
浮夸作风 стиль пустого бахвальства
符合本地区、本部门的实际情况 отвечать фактическому положению дел в данном районе или ведомстве
符合党心民心 отвечать чаяниям партии и народа
符合国情 отвечать реальным условиям страны
符合合同的条件 удовлетворить условия контракта
符合基本经济规律 сообразоваться с основным экономическим законом
符合实际 соответствовать действительности; соответствовать реальной действительности
符合实际情况 соответствовать фактическому положению вещей
符合条件 удовлетворить условия
符合需求 отвечать потребностям
符合要求 быть на уровне; отвечать требованиям; удовлетворять требования
符合中国实际 отвечать реальным условиям Китая; соответствовать реалиям Китая
幅度 амплитуда; размах
幅员广大的国家 громадная страна; страна с громадной территорией
辐射带动作用 радиационная и стимулирующая роль; радиальная и ведущая роль
福利待遇 материальные льготы

福利国家 государство всеобщего состояния; государство всеобщего благосостояния
福利事业 дело социальной заботы (коллективного благосостояния)
抚今追昔 оглядываться сегодня на прошлое
抚恤和社会救济费 средства на выдачу благотворительных пособий и социальное вспомоществование
抚恤烈士家属 выдать пособия семьям павших героев
辅助劳动力 подсобная рабочая сила
辅助投资 вспомогательные инвестиции
腐败 разложение; загнивание
腐败变质 разложение и перерождение
腐朽的思想 тлетворные идеи; тлетворная идеология
付出巨大代价 платить дорогой ценой; обойтись дорогой ценой
付出巨大努力 затратить колоссальные усилия; приложить огромные усилия
付出巨大牺牲 идти на огромные жертвы
付款凭证 платежный документ
付款通知书 платежное требование
付款委托书 платежное поручение
付诸表决 ставить на голосование
付诸全民公决 ставить на всенародный референдум
付诸实施 осуществить на практике; материализовать; претворять в жизнь
负担金额 сумма денежной (материальной) нагрузки
负道义上的责任 нести моральную ответственность
负法律责任 нести ответственность перед законом; нести юридическую ответственность
负面影响 негативное влияние; минусовое влияние

负责任的大国 ответственная держава

负增长 минусовый рост; отрицательный рост

负债累累 погрязнуть в долгах

负债率 коэффициент (уровень) задолженности

妇女联合会 федерация женщин

妇幼保健 охрана матери и ребенка

妇幼保健工作 работа по охране матери и ребенка

妇幼保健院 заведение по охране материнства и младенчества

附加税 дополнительная пошлина; дополнительный налог

附加值 добавленная стоимость

附加值高的产品 продукция с высокой добавочной стоимостью

附加值高的科技成果 научно-технические достижения, гарантирующие высокую добавленную стоимость

附庸国 страна-саттелит; вассальное государство

赴任 направляться на место работы

复合肥 комбинированные удобрения; компост

复线 вторая колея

复线里程 протяженность двойной колеи

复线铁路 двухпутная (двухколейная) железная дорога

复议 пересматривать; заново обсудить

复员军人 демобилизованный военнослужащий

复员转业军人 демобилизованные военнослужащие, переходящие на гражданскую работу

副产品 побочная продукция

副领事 вице-консул

副食供应 снабжение незерновыми продуктами питания

副食品价格 цены незерновых продуктов

副研究员 научный сотрудник

副业 подсобное хозяйство

副作用 побочное действие; отрицательное воздействие

赋予全权 предоставить полномочия

赋予社会主义新活力 придание социализму новых жизненных сил

赋予新的内涵 обогащение (чего) новым содержанием

赋予新的意义 придать новое значение

赋予新生 вдохнуть новую жизнь

富二代 второе поколение богатых

富国强军 обогащение страны и укрепление армии

富有成效的合作 плодотворное сотрудничество

富有成效的协商 продуктивные консультации

富有效率 высокая эффективность

富余职工 излишний персонал; высвободившиеся работники

覆盖城乡的社会保障体系建设 развитие системы социального обеспечения, охватывающей город и село

G

改变经济增长方式 трансформация способа экономического роста

改变就业观念 менять представления о выборе профессии (работы)

改变落后状态 ликвидировать состояние отсталости; покончить с отсталостью

改变农村缺医少药的状况 изменять положение дел в деревне, характеризующееся нехваткой врачей и лекарств; изживать малодоступность медицинской помощи в деревне

改变农村医疗卫生状况 улучшать медико-санитарные условия в селе

改变社会风气 изменять общественные нравы

改变制度 переменить систему; перестройка системы

改变自己的观点 изменить свою точку зрения

改变自然 изменить природу; преобразовать природу

改财政拨款为银行贷款 занять бюджетные ассигнования банковскими кредитами; банковское кредитование взамен бюджетных ассигнований

改朝换代 смена династий; смена власти

改革财政税收制度 реформировать финансово-налоговую систему

改革的紧迫性 неотложность перестройки; актуальность реформы

改革的长远目标 долговременные цели реформы (перестройки)

改革经济结构 структурная перестройка экономики

改革决策的科学性 научная обоснованность реформационных решений

改革开放 реформа и открытость

改革开放的伟大历史进程 великая историческая поступь реформы и открытости

改革开放的总设计师 главный архитектор реформы и открытости

改革开放和社会主义现代化建设的历史进程 исторический процесс политики реформы и открытости и социалистической модернизации

改革开放实验区 экспериментальные зоны реформы и открытости

改革开放是强国之路，是完善和发展社会主义制度、解放和发展社会生产力的正确途径 Реформа и открытость — это путь укрепления нашей страны, это правильный путь совершенствования и развития социалистического строя, раскрепощения и развития общественных производительных сил.

改革力度 динамика реформирования (перестройки)

改革吏治 преобразовать (реформировать) чиновничье управление

改革派 приверженцы реформы; реформаторы

改革取得积极进展 Позитивные сдвиги наблюдались в преобразовании.

改革全面展开 Полностью быть развернута реформа.

改革要讲实效 Реформа должна дать практические результаты.

改革意识、竞争意识和开放意识 осознание важности реформы, конкуренции и открытости

改革有序推进 Планомерно продвигалась реформа.

改革最终取得成功 Реформа в конечном счете увенчается успехом.

改进服务 улучшать обслуживание

改进工作方法 улучшать метод работы

改善城乡人居环境 улучшать благоустройство города и села

改善待遇 улучшить материальные условия жизни

改善党的领导 совершенствовать партийное руководство; улучшать партийное руководство

改善方法 усовершенствовать методы

改善关系 улучшать отношение

改善和加强城乡社区警务工作 реформировать и активизировать работу городской и сельской микрорайонной милиции

改善环境卫生 улучшать коммунальную гигиену; улучшать общественные санитарные условия

改善技术装备 повышать техническую оснащенность

改善经营管理 совершенствование хозяйственного управления

改善军队官兵生活待遇 повышение уровня материального обеспечения офицерского и рядового состава

改善两国关系 улучшать отношения между двумя странами

改善面貌 улучшить облик

改善民生 улучшение жизни народа; повышать общественное благосостояние

改善投资环境 улучшать условия капиталовложения

改善外部环境 улучшать внешние условия

改组领导班子 реорганизовать руководящий коллектив

改组内阁 реорганизовать кабинет

改组政府 преобразование правительства

肝胆相照、荣辱与共 с открытым сердцем и душой (с полным доверием) относиться друг к другу; делить (разделить) славу и позор (честь или бесчестье)

敢于碰硬 бесстрашно браться за трудное

敢于提出不同意见 осмеливаться возразить

敢于提出批评 осмеливаться выступать с критикой; осмеливаться подвергнуть критике

感召力和凝聚力 притягательная и цементирующая сила

干部 кадровые работники; кадры

干部队伍 армия кадров; ряды кадровых работников

干部激励和保障机制 механизм поощрения и обеспечения кадров

干部交流 ротация кадров

干部考核制度和方法 механизм и методы тестирования кадров

干部老化问题 проблема старения кадров

干部路线 линия кадров

干部轮换 ротация кадров

干部调动 перемещение кадровых работников; перестановка кадровых работников; провести кадровые перестановки

干部选举 выборность (выборы) кадровых работников

干部职务和职级相结合制度 порядок соответствия служебных должностей служебным разрядам кадровых работников

干群关系 отношение кадровых работников с массами

干扰破坏 помеха и вредительство

干涉别国内政 вмешиваться во внутренние дела другой страны

干涉主权 вмешиваться в суверенитет

干一行,爱一行,学一行 чему служить, то и любить, тому и учиться

干预和调节 вмешательство и регулирование

岗前培训 допрофессиональная подготовка

岗位和技术培训 профессионально-техническая подготовка

岗位责任制 система личной служебной ответственности

港口吞吐能力 пропускная способность

G

порта; погрузочно-разгрузочная мощность порта

港人治港 управление Сянганом самими сянганцами

高层对话 диалог на высоком уровне

高层互访 взаимные визиты высокопоставленных представителей; взаимные визиты на высшем уровне

高产优质高效农业 высокоурожайное, высококачественное и высокоэффективное сельское хозяйство; высокоурожайное, высококачественное и высокоэффективное земледелие

高等专科院校 вузы с сокращенным сроком обучения

高度的文化自觉和文化自信 с высокой культурной сознательностью и уверенностью

高度的政治觉悟 высокая политическая сознательность

高度的自主权 автономия высокой степени

高度发达 высокая развитость

高度负责任的态度 высокоответственный подход

高度集中的垂直管理 высокоцентрализованное вертикальное управление

高度集中的发展模式 высокоцентрализованная модель развития

高度集中的统一领导 высокоцентрализованное единое руководство

高度警惕和坚决防范各种分裂、渗透、颠覆活动 хранить высокую бдительность и твердо предотвращать все и всякие раскольнические акции, просачивания и подрывную деятельность

高度民主 высокоразвитая демократия

高度评价 высоко оценить; высоко ценить (что)

高度社会化 высокая социализация

高度一致 единство в высокой степени

高度重视 обращать пристальное внимание; уделять повышенное внимание

高度自治 высокая степень автономии; автономия высокой степени

高端产业 высокотехнологичные производства

高端制造 высокотехнологическое производство

高峰期 пиковый период; пик; апогей

高附加值 высокая добавочная стоимость

高官问责制 система ответственности высокопоставленных должностных лиц

高耗能 высокие энергозатраты

高级工程师 инженер высшей категории; высококвалифицированный инженер

高级官员 высокопоставленные официальные лица

高级人民法院 народный суд высшей ступени

高级专门人才 специалисты высшего класса

高技术产业 отрасль высоких технологий; высокотехнологичная отрасль; производства на высоких технологиях

高技术产业国际化 интернационализация высокотехнологичных производств

高科技产业化 внедрение в производство высоких технологий; переход высоких технологий в сферу производства

高技术成果商品化 коммерциализация достижений высоких технологий

高技术含量产品 техноемкая продукция

高价购物 покупки по повышенным ценам

高精尖产品 высококачественная прецизионная продукция

高举旗帜 высоко нести знамя; высоко подымать знамя; высоко держать знамя

高科技工业园 зона (парк) промышленных отраслей, работающих на

высоких технологиях
高科技领域 сфера высоких технологий
高龄老人 лица преклонного возраста; престарелые
高收入阶层 слои населения с высокими доходами
高收入人群 лица с высокими доходами
高速动车组 отечественное производство скоростных поездов
高速度,高消耗,低利益 высокие темпы с большими затратами и низкой эффективностью
高速轨道交通 скоростной рельсовый транспорт
高速铁路 скоростная железная дорога
高屋建瓴 занять выгодные позиции; господствовать над окрестностью
高享受 высокий уровень пользования благами
高消费 высокое потребление; высокий уровень потребления
高新技术产业化 переход высоких и новых технологий в сферу производства, промышленное освоение (внедрение в производство) высоких и новых технологий
高新技术产业开发区 зоны освоения производств на высоких и новых технологиях
高薪 высокое жалование; высокий оклад
高压手段 репрессивная мера
高压态势 в режиме высокой активности
高知识群体 высокообразованные группы населения
搞好工作的关键 залог успешной работы; ключ к успехам работы
搞好国有企业 прилагать усилия к совершенствованию деятельности госпредприятий; улучшить эксплуатацию госпредприятий
搞活经济 оживить экономику; активизация экономической деятельности
搞活流通 оживлять товарообращение

搞特殊化 ставить себя в особое (привилегированное) положение
搞小动作 заниматься трюкачеством
搞小圈子 примыкать к фракции
搁置争议、共同开发的主张 предложение отложить споры и начать совместное освоение
割断历史 отмахиваться от прошлого
革命先烈 павшие герои революции
革命性的变革 революционное преобразование; революционный переворот
革命摇篮 колыбель революции
革命意志 революционная воля
阁下 ваше превосходительство
格局 архитектоника; конфигурация; схема
个人服从组织,少数服从多数,下级服从上级,全党服从中央 Член партии подчиняется партийной организации, меньшинство——большинству, низшая инстанция——высшей, а вся партия Центральному комитету.
个人入股 паи отдельных лиц; личные паи
个人收入 личный доход
个人收入申报制度 порядок декларирования личных доходов
个人所得税 личный (индивидуальный) подоходный налог; налог на личные (индивидуальные) доходы
个人消费品 предметы личного потребления
个人信用档案 досье доверия (кредитоспособности) частного лица
个人信用制度 порядок индивидуального кредитования
个人信用状况 платежеспособность частного лица
个人野心急剧膨胀 непомерно разросшееся личное честолюбие
个体工商户 индивидуальные промышленники и торговцы
个体户 индивидуальные хозяева
个体经济成分 сектор единоличного

хозяйства

个体经济的积极性 активность индивидуального сектора

个体经营 индивидуальное хозяйствование

个体商贩 торговцы-единоличники; торговцы-индивидуалы

个体商户 индивидуальный торговец

个体商业 индивидуальная торговля

个体摊位 торговый ряд

各地区，各部门 все районы и ведомства

各个层次 на всех ярусах

各个击破 бить по одиночке

各个领域 во всех сферах

各国驻华使节 дипломатические представители разных стран в Китае

各行各业 все отрасли и сферы производства (экономики)

各行其是 Каждый поступает по-своему; работать врозь; своевольничать; действовать по собственному усмотрению

各级财税部门 финансово-налоговые органы всех ступеней

各级党组织 партийные организации всех ступеней

各级地方政府 местные правительства всех ступеней

各级管理机构 все звенья управления

各级领导班子 руководство всех ступеней; руководящий состав всех инстанций; руководящий состав всех ступеней

各级领导干部 руководящие работники всех звеньев

各级政府 правительства всех ступеней; правительства разных ступеней

各阶层居民代表 представители различных слоёв населения

各阶层人民 различные слои народа

各界代表 представители различных кругов

各界居民 население всех слоёв

各界人士 деятели различных кругов; представители общественности

各尽所能，按需分配 от каждого — по способностям, каждому по потребностям

各尽所能，各得其所 Каждый проявляет свои способности и получает в воздаяние за свой труд положенное вознаграждение.

各类市场主体 рыночные субъекты разных категорий

各类专门人才 специалисты различных профилей

各民族的亲近和融合 сближение и слияние наций

各司其职 Каждый исполняет свои обязанности.

各条战线 все фронты

各项基本建设投资 капитальные вложения по видам строительства

各项社会事业 все аспекты социальной сферы

各项社会事业全面进步 Все виды общественного дела получают всесторонний прогресс.

各项文化事业 все сферы культуры

各展所长 Каждый демонстрирует свои преимущества (достоинства).

各种矛盾的焦点 узловой пункт различных противоречий; фокус различных противоречий

各种门类的中等职业教育 среднее специальное образование всех (различных) видов

各种收费 всякие сборы

各种偷税、骗税和逃税行为 акты открытого и скрытого уклонения от налогов и налогового мошенничества

各种形式的保护主义抬头 Поднимает голову всякого рода торговый протекционизм.

各种形式的出国留学 многообразное по формам обучение за границей

各自为政 управленческая анархия;

Каждый действует по-своему.
各族人民 народности
各族人民生活水平不断提高 Уровень жизни всех народов непрерывно повышается.
给世界经济注入诸多不确定性 ввергать мировую экономику в нестабильность
给予道义上的支持 оказать моральную поддержку
给予好评 сделать хороший отзыв; дать положительный отзыв
根本大法 основной закон
根本大计 радикальный курс
根本的转变 коренной переворот
根本动力 коренная движущая сила
根本对立的两级 два диаметрально противоположных начала
根本方针 основной курс
根本好转 коренное улучшение
根本利益 коренные интересы
根本利益冲突 конфликт коренных интересов; коренные столкновения интересов
根本矛盾 коренное противоречие
根本区别 коренное отличие; коренная разница; коренное различие
根本趋势 коренная тенденция
根本任务 коренная задача
根本途径 коренной путь
根本指导思想 коренная и руководящая идеология
根本宗旨 коренная предназначенность; коренное предназначение
根除腐败现象 изжить явления загнивания
根除官僚主义 в корне выкорчевывать бюрократизм
根据粗略的统计 по приблизительным данным
根据对等原则 на паритетных началах
根据国家统计局的数据 согласно данным Государственного статистического управления Китая
根据可靠的材料 по проверенным данным, не вызывающим каких-либо сомнений
根据新形势、新情况 в соответствии с новыми реалиями и ситуациями
根深蒂固 пустить глубокие и крепкие корни; глубоко укорениться; закоренелый
根源追溯到…… уходить своими корнями (во что)
跟不上形势 не поспевать за развитием ситуации
跟上时代的步伐 идти в ногу со временем
跟踪审计 неотступный контроль
跟踪事态 следить за развитием ситуации
耕地保护 охрана пахотных земель
耕地面积 площадь пахотных земель
更好把握历史大势 еще лучше улавливать общую историческую тенденцию
更好发挥经济特区的重要作用 еще лучше выявлять немаловажную роль особых экономических зон
更好发挥市场在资源配置中的基础性作用 институционально выявлять базисную роль рынка в размещении ресурсов
更加符合科学发展观的要求 в большее соответствие с требованиями научной концепции развития
更加积极的就业政策 более активная политика трудоустройства; более активная трудоустроительная политика
更加紧密地围绕在党中央周围 еще теснее сплотиться вокруг ЦК партии
更新发展思路 пересмотреть взгляды на развитие
工程承包 подряд на строительные работы
工程监理制 система строительного надзора; система надзора за качеством строительства
工程院 Инженерная академия
工程院院士 член Инженерной академии
工科院校 технические вузы

G

工龄 стаж работы; трудовой стаж
工贸结合 смычка торговли с промышленностью; соединение промышленности и торговли; сочетание промышленности и торговли
工农联盟 союз рабочих и крестьян
工农业繁荣 бурное развитие промышленности и сельского хозяйства
工农业总产值 валовая продукция промышленности и сельского хозяйства; общий объём промышленного и сельскохозяйственного производства
工期长，耗资大 затяжные сроки и высокие затраты
工人阶级的先锋队 авангард рабочего класса
工伤保险 страхование от производственного травматизма
工商管理部门 органы торгово-промышленного управления
工商行政管理部门 органы (ведомства) административного управления промышленностью и торговлей
工业布局 промышленная композиция
工业部门 отрасли промышленности
工业废料 промышленные выбросы; промышленные отходы
工业附加值 добавочная стоимость в промышленности
工业基础 индустриальная база; промышленная основа
工业基础设施 промышленная инфраструктура
工业污水净化 очистка промстоков
工业循环用水 оборотное использование воды в промышленности
工业增加值 добавленная стоимость промышленности
工业总产值 валовая стоимость промышленной продукции
工艺美术品 изделия прикладного искусства
工作访问 рабочий визит

工作会谈 рабочая беседа
工作会议 рабочее совещание
工作机制 рабочий механизм
工作能力 деловая квалификация
工作年限 стаж работы; служебный стаж
工作态度 отношение к служебным обязанностям
工作效率 эффективность работы
工作中的疏忽 упущения в работе; промах в работе
工作重点 центральное звено работы; центр работы; центр тяжести в работе
工作总结 отчёт о проделанной работе
工作作风 стиль работы
公安干警 работники (сотрудники) общественной безопасности
公安机关 орган общественной безопасности
公办教师 учителя-бюджетники
公报 коммюнике
公敌 общий враг
公费医疗 бесплатное лечение; бесплатная медицинская помощь
公共财政 общественные финансы
公共道德 общественная мораль
公共风险 общественный риск
公共服务 коммунальное обслуживание; социальное обслуживание; общественный сервис; социальные услуги; общественные услуги
公共福利 общее благо; общественное благосостояние
公共福利设施 инфраструктура социальной заботы
公共交通 общественный транспорт
公共事件 общественные события; общественный инцидент
公共事务 общественные дела
公共事业 коммунальное обслуживание
公共体育设施建设 строительство общественных спортивных сооружений
公共投资 инвестиция в обществен-

ные нужды; государственная инвестиция; правительственная инвестиция; общественная инвестиция

公共图书馆 публичная библиотека

公共卫生 общественная гигиена

公海区 пространство открытого моря

公害 общественное (социальное) зло

公检法司 органы общественной безопасности, прокуратура, суды и административные органы юстиции

公教人员 госслужащие и учителя

公开、公正、透明 открытость, справедливость и прозрачность

公开办事制度 режим открытого ведения дел

公开答复 публичный ответ

公开道歉 принести официальные извинения

公开的财务报表 публичная финансовая отчетность

公开行动 действовать открыто

公开监督 гласный контроль

公开竞争 открытая конкуренция

公开秘密 открыть тайны; разглашать тайну

公开拍卖 открытые (публичные) торги

公开曝光 огласка; представлять на всеобщее обозрение

公开谴责 открыто осудить

公开审判 открытый судебный процесс

公开声明 открытое письмо

公开市场业务 открытые рыночные операции

公开透明的市场准入标准 открытые и прозрачные критерии допуска на рынок

公开向社会发行股票 публичная эмиссия акций

公开信 открытое письмо

公开选拔 открытый отбор

公开招标 публичные аукционные торги

公开征求意见 запрашивать мнение общественности

公款吃喝玩乐 вести праздный образ жизни на казенные деньги

公款挥霍应酬 организация застолий за казенный счет

公款旅游 туристские поездки (вояжи) на казенные деньги

公理和正义 правда и справедливость

公路建设 прокладка шоссейных дорог

公路旅客周转量 пассажирооборот автотранспорта

公路通车里程 протяжение эксплуатируемых автодорог

公民的义务 гражданские обязанности

公民享有宪法规定的权利 конституционные права граждан

公民意识 гражданское сознание

公民在法律面前人人平等 Все граждане равны перед законом.

公平的判断 беспристрастное суждение

公平的判决 беспристрастный приговор

公平公正 беспристрастность и справедливость

公平合理的办法 справедливая и рациональная мера

公平合理地解决 справедливое и рациональное решение; решить на справедливых началах

公平交易 справедливая торговля

公平竞争 справедливая конкуренция; честная конкуренция; равноправная конкуренция

公然干涉内政 открытое вмешательство во внутренние дела страны

公认的国际法准则 общепризнанные нормы международного права

公认的国际关系准则 общепризнанные нормы международных отношений; общепринятые нормы международных отношений

公生明、廉生威 Справедливость рождает ясность, а неподкупность—силу.

公使馆 миссия

公使衔参赞 советник-посланник

公司标志 фирменный знак

公司的专业形象 профессиональный

имидж компании
公司内部价格 внутрифирменная цена
公司制 корпоративная система
公司制改革 реформирование путем перехода на режим компании; инкорпорирование
公私分明 четко разграничивать личное и общественное
公私合营企业 смешанные государственно-частные предприятия
公私兼顾 учет общественных и личных (частных) интересов
公诉 государственное обвинение
公诉人 государственный обвинитель
公文 деловая бумага; документ
公务函件 служебная переписка
公务护照 служебный паспорт
公务会谈 деловые переговоры
公务员 государственные служащие
公信力 общественное доверие
公演 массовые зрелища; общественный просмотр; давать представление
公益劳动 общественно-полезный труд
公益事业 общественно полезное дело
公益性文化设施 общественно полезная культурная инфраструктура
公益性文化事业 общественно-полезная культурная сфера; общественно-полезные культурные мероприятия
公益性养老服务设施 геронтосервисные объекты общеполезного значения
公用 общее пользование
公用电话 телефон общего пользования; таксофон
公用经费支出 ассигнования (отпуск средств) на коммунальные нужды
公用设施 коммунальное хозяйство
公用物品 предметы общего пользования
公有制经济 общественный сектор экономики; (сектор) общественной собственности
公正合理的国际政治经济新秩序 справедливый и рациональный новый международный политический и экономический порядок
公正廉洁的党 справедливая и бескорыстная партия
公正透明 справедливость и прозрачность; справедливый и прозрачный
公证 нотариальное засвидетельствование; нотариальное заверение
公证处 нотариат; нотариальная контора
公证副本 нотариальная копия
公证机关 нотариальный орган
公证人 нотариус
公证书 нотариальное свидетельство
公之于众 вывести на свет; сделать достоянием гласности перед лицом всего мира; сделать достоянием гласности перед лицом общественности
公职人员 госслужащие; государственные служащие
功不可没 нельзя умалить и отрицать заслуги
功大于过 заслуг больше, чем ошибок
功勋科学家 заслуженный деятель науки
功在当今, 利在后代 совершать подвиги в сегодняшние дни, благоприятствовать будущим поколениям
攻关 штурмовать высоты; брать рубежи
攻坚计划 план ударных мер; план штурма (взятия высот)
攻坚克难 штурмовать высоты и преодолевать трудности
攻坚时期 ключевой период
恭候 с почтением ожидать
巩固安定团结的政治局面 крепить политическую обстановку стабильности и сплоченности
巩固边防 укрепление обороны границ
巩固成果 укреплять плоды
巩固地位 укрепить положение; упрочить положение
巩固关系 укреплять отношения
巩固军政军民团结 укреплять соли-

дарность армии с органами власти и народом

巩固马克思主义指导地位 укреплять руководящее положение марксизма

巩固全党全国各族人民团结奋斗的共同思想基础 укреплять общие идейные основы боевой солидарности партии и народов страны

巩固社会主义制度 укрепление социалистического строя

共产党员的先锋作用 авангардная роль коммунистов

共产主义初级阶段 начальная стадия коммунизма

共产主义纯洁性 коммунистическая чистота

共产主义道德 коммунистическая мораль

共产主义的远大理想 великие идеалы коммунизма

共产主义觉悟 коммунистическая сознательность

共存共荣 вместе жить и вместе процветать

共济 взаимоподдержка

共商国是 сообща обсуждать государственные дела

共识 единство мнений; общность взглядов; единство взглядов; консенсус

共同边界 общая граница

共同出资 совместное финансирование

共同促进人类文明繁荣进步 вместе стимулировать процветание и прогресс человеческой цивилизации

共同但有区别的责任原则 принцип «общей, но дифференцированной ответственности»

共同的斗争 общая борьба

共同的经历 путь, пройденный вместе; вместе (сообща) пережитое

共同的理想 общий идеал

共同的利益 общие интересы

共同的命运 общая судьба

共同的责任 общая ответственность

共同点 точка соприкосновения

共同发展 совместное развитие

共同繁荣 всеобщее процветание; общее процветание; общий подъём

共同犯罪 совместное преступление

共同富裕 всеобщая зажиточность; зажиточность всех членов общества; зажиточная жизнь для всех членов общества; всеобщая зажиточная жизнь; зажиточность всех слоёв населения

共同关心的问题 вопрос, представляющий общий интерес

共同观点 общая точка зрения; общие взгляды

共同管辖 совместное управление

共同行动 совместные действия

共同或相互接近的立场 общие или близкие друг к другу позиции

共同建设、共同享有的原则 принцип совместного строительства и совместного пользования его результатами

共同降低外部风险 совместное снижение внешних рисков

共同解决地区和全球性问题 совместно решать проблемы регионального и мирного характера

共同开发 совместная эксплуатация; совместное освоение

共同理想 общий идеал

共同利益的汇合点 точка соприкосновения общих интересов

共同讨论 сообща рассмотреть; совместно рассматривать

共同讨论核能安全发展方略 совместно обсудить стратегию развития безопасной ядерной энергетики

共同讨论迫切的国际问题 сообща рассмотреть актуальные международные проблемы

共同心愿 общие чаяния

G

共同营造和平稳定、平等互信、合作共赢的地区环境 совместно создавать мирную стабильную региональную среду равноправия, взаимодоверия, сотрудничества и взаимного выигрыша

共同应对各种挑战 совместный ответ на бросаемые вызовы

共同语言 общий язык

共同愿望 общее стремление; общие желания; общие чаяния

共同责任 солидарная (общая) ответственность

共享 совместное использование

共享成果 вкушать плоды; всеобщее пользование плодами; делить плоды

共享发展机遇 совместное использование шансов на развитие

共享改革开放的成果 вкушать плоды реформы и открытости; делить плоды реформы и открытости; пожинать плоды реформы и открытости

共享革命成果 делить завоевания революции

共享幸福 делить счастье

共赢 общий выигрыш; обоюдный выигрыш

贡献聪明才智 стремление использовать свой интеллект и талант

贡献力量 отдать свои силы

供不应求 Снабжение не отвечает спросу. Снабжение не покрывает спроса.

供产销平衡 сбалансированность снабжения, производства и сбыта

供电、供热、供气 электро-, тепло-, и газоснабжение

供给型分配 распределение в виде снабжения; распределение снабженского характера

供过于求 Предложение превышает спрос; Спрос отстаёт от предложения.

供求比例失调 диспропорция между спросом и предложением

供求关系 соотношение спроса и предложения

供求矛盾 противоречия между предложением и спросом

供求平衡 баланс между предложением и спросом; сбалансированность предложения и спроса

供求失调 диспропорция в снабжении и спросе

供求脱节 разрыв между спросом и предложением

供销 снабжение и спрос

供应充足 полное снабжение

供应紧张 напряженность со снабжением; напряженность с обеспечением

供应量 объем снабжения

供应渠道 беспроигрышный канал

勾当 черная деятельность; неблаговидные деяния

构成威胁 стать угрозой (для кого); представлять угрозу (для кого)

构建安全稳定经济清洁的现代能源产业体系 Создавать такую современную систему энергопроизводства, которая обеспечивает безопасное, стабильное, экономное и экологически чистое энергетическое производство.

构建弘扬多元文明的伙伴关系 строительство партнерства, направленного на развитие мультикультурных цивилизаций

构建健康稳定的大国关系框架 выстраивать рамки здоровых и стабильных отношений с ведущими державами

构造商品经济的新环境 создавать новую среду для товарного хозяйства

购房者 покупатели квартир

购买合同 договор купли

购买力 покупательная способность

估计到内部和外部各种因素 учитывать все внутренние и внешние факторы

估计到一切利弊 учесть все минусы и плюсы

估计自己的力量 взвешивать свои

собственные силы

古今中外, 没有例外 Исключений тут нет ни в прошлом, ни в настоящем, ни у нас, ни за границей.

古老大国的风度 величие древней державы

古老的风俗 старинные нравы

古为今用, 洋为中用 ставить древнее на службу современности, зарубежное — на службу Китаю

股份 пай

股份分红 прибыль по паям

股份公司 акционерное общество (товарищество); акционерная компания

股份公司资产 активы акционерного общества (акционерной компании)

股份合作制 система акционерной кооперации

股份有限公司 акционерная компания с ограниченной ответственностью; общество с ограниченной ответственностью (ООО)

股份制 акционерная система; система долевого участия

股份制改革 переход на режим акционерного общества; реформа с акционированием; реформирование путем перехода на режим акционерных обществ

股份制商业银行 акционерный коммерческий банк

股份制试点 эксперименты с введением акционерных начал

股票交易量 объем сделок на фондовых биржах

股票交易所 фондовая биржа

股票牌价 котировка акций

股票市场 рынок акций; фондовая биржа; фондовый рынок

股权 акционерские права; права на пай

股市 фондовая биржа; фондовый рынок

股息 дивиденд по акциям

股指期货 фьючерсы на индексы акций

骨干分子 костяк; стержневые (основные) кадры

鼓励、支持、引导非公有制经济发展 поощрять, поддерживать и направлять развитие необщественного сектора экономики

鼓励东部地区带动和帮助中西部地区 поощрять восточные регионы на стимулирование и поддержку развития центральных и западных районов

鼓励和引导 поощрять и ориентировать

鼓励竞争 поощрить конкуренцию

鼓励普通高校毕业生到中小企业、基层和中西部地区就业 поощрять выпускников общеобразовательных вузов к устройству на работу на средних и малых предприятиях, в низовых организациях, в центральных и западных регионах страны

鼓励社会力量兴办教育 поощрять и нормировать развитие образования силами общества

鼓励探索 поощрять поиски

鼓励文化创新 поощрение культурной инновации

鼓励先进, 鞭策后进 поощрять передовых, подтягивать отстающих

鼓励消费 поощрение потребления

鼓励支持中小户型、中低价位普通商品住房建设 поощрять строительство обычного коммерческого жилья средней и малой площади, реализуемого по средним и низким ценам

鼓起勇气 найти в себе мужество

鼓舞斗志 поднимать боевой энтузиазм

鼓舞士气 поднять дух

鼓舞亿万人民群众 воодушевлять многомиллионные народные массы

鼓掌通过 одобрение авиацией

固定电话用户 абонент станционарной телефонной связи

固定职工 постоянные рабочие и служащие; постоянный персонал

固沙林 противопесчаная лесная полоса

固守本本 любое цепляние за мертвую книгу
固守陈规 приверженность старым догматам; твердо держаться установившихся правил
固守一成不变的框框 неизменно придерживаться раз и навсегда заданных рамок
固体废物 твердые отходы
固有矛盾 присущие противоречия
固执己见 упорно настаивать на своем; оставаться при своем
故步自封 замыкаться в своей скорлупе; вариться в собственном соку
故弄玄虚 ломиться в открытую дверь
故意犯罪 умышленное преступление
故意隐瞒收入 преднамеренное укрытие доходов
顾全大局 учитывать интересы дела в целом
雇凶谋杀 заказное убийство
雇佣工人 наемный рабочий
雇佣劳动 наемный труд
雇佣劳动关系 отношения наемного труда
雇员 наемный работник
瓜分势力范围 разделять сферы влияния
瓜果之乡 родина фруктов
刮目相看 смотреть другими глазами
寡头政治 политика олигархов
挂钩 увязывать что-л. с чем-л.; устанавливать связь с чем-л.
挂牌出售 продажа по номинальной котировке (номинальному курсу)
挂牌交易 сделка по номиналу
拐卖人口 похищение людей с целью продажи
拐弯抹角绕圈子 вертеться и вилять
关闭边界 закрыть границы
关闭破产企业 закрыть обанкротившиеся предприятия
关键地区 ключевой регион
关键岗位 ключевые служебные посты
关键环节 ключевые звенья

关键技术创新 новаторство в сфере ключевых технологий
关键阶段 решающий период
关键抉择 ключевой выбор
关键领域 ключевые сферы
关键人物 ключевые фигуры
关键设备 ключевое оборудование
关键性的作用 решающая роль
关键性技术 ключевые технологии
关键性课题 ключевые проблемы
关键在于领导核心 Все зависит от руководящего звена.
关税豁免 свободный от таможенной пошлины
关税区 таможенная зона
关税收入 поступления от таможенных пошлин
关税税率 ставки таможенных пошлин
关停并转 закрытие, консервация (остановка), слияние и перепрофилирование предприятий
关系到党和国家的命运和前途 затрагивать судьбы и будущность нашей партии и государства
关系到国计民生的大事 дело огромной государственной важности; жизненно важные для национальной экономики и жизни народа дела
关系到经济体制改革的成败 предопределять успех реформы экономической системе
关系到人民的切身利益 Речь идет о жизненных интересах народа.
关系恶化 порча отношений; ухудшение отношений
关系国计民生的产品 продукция, жизненно важно для страны и населения
关系国计民生的重要行业 важные отрасли, жизненно значимые для национальной экономики и населения
关系国民经济命脉的行业 отрасли, которые имеют жизненноважное значение для народного хозяйства
关系国民经济全局的重大工程 наиболее

важные строительные объекты, имеющие прямое отношение ко всему народному хозяйству в целом

关系紧张 натянутость отношений

关系民生之本的大事 важное дело, непосредственно затрагивающее интересы жизни народа

关系疏远 охлаждение в отношениях

关系网 кумовские отношения; сеть личных связей

关系正常化 нормализация отношений

关心别人胜过关心自己 заботиться о других больше, чем о себе

关心大局 заботиться об интересах общего дела

关心和爱护基层干部 окружать заботой и вниманием низовые кадры

关心群众疾苦 заботиться о нуждах народных масс; разделять горести и страдания масс

关心政治 интересоваться политикой

观礼代表团 делегация для участия в торжествах

观望态度 выжидательная позиция; созерцательная позиция; созерцательство

官兵关系 отношение между командирами и бойцами

官兵一致 единство командиров и бойцов

官方统计 официальные данные

官方抗议 официальный протест

官方人士 официальное лицо

官方外汇牌价 официальный курс инвалюты

官方网站 официальный сайт

官方文件 официальные документы

官方消息 официальная информация; официальные известия; официальный источник

官方支持 официальная поддержка

官气 чиновничество

官腔 канцелярский язык

官员护照 паспорт официального лица

鳏寡孤独 одинокие нетрудоспособные люди

管道运输 трубопроводный транспорт

管好用好 умело управлять и умело использовать

管理层次 звенья в управлении

管理创新 инновация управления

管理方式陈旧单一 отжившие и однообразные методы управления

管理国家 править государством; управлять государством

管理国家事务 ведать государственными делами

管理机构 аппарат управления; управленческие учреждения

管理能力 умение управлять; управленческая способность

管理权限 управленческие полномочия

管理人员 управленческий персонал

管理系统 система управления

管理职能 управленческие функции

管理制度 система управления

贯彻执行 претворить в жизнь; проводить в жизнь; осуществить; реализовать

贯穿……全过程 держаться во всем процессе

贯穿于反腐倡廉工作的全过程 пронизывать весь процесс искоренения разложения

贯穿于中国现代化建设的始终 проникнуть в весь процесс китайского модернизационного строительства

贯穿整个发展过程 пронизывать весь процесс развития

惯用的手法 обычные приемы; излюбленные приемы

灌溉面积 площадь орошаемых земель; орошаемая площадь; площадь орошения

灌溉农业 ирригационное сельское хозяйство

灌区 орошаемые районы

光辉的一页 блестящая страница

光辉典范 блестящий пример; яркий

пример
光辉范例 блестящий образец
光缆 оптический кабель
光明灿烂的前景 светлые, лучезарные перспективы
光明大道 светлая дорога; светлая столбовая дорога
光明磊落 откровенно и честно; прямо и открыто
光明前景 светлые перспективы; светлое будущее
光荣榜 доска почета
光荣称号 почетное звание
光荣传统 славные традиции
光荣史册 славная летопись
光荣使命 славная миссия
光头党 скинхедс
光头党成员 скинхэд; бритоголовые
光纤通信技术 техника волоконно-оптической связи
广播电视村村通 повсеместное распространение радио и телевещания на селе
广播和电视覆盖率 радио- и телеохват населения
广大阶层 широкие слои
广泛的共同利益 широкий круг общих интересов
广泛的国际反响 широкий международный резонанс
广泛的国际范围 широкий международный план
广泛的合作 сотрудничество в широком диапазоне
广泛的民主 широкая демократия
广泛的问题 широкий круг проблем
广泛地交换意见 обменяться мнениями по широкому кругу вопросов
广泛而深刻的变化 широкие и глубокие перемены
广泛集中民智 широкая концентрация мудрости народа
广泛接触 широкие контакты; обширные контакты
广泛开展全民健身运动 широко разверты вать мероприятия по всенародному укреплению здоровья
广泛使用 широко использовать
广泛响应 широкий отклик
广泛征求意见 широко запрашивать мнения
广开出口货源 ширить источники экспортных товаров
广开经费来源 расширять источники финансирования
广开就业门路 изыскивать возможные пути трудоустройства; открыть широкие возможности для трудоустройства; расширять возможности занятости населения
广开渠道 расширять каналы
广开生产门路 расширять пути развития производства
广开言路 дать простор слову; открывать широкий путь слову; расширять возможности для высказывания мнений
广阔的发展空间 широкое пространство развития
广阔的合作空间 широкое пространство для сотрудничества
广阔的能源市场 широкий энергетический рынок
广阔的天地 широкий простор; широкое поле деятельности
广阔前途 широкие перспективы
广纳群贤 широко привлекать умных людей; собирать одаренных людей в большом количестве
广为传播 распространение (чего) вширь; широко распространяться
广义货币 денежная масса в широком понимании
归口部门 отраслевые ведомства
归口管理 отраслевое (ведомственное) управление
归侨 реэмигранты; реиммигранты
归宿点 конечная цель
规避风险 избегать опасности
规范的人才市场 нормированный

рынок людских ресурсов
规范发展行业协会 нормировать и развивать отраслевые общества
规范发展住房租赁市场 обеспечить нормирование и развитие лизингового рынка недвижимости
规范干部任用提名制度 приводить в норму порядок выдвижения кандидатур на руководящие должности
规范管理 нормировать управление; нормированное управление
规范行政行为 нормировать административную деятельность
规范和协调劳动关系 нормировать и регулировать трудовые отношения
规范和约束人们的行为 нормировать и держать в рамках поведение людей
规范化，法制化 нормирование, легитимизация
规范化机制 механизм нормирования (регламентации)
规范化建设 установление нормативного порядка; введение нормативов
规范上市 нормированный (регламентированный) выход на рынок
规范市场行为 нормализовать маркетинг
规范微观经济行为 регламентировать (привести нормативам) деятельность
规范性法规 нормативные законодательные акты
规范政府收费行为 нормировать практику взимания правительственных сборов
规范职务消费行为 регулировать практику служебных расходов
规模化、专业化的生产格局 конфигурация масштабного специализированного производства; архитектоника масштабного специализированного производства
规模经济 масштабное хозяйство; масштабная экономика
规模经济效益 эффективность масштабной экномики

规模经营 масштабное хозяйствование
规模空前的 небывалый по своему масштабу
规章条例 правила и положения
规章制度 правила и инструкции; правила и распорядки
轨道交通 рельсовый транспорт
贵宾 высокие гости; почётные гости
贵宾席 скамьи почётных гостей
滚存赤字 накопившийся дефицит; накопившаяся задолженность
国产化 освоение отечественным производством; переход на отечественное производство
国产化水平 уровень освоения отечественным производством
国防观念 оборонное сознание
国防和军队建设 оборонное и армейское строительство
国防后备力量 резервы национальной обороны
国防建设和经济建设的关系 соотношение оборонного строительства и экономического строительства
国防力量 силы национальной обороны
国防实力 реальная оборонная мощь
国货 товары отечественного производства
国籍 гражданство; подданство
国计民生 государственная экономика и народная жизнь; экономика страны и жизнь народа
国际大家庭 международное содружество; международное сообщество
国际大气候和小气候 международный макроклимат и микроклимат
国际大宗商品价格 международные цены на основные виды продукции
国际地位 международное положение
国际地位和影响显著提高 заметное повышение международного статуса и влияния
国际工程承包 подряд на международные строительные работы
国际公平正义 международная

справедливость

国际惯例 общепринятые международные нормы (правила)

国际合作 международное сотрудничество

国际和地区热点问题 горячие международные и региональные проблемы

国际化 интернационализация

国际化大都市 интернационализованный мегаполис

国际环境 международная обстановка; международная среда; международные условия

国际交往 международные сношения; международное общение

国际结算 международные расчеты

国际金融中心 международный финансовый центр

国际紧张局势 международная напряженность; напряженность в международной обстановке

国际经济合作 международное экономическое сотрудничество

国际经济危机 международный экономический кризис

国际经济新秩序 новый международный экономический порядок

国际经济一体化 международная экономическая интеграция

国际竞争 международная конкуренция

国际纠纷 международный спор; международный конфликт

国际局势 международное положение; международная обстановка

国际局势风云变幻 серьезные изменения в международной обстановке

国际力量对比 соотношение сил на международной арене

国际上通行的办法 международная практика

国际社会 международное сообщество; международное общество

国际社会的广泛赞同 широко одобрение со стороны международного сообщества

国际生存空间 международное жизненное пространство

国际事件 международное событие; международный инцидент

国际事态风云变幻 калейдоскоп международных событий

国际事务 международные дела

国际水域 международное водное пространство; международная акватория

国际条约 международный договор

国际通行的方式 общепринятые за рубежом формы

国际通行准则 общепринятые международные нормы (правила)

国际突发事件 международный инцидент

国际威望 международный авторитет; международный престиж

国际文化交流 международный культурный обмен

国际文书 международные документы

国际问题方面专家 эксперт по международным вопросам

国际新秩序 новый международный порядок

国际形势 Международная обстановка; международное положение

国际形势的急剧变化 острые катаклизмы в международной обстановке

国际形势的迫切问题 актуальные проблемы международной обстановки

国际形势更加动荡不安 Международная обстановка стала еще более неспокойной.

国际形势健康发展 здоровое развитие международной ситуации

国际形势总格局 общая конфигурация международной обстановки

国际学术交流 международный научный обмен

国际义务 международные обязанности; международные обязательства; интернациональный долг

国际争端中的热点 горячая точка, возникающая в процессе международного спора

国际政治经济旧秩序 старый международный политический и экономический порядок

国际政治新秩序 новый международный (мировой) политический порядок

国际支持 международная поддержка

国际支付手段 международные платежные средства

国际秩序 международный порядок

国际仲裁 международный арбитраж

国际专利申请 международная патентная заявка

国际资本 международный капитал

国际组织 международная организация

国际组织的代表机构 представительство международной организации

国家安全 безопасность государства; государственная безопасность

国家安全战略 стратегия государственной безопасности

国家保护政策 политика государственного протекционизма; государственный протекционизм

国家拨款 государственное ассигнование

国家财政补贴 государственная дотация; госдотация

国家财政收支平衡 сбалансированность финансовых доходов и расходов государства; бюджетные доходы и расходы государства сбалансированы

国家创新体系 государственная система инновации

国家工作人员 государственные работники

国家公诉人 государственный обвинитель

国家公务员制度 система государственных служащих

国家鼓励项目 поощряемые государством объекты

国家关系非意识形态化 деидеологизация международных отношений

国家关系正常化 нормализация международных отношений

国家行政机关 государственные административные аппараты

国家行政建设支出 ассигнования на формирование органов государственной власти

国家机密 государственная тайна

国家级成果 достижения общегосударственного значения

国家级公益林 общественно-полезные леса государственного значения

国家级历史文化名城 известный культурно-исторический город государственного значения

国家级旅游区 туристские зоны государственного значения

国家利益与部门、地区和企业利益合理结合 рациональное сочетание государственных интересов с интересами отраслей, регионов и предприятий

国家粮库 элеваторы государства

国家粮食安全 продовольственная безопасность государства

国家面貌发生了历史性变化 В облике страны происходили исторические перемены.

国家强盛 могущество государства

国家权力机关 орган государственной власти

国家任务 государственные дела; задача государственного значения

国家软实力 мягкая мощь государства

国家生存和发展的基石 политический фундамент существования и развития страны; краеугольный камень существования и развития государства

国家生死存亡的问题 вопрос существования государства

国家统一 единство страны; объединение страны

G

国家投资 государственные инвестиции

国家元首 глава государства

国家长治久安 стабильность общества и долгосрочное развитие страны

国家中长期教育改革和发展规划纲要 Основные положения государственной средне- и долгосрочной программы реформы и развития образования

国家中长期科学和技术发展规划纲要 Основные положения государственной средне и долгосрочной программы развития науки и техники

国家中长期人才发展规划纲要 Основные положения государственной средне- и долгосрочной программы развития в плане подготовки специалистов

国家重点科研项目 ключевые государственные научно-исследовательские программы

国家主权 суверенитет государства

国界神圣不可侵犯 неприкосновенность государственной границы

国民待遇原则 принцип национального режима; принцип перевода на национальный режим

国民公德 общественная мораль нации

国民教育体系 система народного образования

国民经济的基础 основа народного хозяйства

国民生产总值 Валовой национальный продукт (ВНП)

国民收入 национальный доход

国民收入分配 распределение национального дохода

国民素质 качества нации

国内财政收入 бюджетные доходы от внутренних источников; внутренние финансовые поступления

国内局势 внутренняя обстановка

国内旅游人数 количество туристов в стране

国内旅游收入 доходы от туризма в стране

国内生产总值 Валовой внутренний продукт (ВВП)

国内市场 внутренний рынок

国内外敌对势力 вражеские силы внутри и вне страны

国内外贸易 внутренняя и внешняя торговля

国内外形势 международная и внутренняя обстановка

国企体制改革 реформа системы госпредприятий

国企下岗职工 сокращенный персонал госпредприятий; сокращенец госпредприятия

国情 конкретные условия страны; реальное положение страны; национальные особенности; реалии страны

国情教育 воспитание в духе реалий страны

国情咨文 Послание о положении страны

国庆节 Национальный праздник

国事访问 государственный визит

国事活动 государственная деятельность

国书 аккредитивная грамота; верительная грамота

国体 форма государства; государственный строй (устройство)

国务卿 государственный секретарь

国务委员 член Госсовета

国务院办公室 канцелярия Госсовета

国务院全体会议 Пленарное заседание Государственного совета

国宴 государственный банкет

国营经济 государственное хозяйство

国有大型商业银行 крупный государственный коммерческий банк

国有大型商业银行股份制改革 реформа с акционированием крупных государственных коммерческих банков

国有控股银行 Государственно-холдинговые банки

国有资产 государственное имущество

国有资产保值增值 сохранение и приумножение государственных активов
国有资产监管体制 реформа системы контроля и управления госактивами
国有资产流失 утечка государственного имущества
果断措施 решительные меры
果断实行 твердо проводить
裹足不前 топтаться на месте
过渡措施 меры переходного характера; переходные меры
过渡阶段 переходная ступень; переходный этап
过渡期 переходный период
过渡形式 переходная форма
过渡性收费 финансовые сборы переходного характера
过渡性特征 особенности переходного периода
过渡性协议 переходное соглашение
过渡性优惠政策 политика льгот переходного характера
过渡政府 переходное правительство
过境旅客 туристы, пересекающие границу
过境贸易额 транзитный товарооборот
过境签证 транзитная виза
过境手续 транзитные формальности
过境税 транзитная пошлина
过境运输 транзитные перевозки
过热 перегрев
过上小康生活 зажить со средним достатком
过剩产能 избыточные производственные мощности
过失犯罪 совершить преступление по неосторожности; совершить преступление по халатности
过失责任 ответственность за неосторожность
过时 выйти из моды; изжить себя
过硬的措施 надежные меры

Н

海关仓库 таможенный пакгауз
海关代征的进口产品税 пошлины с импортных товаров, взимаемые таможней по поручению
海关检查 таможенный досмотр
海关检疫 таможенно-карантинная служба
海关绿色走廊 таможенный зеленый коридор
海关手续 таможенные формальности
海关总署 Главное таможенное управление
海内外同胞 соотечественники в стране и за рубежом
海上护航 морской конвой
海上经济区 морская экономическая зона
海上军事演习 военно-морские учения
海上勘探 разведочно-изыскательские работы на морском шельфе
海上石油勘探 разведка нефти в море
海上石油钻井平台 нефтеплатформа
海外市场 заморский рынок
海外原装进口产品 оригинальные импортные товары
海洋权益 морские права и интересы
海洋资源 морские ресурсы
海域 морское пространство; акватория
海运 морские перевозки
骇人的场面 ужасное зрелище
骇人听闻的活动 неслыханные (ужасающие) действия
含糊的答复 уклончивый ответ
含糊其辞 туманность и расплывчатость; в туманных выражениях; в расплывчатых выражениях
含金量 золотое содержание; содержание золота
含量 удельный вес (чего в чем); содержание (чего в чем)
函授 заочное обучение
函授学校 заочные учебные заведения
汉语热 бум изучения китайского языка
悍然闯入 беспардонное вторжение
悍然进攻 наглое наступление
捍卫历史真相 отстаивать историческую победу
夯实基础 укреплять фундамент; упрочить фундамент
行动指南 руководство к действию
行情吃紧 ажиотаж на рынке
行情疲软 ослабление конъюнктуры
行业不正之风 нездоровая ведомственность; нездоровый стиль в отрасли
行业发展规划 отраслевой план развития
行业改组 отраслевая перестройка
行业共性技术 общеотраслевые технологии
行业垄断 отраслевая монополия; отраслевой монополизм
毫不迟疑 ни на минуту не задумываться
毫不动摇地巩固和发展 без всяких колебаний укреплять и развивать
毫不动摇地继续坚持改革方向 без всяких колебаний продолжать держаться реформационного направления
毫不放松 без каких-либо послаблений
毫不留情 без всякого снисхождения; беспощадность
毫不留情地打击 нанести удар (по чему) с беспощадностью
毫不拖延 без малейшей оттяжки; без малейшего промедления
毫不妥协 не идти ни на какое соглашательство; не пойти ни на какой компромисс

毫无出路的境况 абсолютно безвыходное положение
毫无根据 не иметь под собой никакой почвы; полная несостоятельность; без всякого повода
毫无根据的立场 безосновательная позиция
毫无根据的指责 беспочвенное обвинение
毫无共同之处 ничего общего нет
毫无顾忌 ни с чем не считаться; ни чем не смущаясь
毫无理由 без всякого повода
毫无例外 без всякого изъятия; без всякого исключения
毫无疑问 нет всякого сомнения; не может быть сомнений в том, что...
毫无原则的交易 беспринципная сделка
合法地位 законное положение; легальное положение; легальный статус
合法化 легализация
合法经营 законное ведение хозяйства; законное хозяйствование
合法权利 законные права
合法权益 законные права и интересы
合法收入 законные доходы
合法席位 законное место
合法要求 законные требования
合格的人类灵魂工程师 инженер человеческих душ в полном смысле слова
合格人才 полноценные (компетентные) кадры
合格商品 кондиционные товары
合乎要求 быть на высоте требований
合理布局 рациональная расстановка; рациональное размещение
合理的方法 разумные меры
合理发展 рационально развивать
合理分工 рациональное распределение труда
合理工期 рациональный срок работы
合理规划 рациональное планирование
合理化建议 рационализаторские предложения

合理交换 рациональный обмен
合理结合 рациональное сочетание
合理开发和利用资源 рациональное освоение и использование ресурсов
合理控制发展速度 рационально сдерживать темпы развития
合理控制投资 рационально сдерживать инвестирование; удерживать инвестирование в рациональных рамках
合理利用人才 рациональное использование людских ресурсов
合理流动 рациональная миграция; рациональное перемещение
合理流通 рациональное обращение
合理配置 рациональное размещение
合理使用 рациональное использование
合理调整产业结构 рациональная перестройка структуры производства
合理调整各种利益关系 рационально упорядочить взаимосвязи различных интересов
合理要求 справедливые требования
合资 смешанный капитал; совместный капитал
合资经营企业 предприятия на смешанном капитале
合作的气氛 атмосфера сотрудничества
合作的优先领域 приоритетные сферы взаимодействия
合作伙伴 партнеры по сотрудничеству
合作基础 основа сотрудничества
合作领域 сфера сотрудничества
合作企业 кооперативные предприятия
合作前景 перспективы сотрудничества
合作生产 кооперативное производство
合作项目 предмет сотрудничества
合作小组 кооперативные группы (бригады)
合作形式 форма сотрудничества
合作医疗 кооперативная система медицинского обслуживания
和平必胜 Мир непобедим!
和平倡议 мирная инициатива
和平的纽带 узы, символизирующие мир; узы мира

和平发展 мирное развитие
和平共处 мирное сосуществование
  和平共处五项原则 Пять принципов мирного сосуществования
和平过渡 мирный переход
和平环境 мирная обстановка
和平解决 мирный исход; разрешение (чего) мирным путем; мирное урегулирование
和平解决纠纷 мирное урегулирование спора
和平统一 мирное воссоединение; мирное объединение
和平统一大业 великое дело мирного объединения
和平统一祖国的方针 курс на мирное объединение Родины
和平稳定是福, 动荡战乱是祸 Мир и стабильность — суть благо, смута и война — суть зло.
和平演变 мирная эволюция
和平与发展是当今世界的主题 Мир и развитие являются главными проблемами современного мира.
和为贵 Мир — это наивысшая ценность. Мир дороже всего.
和谐相处 жить в согласии
和谐之旅 путешествие Гармонии
和衷共济 друг друга выручать; помогать друг другу в беде; вместе преодолевать трудности
核打击 ядерный удар
核弹头 ядерная боеголовка
核导弹 ядерная ракета
核电企业 предприятие атомной энергетики
核定工资总额 определять общий фонд заработной платы
核动力航(空)母(舰) атомный авианосец
核对无误的副本 заверенная копия
核讹诈 ядерный шантаж
核遏制战略 стратегия ядерного сдерживания
核反应堆 ядерный реактор

核废料 ядерные отходы
核扩散 распространение ядерного оружия
核能开发 освоение ядерной энергии
核潜艇 атомная подводная лодка; атомная подлодка (АПЛ)
核实的数据 уточненные данные
核实的数字 проверенные цифры
核试验 ядерное испытание
核算成本 калькулировать себестоимость
核算单位 хозрасчетная единица; хозрасчетные звенья
核心技术 стержневые (опорные) технологии
核心价值观 концепция об основных ценностях
核心价值体系 система основных ценностей
核心力量 центральная сила
核心利益 коренные интересы; ключевые интересы
核心作用 роль как ядро; главная центральная роль
贺电 поздравительная телеграмма
贺信 поздравительное письмо
黑恶势力 черные силы; темные силы
黑恶势力犯罪团伙 преступная группировка мафиозного характера
黑客攻击 хакерские нападки
黑社会性质的团伙 группировка мафиозного характера
黑社会性质的组织 организация мафиозного характера
黑市 «черный рынок»; рынок, на котором втайне совершается незаконная купля-продажа
黑市价 курс «черного рынка»; «черный курс»
黑匣子 черный ящик
狠抓治理整顿 эффективно оздоровлять и упорядочивать
横加指责 выдвинуть беспочвенные обвинения
衡量一切工作的最根本的是非标准 самый основной критерий истинно-

го и ложного во всей нашей работе

轰动一时的新闻 сенсационное сообщение

弘扬 широкое распространение

弘扬爱国主义 возводить на пьедестал патриотизм

弘扬法制精神 возводить на пьедестал дух законности

弘扬良好的思想道德风尚 широкое распространение лучших идейно-моральных нравов

弘扬良好风气 возводить на пьедестал прекрасные нравы

弘扬民族精神 воспевать национальный дух

弘扬社会正气 широко распространять здоровые общественные нравы

弘扬社会主义精神文明 воспевать (прославлять, поднимать на щит) социалистическую духовную культуру

弘扬正气 выявлять здоровые тенденции

弘扬中华文化 возводить на пьедестал китайскую культуру

弘扬主旋律 энергично развертывать главнствующую (главную) тему

宏大的任务 грандиозная задача

宏观管理 макроуправление

宏观管理经济 макроскопическое управление экономикой

宏观环境 макросреда

宏观环境制约 обусловленность макросреды

宏观经济 макроэкономика

宏观经济的调节职能 функция макроэкономического регулирования

宏观经济管理制度 система макроэкономического регулирования

宏观经济环境 макроэкономическая атмосфера

宏观经济活动 макроэкономическая деятельность

宏观经济水平 макроэкономический уровень

宏观经济效果 макроэкономический эффект

宏观经济效益 макроэкономическая эффективность

宏观经济协调 макроэкономическая координация

宏观经济政策 макроэкономическая политика

宏观经济指标 макроэкономические показатели

宏观决策 макрорешение

宏观调控 макрорегулирование и макроконтроль

宏观调控的节奏、重点和力度 темпы, приоритеты и динамика макрорегулирования и макроконтроля

宏观调控使经济运行处于合理区间 макрорегулирование для сохранения разумного пространства функционирования экономики

宏观要求 макротребование

宏观引导 макроскопическое направление

宏伟的计划 грандиозный план

宏伟纲领 величественная программа

宏伟艰巨的任务 масштабные и колоссально трудные задачи

宏伟蓝图 величественный план; грандиозная схема

宏伟目标 величественная цель; грандиозная цель

宏伟气魄 титанический размах

宏伟愿景 величественные перспективы

洪涝灾害 разрушительные паводки

洪水 паводковые воды; паводок

哄抢 открытый грабеж

哄抬价格 взвинчивать цены

后备军 резервы

后备力量 резервные силы

后发优势 преимущества последующего развития

后患无穷 повлечь за собой множество нежелательных последствий

后继有人，后来居上 (у кого) будет достойная смена, которая превзойдет своих предшественников.

后进地区 слаборазвитый район

后劲 потенциальные возможности; силы для последующего развития; потенциал развития; возможность; потенциал; резервные мощности

后浪推前浪 Волна догоняет волны.

后勤运输保障 транспортное обеспечение тыловых служб

后生成本 последующая себестоимость

后续政策 последующие госустановки

后续资金 новые денежные средства

候补委员 кандидат в члены

候选人 кандидат

候选人名单 списки кандидатов

候选人名额 число кандитатов

呼吁 обращаться с призывом; выступить с призывом

呼吁开展政治对话 призвать к политическому диалогу

忽视 закрывать глаза (на что); оставить (что) без внимания; игнорировать; недооценивать

忽视经济效益 пренебрегать экономическим эффектом

忽视粮食生产 игнорировать производство зерна

忽视市场作用 пренебрегать ролью рынка

忽视质量 игнорировать качество

互爱互助 взаимная забота и помощь

互补商品 комплементарные товары

互补性 взаимная дополняемость; взаимодополняемость; комплементарность

互补性原则 принцип комплементарности; принцип взаимодополняемости

互不侵犯条约 Договор о взаимном ненападении; пакт о ненападении

互不使用武力 взаимное неприменение силы

互动 взаимодействие

互换照会 обмен нотами

互惠互利 взаимные преференции (льготы) и взаимные выгоды

互惠贸易 преференциальная торговля; взаимовыгодная торговля

互惠条件 взаимовыгодные условия

互接互补 взаимное соединение и взаимное дополнение

互利的基础 база взаимной выгоды; основа взаимной выгоды

互利共赢的开放战略 взаимовыгодная и взаимовыигрышная стратегия открытости

互利合作 взаимовыгодное сотрудничество

互利互赢 взаимная выгода и обоюдный выигрыш

互联网时代 эпоха интернета

互谅互让 взаимное понимание и взаимная уступчивость

互派大使 обменяться послами

互派代表团 взаимный обмен делегациями

互派专家 обмен специалистами

互守信用 взаимное соблюдение договоренности

互通情报 обмен информацией

互通音讯 поддерживать связь друг с другом; обмен письмами

互通有无 взаимные поставки того, чего нет у той или другой стороны; взаимный обмен нужными товарами; взаимодополняемость

互为条件 обусловливать друг друга

互相包庇 круговая порука

互相参股 покупать пай друг у друга

互相扯皮 взаимная канитель; взаимно канителить

互相承认 взаимное признание

互相促进 взаимное стимулирование

互相封锁 взаимное блокирование

互相监督 взаимный контроль

互相交叉 взаимно перекрещиваться

互相谅解 взаимопонимание; друг друга понимать

互相配合 взаимная увязка; координировать действия друг с другом

互相牵扯 взаимное возведение преград

互相牵制 взаимное сковывание; друг друга сковывать

互相让步 взаимная уступка

互相同情 взаимное сочувствие
互相推诿 перекладывание дела друг на друга; перекладывание дел на плечи друг другу; перекладывание своих обязанностей друг другу
互相脱节 не увязывать друг с другом
互相衔接 друг с другом смыкаться (соединяться; стыковываться)
互相信赖 взаимное доверие
互相依存 взаимная зависимость
互相制约 взаимозависимость; взаимное сдерживание
互助合作 взаимная помощь и сотрудничество
互助互利 взаимная помощь и взаимная выгода
互助友爱 взаимопомощь и дружба
互助组 бригада трудовой взаимопомощи
户籍改革 реформа регистрации по местожительству
户籍管理制度 система управления пропиской
护侨撤侨 высылка эмигрантов и оказание им помощи
划定边界 демаркация границы; определить границу
划定国境线 установить государственную границу
划定界限 делимитация границы
划分阶级 разделение на классы
划分职权 разграничивать функции
划清界限 отмежевываться; проводить четкую грань
划清两类矛盾 четко разграничить два типа противоречий
划清职权范围 разграничить круг обязанностей
划清职责 разграничивать обязанности
划时代的变迁 эпохальные изменения
划时代事件 историческое событие; эпохальное событие
滑坡 оползень; сход оползней; пойти на спад
化悲痛为力量 превратить скорбь в силу

化公为私 расхищение общественного имущества; присвоение общественного имущества
化解风险 устранять риски
化解金融风险 устранять финансовые риски
化解矛盾 устранять противоречия
化解消极因素 сводить на нет негативные факторы
化为泡影 пойти насмарку; превращаться в прах
化为乌有 разлететься впрах; вести (что) на нет
化消极因素为积极因素 превратить негативные факторы в позитивные
怀有敌意 питать вражду
怀有敬意 питать уважение
怀着崇高敬意 с чувством глубокого уважения
怀着十分沉痛的心情 с глубокой болью в душе
欢送仪式 торжественные проводы; церемония проводов
欢迎词 приветственная речь
欢迎宴会 приветственный банкет
欢迎仪式 церемония встречи; торжественная встреча; церемония приветствия
还本付息 погашение долгов и уплата процентов
还本付息支出 расходы на погашение займов и выплату процентов
环保产业 экоохранная индустрия; экоохранные производства
环保工作 охрана окружающей среды
环保活动 мероприятия по охране окружающей среды
环保技术 экологическая технология
环比指数 звенчатый индекс
环境保护意识 экологическое сознание
环境的综合治理 принимать комплексные меры по оздоровлению окружающей среды
环境改善 улучшение среды
环境工程 инженерия окружающей

Н

среды
环境管理 управление окружающей средой
环境监测体系 система экологического мониторинга
环境监测站 контрольно-надзорный орган
环境空气质量标准 стандарты качества атмосферного воздуха
环境退化 экологическая деградация
环境卫生 санитария; гигиена окружающей среды
环境卫生监测 гигиеническая мониторизация окружающей среды
环境问题 проблемы экологии
环境污染 загрязнение окружающей среды
环境污染监控 контроль за загрязнением окружающей среды
环境友好型社会 общество, дружелюбно настроенное по отношению к окружающей среде; общество, дружелюбное к окружающей среде; общество, которое бережно относится к окружающей среде; дружелюбное по отношению к окружающей среде общество
环境质量监测指标 контрольные показатели качества окружающей среды
环境治理 приведение в порядок окружающей среды
环形铁路 кольцевая железная дорога
缓冲作用 играть роль буфера; служить буфером
缓和 разрядка
缓和代替紧张 разрядка вместо напряженности
缓和国际紧张局势 разрядить напряженность в международной обстановке; ослабить международную напряженность
缓和矛盾 смягчить противоречие; сгладить противоречие
缓刑 приговор с отсрочкой исполнения; условное осуждение
焕发生机 пробудиться к жизни

焕发自强不息、奋力拼搏精神 проникнуться духом неустанного самоукрепления и энергичной борьбы
荒地 целина; необрабатываемая земля
黄金储备 запас золота; золотой фонд; золотые резервы
黄金时段 золотые часы
黄金水道 «золотой» водный путь
黄金外汇储备 золотовалютные резервы
黄金周 золотая неделя
黄牛(倒票者) скальпер
谎报成本 ложно названная себестоимость
灰领工人 серые воротнички
灰色市场 серый рынок
灰色通关 серое растаможивание; серое таможенное оформление
挥霍公共财产 разбазарить общественное имущество
挥霍公款 разбазаривать казенные средства
挥霍国家资产 растранжиривание государственных средств и имущества
挥霍挪用 растранжиривать (что) и использовать его по другому назначению
挥霍奢侈之风 страсть к транжирству и роскоши; поветрие расточительности и сибаритства
恢复常态 восстановить нормальное положение
恢复传统 возобновить традицию
恢复对话 возобновить диалог
恢复关系 возобновить отношение; восстановить отношение
恢复国民经济 восстановить народное хозяйство
恢复行使主权 восстановить суверенные права; восстановить суверенитет
恢复和发展 восстановить и развить
恢复和平 возобновить мир
恢复合法权利 восстановление законных прав

恢复接触 возобновить контакт
恢复经济 восстановить экономику; восстановить хозяйство
恢复名誉 возвращение доброго имени; реабилитировать доброе имя; восстановить репутацию
恢复权利 восстановить в правах
恢复时期 восстановительный период
恢复谈判 возобновить переговоры
恢复讨论 возобновить рассмотрение (чего); возобновить дискуссию
恢复外交关系 возобновить дипломатические отношения; восстановить дипломатические отношения
恢复席位 восстановить место
恢复性增长 восстановительный рост
恢复正常 вернуться в нормальное русло
恢复职务 восстановить в должности
回避事实 отворачиваться от фактов; пассовать перед фактом
回避问题 обходить проблемы стороной; пройти мимо проблемы; увильнуть от проблемы; уклонить от ответа
回避正视事实 избегать смотреть в глаза фактом
回大陆定居 возвращаться в Китай на континент для постоянного жительства
回到健康发展的轨道 вернуть в русло здорового развития
回到正确的轨道上来 вернуться на правильный путь
回到祖国的怀抱 вернуться в лоно отчизны
回访 ответный визит
回顾走过的路 обозревать пройденный путь
回归祖国的统一大业 великое дело объединения Родины
回国创业 возвращаться на Родину для зачинания дела
回落 пойти на убыль
回升向好 повернуть на путь подъема и улучшения

回头路 повороты вспять
回旋余地 возможности для маневрирования
回执 подтверждение
悔改 раскаяться и исправиться
悔过自新 раскаяться и встать на правильный путь
悔悟前非 осознать прошлые ошибки
毁林开垦，围湖造田 создание пашни путем уничтожения лесного покрова и уменьшения зеркала озера
汇率 валютный курс
汇率浮动 плавание курса
汇率下跌 падение валютного курса
汇率形成机制 механизм формирования валютного курса
会谈议题 предмет обсуждения в ходе переговоров
会谈过程 ход переговоров
会谈纪要 протокол переговоров; краткая запись переговоров; краткий протокол переговоров
会议规则 регламент конференции
会议纪要 протокол заседания
会议连线 конференц-связь
贿赂 дать взятку; подкупать
婚姻法 Закон о браке
婚姻自由 свобода вступления в брак; свобода брака
混为一谈 валить в одну кучу; ставить на одну доску
混淆黑白 выдавать черное за белое; смешивать черное с белым
混淆视听 пустить пыль в глаза
混淆是非 стирать грань между правильным и неправильным
豁免权 иммунитет
活动范围 круг деятельности
活动经费 средства на проведение акции
活动准则 критерий деятельности
活力 жизнедеятельность
活生生的现实 живая действительность
或多或少 в той или иной мере

Н

货币贬值 девальвация; обесценение денег
货币超量发行 чрезмерная денежная эмиссия
货币发行 денежная эмиссия; эмиссия денежных бумаг
货币化 монетаризация
货币回笼 возвратный приток денежных средств; изъятие валюты из обращения; возвращение банкнот; обратный приток денежных знаков
货币量 денежная масса
货币量化宽松政策 монетарная политика количественного ослабления
货币投放 выпуск денег в обращение; денежная эмиссия
货币危机 валютный кризис
货币信贷总量 общий объем денежной массы и кредитов
货币信用证 денежный аккредитив
货币增发量 увеличение выпуска денежных знаков; увеличение денежной эмиссии
货币战 валютная война
货币政策 денежная политика
货币制度 валютная система
货币主义 монетаризм
货币总量 совокупная денежная масса
货物吞吐量 грузопропускная способность
货物周转量 грузооборот
货源 источники закупки товаров
货运站 товарная станция
获得共识 прийти к единому пониманию
获得好评 получить хорошие отзывы
获得进一步的推广 получить дальнейшее распространение
获得经验 приобрести опыт
获得新生 обрести новую жизнь
获得圆满成功 добиться полного успеха
获取最高的利润 извлекать наибольшую прибыль

J

机构改革 перестройка аппарата
机构合并 слияние структур
机构臃肿 раздутый аппарат; громоздкость аппарата; разбухание административного аппарата; раздутые штаты
机构重叠 дублирование в партийном и правительственном аппарате; дублирование в партийном и административном аппарате; параллелизм аппаратов; дублирование органов
机关人员结构 кадровая структура учреждения
机关事业单位 учреждения и деловые единицы
机会不均等现象 явления неравных возможностей
机能失调 дисфункция
机器设备 механическое (машиное) оборудование
机械工业 машиностроительная промышленность
机械化梯队 механизированный эшелон
积弊 закоренелое зло; закоренелые неурядицы
积极变革 активная перестройка
积极变化 позитивные перемены
积极财政政策 активная финансовая политика
积极参与多边事务 активное участие в многосторонних делах
积极的财政政策和适度宽松的货币政策 активная финансовая и в меру эластичная денежная политика
积极的方针 позитивный курс
积极的攻势 активное наступление
积极的建议 позитивное предложение
积极的就业政策 активная трудоустройственная политика
积极的效果 позитивный результат
积极对应 оказать активный отпор

积极而又稳妥的政策 активная и надежная политика
积极防卫 активная оборона
积极分子 активист
积极贡献 позитивный вклад; положительный вклад; конструктивный вклад
积极回应倡议 позитивно отреагировать на предложение
积极行动 действовать активно
积极建议 конструктивное предложение
积极解决问题 активно разрешить проблемы
积极进行批评和自我批评 активно вести критику и самокритику
积极进取（精神）активность и предприимчивость
积极开展务实合作 активно развернуть практичное сотрудничество
积极开展信息化条件下军事训练 активно развертывать военное обучение в условиях информатизации
积极扩大财源 энергично расширять источники финансовых поступлений
积极评价 позитивно оценить
积极推进党内民主建设 активно продвигать строительство внутрипартийной демократии
积极推进纠风工作长效机制建设 энергично стимулировать создание долгосрочного механизма пресечения нездорового стиля
积极推进文化惠民工程 энергично продвигать культурное строительство на пользу народу
积极稳妥 активно, но и разумно
积极稳妥的步骤 активные и продуманные меры; активные и надежные меры

积极稳妥地前进 идти вперед энергичным и твердым шагом
积极稳妥推进政治体制改革 интенсивно и разумно продвигать вперед реформу политической системы
积极响应 в позитивном плане отреагировать; активно откликнуться
积极向上 активное продвижение вперед
积极性和创造性 активность и инициатива
积极因素 активные факторы
积极引导 активно ориентировать
积极影响 положительное влияние
积极预防和妥善处理各类群体性事件 инициативно предотвращать и надлежащим образом улаживать различные инциденты массового характера
积极支持 оказывать активную поддержку
积极支持文化体制改革 активно поддерживать реформу культурной системы
积极致力于发展中俄两国关系 прикладывать усилия для развития китайско-российских отношений
积极准备 интенсивно подготовиться
积极作用 позитивная роль
积聚力量 собирать силы
积累宝贵经验 накопить ценный опыт
积累财产 накопить состояние
积累成功和失败的经验 накопить опыт как успехов, так и неудач
积累规模 объем накопления
积累正面经验 накопить положительный опыт
积累治党治国的宝贵经验 накопить весьма ценный опыт управления партией и страной
积累资本 накопить капиталы
积累资金 накапливать средства
积蓄力量 накапливать силы
积压 затоваривание; залеживание; скапливание

积压产品 залежавшаяся продукция
积压公文 бумажная волокита
积压商品 залежалый товар; товары с пролежнем
积压商品销价处理 избавление от залежалых товаров по сниженным ценам
积压物资 залежавшиеся на складах материальные ценности
基本保证 основная гарантия
基本产品结构 структура основных видов продукции
基本出发点 основной отправной пункт
基本法 основной закон
基本纲领 основная программа
基本公共服务 основные социальные услуги
基本国策 основная государственная политика
基本核算单位 основные хозрасчетные единицы
基本建设 капитальное строительство
基本建设投资 вложение в капитальное строительство
基本建设项目 объекты капитального строительства
基本经济规律 основной экономический закон
基本经济政策 основная экономическая политика
基本经济制度 основная экономическая система
基本框架 основные рамки; основной каркас
基本路线 основная линия
基本生活费 средства на основные жизненные потребности
基本生活需要 основные жизненные потребности
基本事实 основной факт
基本思想 краеугольная идея; основная идея
基本完成 целиком выполнить
基本形成合理有序的收入分配格局 осуществить в основном создание

схемы рационального и упорядоченного распределения доходов

基本养老保险 основное страхование по старости

基本养老金 основная пенсия по старости

基本医疗保险 основное медицинское страхование

基本医疗保障 основное медицинское обеспечение

基本医疗服务 основное медицинское обслуживание

基本医疗卫生服务 основные лечебно-оздоровительные услуги

基本原理 коренные положения; основные положения

基层党建 низовое партийное строительство

基层党组织 низовые парторганизации

基层民主 низовая демократия

基层卫生服务设施 инфраструктура низового медицинского обслуживания

基层医疗卫生服务 низовое медобслуживание

基层政权机构 низовые органы власти

基层组织体系 система первичных организаций

基础薄弱 слабая база

基础产业 базовые производства

基础地位 базисное положение

基础地质调查 фундаментальные геологические обследования

基础电信行业相关企业资产业务重组基本完成 в основном завершить реструктуризацию активов и деятельности на соответствующих предприятиях базисных телекоммуникационных отраслей

基础工程 базисная инженерия

基础工业 базовые отрасли промышленности; инфраструктурные отрасли промышленности

基础工业部门 базовые отрасли промышленности

基础工业建设 строительство базовых отраслей промышленности

基础教育 базовое образование

基础科学和应用科学 фундаментальные и прикладные науки

基础理论研究 фундаментальные теоретические исследования

基础零部件 основные узлы и детали

基础设施建设 инфраструктурное строительство

基础设施投资 вложение в инфраструктуру

基础性作用 базовая роль; ведущая роль; базисная роль

基础学科 базовые науки; фундаментальные науки

基金会 фонд; организация, ведающая сбором и распределением средств

基金积累 накопление фонда

基金政策 радикальная политика

基尼系数 индекс Джини

基期 базисный период

基数 базисные цифры

基数不同，起点不一 при неодинаковых базисных величинах разные исходные точки

基数大 большая базисная величина

基因 гены

基因工程 генная инженерия

基因育种工程 генная технология в селекции

基因转移 трансгенез

基因组序列草图 схема последовательности нуклеотидов генома

基因组学 геномология

基准利率 базисная процентная ставка

基准年 базисный год; стартовый год

缉毒 задержание наркотиков

缉私 борьба против контрабанды

畸形发展 уродливое (деформированное) развитие

稽查 осуществлять надзор; проверять; контролировать

稽查特派员 особо уполномоченные аудиторы (ревизоры)

稽核 инспекционный контроль
激发全民族文化创造活力 пробуждать культурные творческие силы всей нации
激发热情 зажигать энтузиазмом; поднять энтузиазм
激光照排系统 лазерные фотографические буквопечатающие системы
激进党 радикальная партия
激进分子 экстремистские элементы; радикалы
激励机制 поощрительно премиальный механизм
激励监督 поощрение и контроль
激励人心 зажечь сердца
激励约束机制 механизм поощрения и ограничения
激烈的竞争 сильная конкуренция; жестокая конкуренция; острая конкуренция
激烈的讨论 жаркая дискуссия
激烈动荡 острые потрясения
激起愤怒 зажечь гнев; разжечь гнев
羁押处所 место содержания под арестом; камера предварительного заключения (КПЗ)
羁押期限 срок предварительного заключения
及时就双方感兴趣的主要问题交换意见 обеспечить своевременный обмен мнениями обеих сторон по основным вопросам, представляющим взаимный интерес
及时向党反映群众的意见和要求 своевременно сообщать партийным организациям о мнениях и пожеланиях масс
吉尼斯世界纪录 рекорды Гиннесса
岌岌可危的处境 катастрофическое положение
汲取教训 запомнить урок; извлечь урок
汲取经验 перенимать опыт
级差收入 дифференциальные доходы
极不平凡的 крайне необычный
极大努力 колоссальные усилия

极大兴趣 громадный интерес; огромный интерес
极端必要 острая необходимость
极端措施 крайние меры
极端个人主义 сверхэгоизм; крайний индивидуализм
极端荒谬的 сверхабсурдный
极端夸大 до крайности раздувать; непомерно преувеличивать
极端气候事件 экстремальные погодные явления
极端势力 экстремистские силы
极端重要性 исключительная важность
极坏的典型 наиболее отрицательные примеры
极力宣扬 изо всех сил афишировать
极其繁重的工作 колоссальная работа
极其良好的教育 блестящее воспитание
极其明确地 с предельной ясностью
极其缺少 острый недостаток
极其有害的后果 убийственные последствия; губительные последствия; пагубные последствия
极权主义 тоталитаризм
极少数 ничтожное меньшинство; жалкая кучка; весьма небольшое число людей
极少数反动分子 немногочисленная горстка реакционеров
极少数高级干部 другие немногочисленные кадровые работники высшего звена
极刑 высшая мера наказания; смертный приговор
即期消费 текущее потребление
即期需求 текущий спрос
即兴演说 импровизированная речь
亟待解决的困难 трудности, требующие неотложного решения
亟待解决的任务 задача, которая требует немедленного выполнения
亟待解决的问题 вопрос, настоятельно требующий ответа; животрепещущий вопрос
急剧变化 крутое изменение; крутой

поворот; резко измениться

急剧增长 крутой подъем; интенсивный рост

急剧转折 крутой поворот

急起直追 срочно наверстывать упущенное

急于解决问题 торопиться с разрешением вопроса

急于求成 гнаться за быстрыми успехами; гнаться за быстрыми результатами; погоня за скороспелыми успехами

急于做结论 поспешить с выводом; торопиться сделать заключение

急躁冒进 поспешное забегание вперед

急转直下 круто измениться к худшему; катиться по наклонной плоскости

棘手的问题 болезненный вопрос; больной вопрос; щекотливый вопрос

棘手任务 больная задача

集成电路 интегральная схема

集股 составить акционерный капитал

集合数据 сосредоточить (собрать вместе) данные

集会自由 свобода собраний и митингов

集结军队 сосредоточить войска

集全党之智、举全国之力 сосредоточение ума всей партии, приложение усилий всей страны

集散地 сборочно-распределительный пункт

集体经济 коллективное хозяйство

集体劳动者 труженики коллективного сектора

集体领导 коллективное руководство

集体领导和个人分工负责相结合的原则 принцип сочетания коллективного руководства с личной ответственностью за возложенную работу

集体智慧的结晶 квинтэссенция коллективного разума

集体主义精神 дух коллективизма

集团犯罪 групповое преступление

集团公司 групповые объединения; блок предприятий

集团购买力 групповая покупательная способность

集团化的优势 преимущества образования корпораций

集团消费 коллективное потребление

集团政治 блоковая политика

集约化和现代化 интенсификация и модернизация

集约化经营方式 методы интенсивного хозяйствования

集约化目标的实现 реализация целей интенсификации

集约经济 интенсивная экономика

集约经营 интенсивное хозяйствование; интенсивное ведение хозяйства

集约投资 интенсивные инвестиции

集约用地 интенсивное использование земли

集中表现 концентрированное выражение; концентрационное выражение

集中财力 концентрация финансовых средств

集中反映 концентрированное отражение

集中精力 сконцентрировать усилия (на чем); сосредоточить внимание

集中精力领导经济建设 сосредоточиваться на осуществлении руководства экономическим строительством

集中力量办大事 концентрировать силы для крупных дел

集中力量突破核心技术 сосредоточенными силами совершать прорыв в ключевых технологиях

集中全党智慧 суммировать мудрость всей партии

集中群众的智慧和力量 аккумулировать разум и силу народных масс

集中体现 сосредоточить (что) в себе; концентрационное выражение

集中统一 централизованное единство

集中一切智力和体力 концентрация интеллектуальных и физических усилий

集中指导下的民主 демократия при централизованном управлении
集中智慧 собирать воедино мудрость; концентрировать весь разум
集中资金 концентрировать финансовые средства
集装箱运输 контейнерные перевозки
集资 мобилизация денежных средств
集资活动 деятельность по аккумуляции средств
己不正焉能正人 Как выправишь других, если сам кособочишь.
己所不欲,勿施于人 Не делай другому того, чего не хочешь, чтобы делали тебе.
挤占和挪用资金 прибирать к своим рукам средства и использовать их не по назначению
挤占良田 занимать хлебородные земли
脊髓灰质炎 полиомиелит
计划不周 неполноценный план; плохо продуманный план
计划单列市 город, включенный в отдельное планирование; город отдельного счета в государственном плане
计划范围 горизонт планирования
计划各级财政收支 планировать доходы и расходы бюджетов всех уровней
计划供应 плановое снабжение
计划管理体制 система планового управления
计划经济 плановая экономика; плановое хозяйство
计划经济和市场经济相结合 сочетание плановой экономики с рыночной
计划亏损 плановая убыточность
计划免疫 плановая профилактика инфекций
计划目标 плановые установки (цели)
计划内商品 плановые товары
计划内投资 плановое капиталовложение
计划内外价格并轨 унификация плановых и внеплановых цен

计划调节 плановое регулирование
计划外商品 внеплановые товары
计划外投资 внеплановое капиталовложение
计划外项目 внеплановые объекты
计划外用工 внеплановые рабочие руки; внеплановая рабочая сила
计划中的会晤 планируемая встреча
计件工资 сдельная зарплата; сдельная оплата
计件劳动付酬 сдельная оплата труда
计较个人得失 считаться с личной выгодой
计较个人名利 гнаться за личной выгодой
计较历史的恩怨 зациклиться на обидах прошлого
计量检验 проверочные измерения
计时工 почасовик
计时工资 повременная заработная плата; почасовая зарплата
计时劳动报酬 повременная оплата труда
计税办法 методы налогового исчисления
计算机安全 кибербезопасность
计算机犯罪 киберпреступность
计算机攻击 кибератака
计算机技术 электронно-вычислительная техника
记者站 пресс-пост
记者证 пресс-агент
纪律处分 дисциплинарное взыскание
纪律措施 дисциплинарные меры
纪律的严肃性 строгая неприкосновенность дисциплины
纪律检查工作 работа по проверке дисциплины
纪律检查机关 органы по проверке дисциплины
纪律检查委员会 комиссия по проверке дисциплины
纪律检查组 группа по проверке дисциплины

纪律松弛 ослабление дисциплины

纪律严明 быть образцом поведения и дисциплинированности

技术不断革新 непрерывное совершенствование техники

技术成果 технические достижения; достижения техники

技术成果的商品化 коммерциализация технических достижений

技术工人 квалифицированный рабочий

技术含量 техноемкость

技术含量低的产品 продукция с низкой техноемкостью; низкотехноемкая продукция

技术含量高的产品 продукция с высокой техноемкостью; высокотехноемкая продукция

技术鉴定 техническая экспертиза

技术交流 технические обмены

技术密集型产业 техноемкое производство; техноемкие отрасли производства

技术密集型生产 техноемкое производство

技术培训体系 система технического обучения

技术人才 технический персонал; технические кадры

技术入股 включение технических достижений в качестве пая; технология в качестве пая; паевые технологии

技术升级 техническая эскалация

技术水平 технический уровень

技术细节 технические детали

技术协作 техническое сотрудничество

技术有偿转让 передача технологий за компенсацию; платная передача технологий

技术园区 технопарк

技术援助 техническая помощь

技术职称 технические звания

技术专利 патентная лицензия на технику

技术转让 передача техники; передача технологии

技术装备 техническая вооруженность; техническая оснастка; техническая оснащенность

技术咨询 техническая консультация

季度报告 квартальный отчет

季节差价 сезонная разница цен

季节性工资拖欠 сезонная задержка выплаты зарплаты

季节性失业 сезонная безработица

季节性因素 сезонные факторы

季节性资金短缺 сезонный разрыв в средствах

既成事实 свершившийся факт

既得利益 приобретенные интересы; обретение заинтересованности; ранее обретенные интересы

既定方针 намеченный курс

既定目标 намеченная цель; определенная цель

既往不咎 прошлое не в укор

觊觎别国领土 зариться на чужую территорию

继承过去优良传统 унаследовать лучшие традиции прошлого

继承权 право наследования; наследственное право

继承先烈的遗志 следовать заветам павших борцов

继续教育 непрерывное образование; последипломное образование; продолженное обучение

继续实施区域发展总体战略 продолжать генеральную стратегию регионального развития

继续推进两国、两军关系的发展 способствовать дальнейшему развитию отношений между двумя странами и их вооруженными силами

继续推进兴边富民行动 продолжать продвигать мероприятия по подъему экономики и улучшению жизни приграничья

继续有效 остаться в силе
继续在钓鱼岛海域进行巡逻 продолжать патрулирование в акватории вблизи Дяоюйдао
继续增加商品住房有效供给 дальше увеличивать эффективное предложение товарного жилья
继续支持博物馆、纪念馆免费开放 далее поддерживать бесплатный вход в музеи и мемориалы
继续支持基础研究和前沿技术研究 продолжать поддерживать фундаментальные исследования и исследования на передовых технических рубежах
寄生虫疾病治疗 борьба с паразитарными инфекциями
寄予极大希望 возлагать большие надежды (на кого)
绩效工资 зарплата по результатам выполнения работы; оплата на основании оценки результативности и эффективности работы
加班费 доплата за сверхурочное время
加倍努力 удвоить усилия; умножить усилия
加大"小金库"专项治理力度,研究建立防范"小金库"的长效机制 усиливать целевое упорядочение так называемых «черных касс», разрабатывать и вводить долгосрочный и действенный механизм их предотвращения
加大处罚力度 усилить меры наказания
加大对地方特别是中西部地区县级政法经费补助 увеличить субсидирование местных правоохранительных органов, прежде всего уездного уровня в центральных и западных районах страны
加大对圈地不建、捂盘惜售、哄抬房价等违规行为的查处力度 строго наказывать за задержку строительства на приобретенных земельных участках, придерживание жилья в целях спекуляции, взвинчивание цен на жилье и другие правонарушения

加大对有民族特色的商品的出口 расширять экспорт товаров с местным колоритом
加大对自主创新的投入 увеличивать капиталовложения в самостоятельное новаторство
加大扶持力度 усиливать динамику поддержки
加大公共服务领域投入 вложение в сферу общественных услуг
加大合作 наращивание сотрудничества
加大机构整合力度 усиливать динамику структурной интеграции
加大节能环保投入 увеличивать вложения в экономию энергоресурсов и охрану окружающей среды
加大经济结构调整力度 усилить динамику регулирования экономической структуры
加大对文化产业发展的扶持力度 увеличить динамику поддержки развития культурной индустрии
加工订货 обработка продукции на заказ
加工工业 обрабатывающая промышленность
加工贸易 давальческая торговля; торговля на основе переработки; торговые операции с давальческим сырьем
加工企业 обрабатывающие предприятия
加工深度 уровень глубокой обработки
加紧培养大批高素质新型军事人才 форсировать подготовку большого контингента высококвалифицированных военных кадров нового типа
加紧生产 форсировать производство; усилить производство; ускорить производство
加剧国际紧张局势 усиливать международную напряженность
加剧矛盾 разжигать противоречие; усилить противоречие; усугубить противоречие
加快步伐 ускорить темпы; ускорить шаги

加快城市、工矿、林区、垦区等棚户区改造 ускорять реконструкцию ветхих кварталов в городах, на территории заводов и рудников, в лесных и целинных районах страны

加快大宗固体废物综合利用 форсировать комплексную утилизацию основной массы твердых отходов

加快发展现代能源产业 ускорять развитие современных энергетических производств

加快发展债券、期货市场 ускоренно развивать фондовый и фьючерсный рынки

加快工程进度 форсировать работы

加快工业化进程 форсировать индустриализацию

加快构建传输快捷、覆盖广泛的文化传播体系 ускорять создание скоростной и широкоохватной системы распространения культуры

加快构建青藏高原生态安全屏障 ускоренно создавать экозащитный заслон на Цинхай-Тибетском нагорье

加快国土绿化进程 ускорять процесс озеленения страны

加快互联互通、大通关和国际物流大通道建设 ускорять темпы соединения инфраструктуры и прямого сообщения, создание высокоэффективной таможни и международных логистических магистралей

加快行政管理体制改革 ускорять реформу административно-управленческой системы

加快机械化和信息化复合发展 ускорять композитное развитие механизации и информатизации

加快基础产业基础设施建设 усиливать базовые отрасли производства и инфраструктурное строительство

加快加工贸易转型升级 ускоренно продвигать трансформацию и эскалацию давальческой торговли

加快建立覆盖城乡居民的社会保障体系 ускорять создание системы социального обеспечения с охватом городского и сельского населения

加快建立温室气体排放统计核算体系 ускорять темпы создания системы сбора и статистического учета данных о выбросах парниковых газов

加快建设国家创新体系 ускорять формирование государственной системы инновации

加快进程 динамизация процесса

加快经济发展 ускорить экономическое развитие

加快经济发展方式的转变 трансформация моделей ускорения экономического развития

加快经济结构调整，提高经济发展的质量和效益 посредством ускорения регулирования экономической структуры, повышать качество и эффективность экономического развития

加快开发 ускорить освоение

加快流动资金周转 ускорять оборачиваемость оборотных средств

加快内地开放 ускорять открытость внутренних районов страны

加快前进步伐 ускорять бег вперед; ускорить шаг на пути продвижения вперед

加快推进社会主义现代化 ускоренное продвижение социалистической модернизации

加快文化产业基地建设 ускорять строительство отдельных баз культиндустрии

加快物联网的研发应用 ускорять освоение и применение интернета вещного

加快改革和开放的步伐 ускорить темпы реформы и открытости

加快一流大学和一流学科建设 ускорять формирование первоклассных вузов и дисциплин

加快转变经济发展方式 ускорять трансформацию форм экономического развития

加快转变外贸增长方式 ускорять трансформацию модели внешнеторгового роста

加快资金周转 ускорить оборот капитальных средств

加强案件审理和申诉复查工作 усилить работу в области рассмотрения дел и повторного разбирательства по апелляции

加强薄弱环节 усилить слабые звенья; усилить узкие места

加强边境贸易的发展 усилить развитие приграничной торговли

加强财政科学化精细化管理 усилить научность и тщательность в управлении финансами

加强待岗下岗和转产人员的培训 усилить профессиональную подготовку лиц, ожидающих трудоустройства, сокращаемого персонала и персонала, меняющего производственную ориентацию

加强党的领导，保证改革的顺利进行 усиливать партийное руководство, гарантировать успешное проведение реформы

加强动植物疫病防控 усиливать профилактику и локализацию эпидемических заболеваний животных и растений

加强对党的领导机关和党员领导干部的监督 усиливать контроль за руководящими органами партии и руководящими партийными работниками

加强对各民族文化的挖掘和保护 усиливать работу по выявлению и охране культурных ценностей всех национальностей

加强对全局性、战略性问题的研究 усиливать изучение проблем всеобъемлющего и стратегического характера

加强对外文化交流 усиливать культурный обмен с зарубежьем

加强对中央投资的统一领导和督促检查 усиливать единое управление инвестициями из центрального бюджета

加强法制 укрепить правопорядок

加强感染力 усугублять воздействующую силу

加强各民族的友谊和团结 крепить узы дружбы и солидарность народов

加强公民意识 усиливать гражданское сознание

加强国防动员和后备力量建设 интенсифицировать работу по оборонной мобилизации и формирование резервных сил национальной обороны

加强国际传播能力建设 наращивать возможности осуществления международных коммуникаций

加强国家立法和法律实施工作，使国家各项工作逐步走上法制化轨道 усиливать государственное законодательство и законоисполнение, постепенно переводить всю работу страны в правовое русло

加强国家意识 усиливать государственное сознание

加强国土规划 форсировать территориальное планирование

加强海洋污染治理 интенсифицировать борьбу с загрязнением морей

加强行政问责 ужесточить административную ответственность

加强行政执法部门建设 укреплять строительство административно-правоисполнительных органов

加强合作 укреплять сотрудничество; углубление сотрудничества; активизировать сотрудничество

加强和创新社会管理 усиление и обновление социального управления

加强和改进党的建设 укреплять и улучшать партийное строительство

加强和改进流动党员管理 усиливать и улучшать управление мигрирующими коммунистами

加强和改进思想政治工作 усиливать и

улучшать идейно-политическую работу

加强基层政权建设 укреплять строительство низовых органов власти

加强纪律 укрепить дисциплину

加强坚定理想信念 укрепление наших идеалов и убеждений

加强交通基础设施养护和建设 усиление содержания и строительства транспортной инфраструктуры

加强交往 усиливать контакты

加强教师队伍建设 усиливать строительство армии преподавателей

加强科技支撑 укрепление научно-технической базы

加强科学管理 повышать научность управления

加强劳动保护 усилить охрану труда

加强立法工作和法律监督 усиливать законодательную работу и правовой контроль

加强联系 крепить связь

加强两国全面战略伙伴关系的发展 удвоить усилия для содействия развитию двусторонних отношений всеобъемлющего стратегического взаимодействия и партнерства

加强领导干部廉洁自律工作 усиливать среди руководящих кадров работу в духе поддержания честности и самодисциплины

加强流动人口服务和管理 усиливать обслуживание мигрирующего населения и управление им

加强内部管理 усиливать внутреннее управление

加强能源资源节约 усиливать экономию энергетических и других ресурсов

加强农产品期货市场监管 важно усилить контроль и управление фьючерсными рынками сельхозпродукции

加强农村基础设施建设 усиливать на селе инфраструктурное строительство

加强农村金融服务 динамика финансового сервиса на селе

加强农业基础地位 усиливать базисное положение аграрного сектора

加强全局观点，克服本位主义 усиливать государственный подход к делу, преодолевать ведомственную узость

加强人文交流 интенсификация гуманитарных обменов

加强社会治安综合管理 усиливать комплексное поддержание общественного порядка

加强社区和乡村文化设施建设 усиливать строительство культурной инфраструктуры в микрорайонах и на селе

加强食品价格指导 усилить руководство ценами на продукты питания

加强售后服务 усиливать послепродажное обслуживание

加强双边及多边经贸合作 усиливать двустороннее и многостороннее торгово-экономическое сотрудничество

加强思想锻炼 усиление идейной закалки

加强思想政治工作 усилить идейно-политическую работу

加强同……的友好往来 участить обмен визитами дружбы (с кем)

加强同发达国家的战略对话 усиливать стратегический диалог с развитыми странами

加强同发展中国家的团结与合作 усиление консолидации и сотрудничества с развивающимися странами

加强同周边国家的睦邻友好和务实合作 укреплять дружественное добрососедство и деловое сотрудничество с соседними странами

加强团结 крепить сплочение; крепить сплоченность; усиливать сплочение

加强网络文化建设和管理 усиливать строительство сетевой культуры и управление ею

加强文化建设 усиливать культурное строительство

加强学前教育和特殊教育学校建设 усилить строительство учебных заведений для дошкольного воспитания и специального обучения
加强医德医风建设 усиливать работу в плане врачебной этики
加强应对气候变化国际合作 активизировать международное сотрудничество по противодействию климатическим изменениям
加强应对气候变化能力建设 наращивать возможности реагирования на климатические изменения
加强应急能力建设 наращивать потенциал реагирования на чрезвычайное положение
加强友谊 крепить дружбу
加强舆论引导 усилить ориентирование общественного мнения
加强战斗力 укрепить боеспособность
加强战略思维 усиливать стратегическое мышление
加强政法队伍建设 укреплять строительство политико-юридических рядов
加强政法司法能力建设 повысить работоспособность правоохранительных органов
加强政府监管和社会监督 усиливать правительственный контроль и общественный надзор
加强政府引导 усиливать ориентирующую роль правительства
加强执法监察、廉政监察和效能监察 усиливать контроль над исполнением законов, неподкупностью и эффективностью
加强职业道德建设 усиливать формирование профессиональной этики
加强智力开发 форсировать освоение интеллектуальных ресурсов
加强中华文化国际影响力 повышать международное влияние китайской культуры
加强组织性纪律性 повышать организованность и дисциплинированность
加入国 присоединившееся государство

加入中国国籍 вступить в китайское гражданство
加深矛盾 углубить противоречие; усугублять противоречие
加深认识 глубоко осознать
加深相互谅解 расширять взаимопонимание
加速发展 ускоренное развитие; форсировать развитие; форсированное развитие
加速进程 ускорять процесс
加速科学发展 ускорять развитие на научной основе
加速社会经济发展 ускорение социально-экономического развития
加速实现信息化 ускорить информатизацию
加速实现智能化 ускорить интеллектуализацию
加速实现自动化 ускорить автоматизацию
加速新型工业化 ускорение индустриализации нового типа
加速资金周转 ускорять оборачиваемость фондов
加以区别 проводить различие
加重负担 увеличить тяготы; увеличить нагрузку
加重税负 увеличить налоговое бремя; утяжелить налоговое бремя; увеличить налоговое обложение
家电下乡 продажа бытовых электроприборов в деревне; «Бытовую электротехнику —деревне»; снабжение сельских районов бытовой электротехникой; продажа в сельских районах бытовых электроприборов
家电以旧换新 обмен старых электроприборов на новые
家庭副业 подсобное домашнее хозяйство
家庭经济 домашнее хозяйство
家庭经济困难学生 учащиеся из нуждающихся семей
家庭经济困难学生资助体系 система финансовой поддержки учащихся

из нуждающихся семей
家庭美德 семейная этика
家庭赡养人口 количество иждивенцев в семье
家徒四壁，一贫如洗 в доме хоть шаром покати (букв.: в доме лишь четыре голых стены)
家喻户晓 стать достоянием улицы
家长制 патриархальщина
家政服务 надомные услуги; услуги по домоводству
嘉奖令 приказ объявления благодарности; приказ о награждении
夹道欢迎 встречать (кого), стоя несколькими шеренгами по обеим сторонам улиц
甲骨文 надписи на костях и черепашьих панцырях
假报表 фиктивные ведомости
假报告 ложные отсчеты
假币 фальшивые деньги
假公济私 использовать общественное положение в личных целях
假话、空话、大话 ложь, бахвальство, пустословие
假酒案、假烟案 судебные дела о поддельных спиртных напитках и сигаретах
假冒商品 фальсифицированные товары
假冒伪劣产品 фальшивая, поддельная и низкокачественная продукция
假冒伪造 подделка и фальсификация
假破产，真讨债 фиктивное банкротство и подлинное бегство от уплаты долгов
假释 условно-досрочное освобождение
假想的敌人 мнимый враг; предполагаемый противник; условный противник
假象 лживая видимость
假账 фиктивные счета
价格保护伞 защитный зонтик для цен; зонтик цен
价格变动因素 факторы колебания цен
价格补贴 дотация в связи с повышением цен; дотация на покрытие разрыва в ценах
价格的双重体系 двухуровневая система цен
价格恶性上涨 безудержный рост цен
价格风险基金 фонд страхования на случаи изменения цен; фонд ценового риска
价格浮动幅度 амплитуда колебания цен
价格改革 реформа ценообразования
价格杠杆 ценовой рычаг
价格管理体系 система ценоуправления
价格行情 ценовая конъюнктура
价格混乱 хаос в ценах
价格机制 ценовой механизм
价格监督 контроль над ценами
价格剪刀差 ножницы цен; ценовые ножницы
价格竞争 ценовая конкуренция
价格决策听证制度 порядок заслушивания аргументации при разработке цен
价格欺诈 мошенничество с ценами
价格歧视 ценовая дискриминация
价格双轨制 двухколейная система цен
价格形成机制 механизм ценообразования
价格严重扭曲 серьезная деформация цен
价格因素 ценовой фактор
价格优势 ценовые преимущества
价格战 война цен; ценовая война
价格政策的调节作用 регулирующая роль политики цен
价格政策听证制度 порядок заслушивания аргументированных предложений при разработке ценовой политики
价格指数 индекс цен
价值观(念) система ценностей; ценностные понятия; ценностное представление; ценностное воззрение; представление о ценности; концепция

ценностей
价值规律 закон стоимости
驾驭复杂局势 справиться со сложной ситуацией; направлять развитие сложной ситуации
驾驭复杂局势的能力 способность справиться со сложной ситуацией; умение справиться со сложной ситуацией
驾驭全局 хорошо владеть всей обстановкой в целом
驾驭全局的本领 умение управлять всей ситуацией в целом; умение направлять общий ход событий
驾驭市场经济的能力 возможность контролировать рыночную экономику
架起桥梁 перекинуть мост
嫁祸于人 валить с больной головы на здоровую; свалить вину на другого
尖端技术 тонкие технологии; новейшая технология
尖端军事科学技术 новейшие военные технологии
尖端科学 передовые отрасли науки
尖端武器 новейшие виды оружия
尖锐冲突 острые конфликты
尖锐措辞 резкие формулировки
尖锐地摆在面前 стоять (перед кем) ребром
尖锐矛盾 острое противоречие
尖子人才 наиболее квалифицированные работники
歼灭战 война на истребление
坚持安全发展 обеспечивать безопасность развития
坚持把改革放在总揽全局的位置上 настойчиво выдвигать реформу на главенствующее место
坚持不懈的努力 с полной отдачей сил
坚持不懈地开展反腐败斗争 неустанно вести борьбу с коррупцией
坚持不懈地用马克思主义中国化最新成果武装全党 неустанно вооружать всю партию новейшими достижениями китаизированного марксизма
坚持出口和进口并重 продолжать уделять равное внимание экспорту и импорту
坚持从严治党 последовательно осуществлять строгое внутрипартийное управление
坚持党管干部原则 уклонно соблюдать принцип «партия ведет кадрами»
坚持党和人民的利益高于一切 ставить превыше всего интересы партии и народа
坚持到底 выстоять до конца; держаться до конца
坚持独立自主 сохранение независимости и самостоятельности
坚持对外开放的基本国策 продолжать основную государственную политику расширения внешних связей
坚持改革开放 держаться реформы и открытости
坚持各民族平等 держаться равноправия всех национальностей
坚持公共医疗卫生的公益性质 сохранять общеполезный характер общественной медицины и санитарии
坚持公民在法律面前一律平等 держаться равенства всех граждан перед лицом законов
坚持国家一切权利属于人民 твердо отстаивать принадлежность народу всей власти у нас в стране
坚持捍卫改革开放成果 отстоять плоды реформы и открытости
坚持和改善党的领导 отстаивать и улучшать партийное руководство
坚持和完善人民代表大会制度 сохранять и совершенствовать институт собраний народных представителей
坚持既定的方针和目标 держаться намеченного курса и цели
坚持教育公益性质 сохранять общеполезный характер образования

坚持科技强军 продолжать укрепление армии за счет науки и техники

坚持科学立法、民主立法 заниматься правотворчеством на научных и демократических началах

坚持科学社会主义的基本原则 отстаивать основные принципы научного социализма

坚持扩大国内需求特别是消费需求的方针 твердо держаться курса на расширение внутреннего и прежде всего потребительского спроса

坚持两手抓 обеими руками держаться курса на осуществление политики

坚持民主集中制 держаться демократического централизма

坚持平等保护物权 твердо держаться охраны вещного права на основе равноправия

坚持群众路线 держаться линии масс

坚持社会主义文化前进方向 держаться направления поступательного хода передовой социалистической структуры

坚持社会主义政治制度的特点和优势 отстаивать специфику и преимущества политического строя социализма

坚持深化改革、拓展领域 углублять реформу и расширять ее сферу

坚持实施 твердо реализовать

坚持实施市场多元化战略和以质取胜战略 придерживаться стратегии диверсификации рынка и стратегии завоевания успеха качеством

坚持实施应对国际金融危机冲击的一揽子计划 продолжать настойчиво осуществлять всеобъемлющую программу противостояния ударам международного финансового кризиса

坚持实事求是 твердо держаться реалистического подхода

坚持统筹兼顾 осуществлять единое и комплексное планирование

坚持信念 отстаивать свои убеждения

坚持要求 настоять на требовании

坚持一个中国政策 приверженность политике одного Китая

坚持依纪依法办案 продолжать разбирательство дел в соответствии с дисциплиной и законом

坚持拥军优属 продолжать мероприятия по оказанию поддержки армии и проявлению заботы о семьях военнослужащих

坚持预防为主 упирать на профилактику

坚持真理 отстаивать истину

坚持正确的政治方向 держаться правильной политической ориентации

坚持正确的用人导向 твердо держаться правильного направления в использовании кадров

坚持质量第一的方针 придерживаться курса на приоритет качества

坚持中国特色社会主义道路 отстаивание пути социализма с китайской спецификой

坚持主张和平解决 настаивать на мирном урегулировании

坚持自己的观点 настаивать на своем; настоять на своей точке зрения

坚持自己的信念 держаться своего убеждения; остаться при своем убеждении

坚持走经济社会全面协调可持续的科学发展之路 твердо идти по пути всеобъемлющего, скоординированного и устойчивого научного развития в социально-экономической области

坚定的政治立场 твердая политическая позиция

坚定方向 твердая ориентация

坚定理想信念 утверждаться в своих идеалах и вере

坚定社会主义信念 укрепить веру в социализм

坚定信心 укрепить уверенность

坚定正确的政治方向 твердая и правильная политическая ориентация

坚决查处违纪违法案件 сурово наказывать за нарушение закона и норм дисциплины

坚决惩治和有效预防腐败 бескомпромиссное преследование за разложение и действенная его профилактика

坚决反对 выступать категорически против чего; решительно выступать против чего

坚决反对一切派别组织和小集团活动 решительно выступать против сектантства и фракционности во всех видах и формах

坚决防止拖欠职工工资特别是农民工工资 решительно предотвращать задержку выдачи зарплаты рабочим и служащим, прежде всего рабочим из деревни

坚决否认 решительно опровергать

坚决纠正不正之风 последовательно выправлять порочный стиль

坚决抗议 решительный протест

坚决谴责 решительно осуждать

坚决维护国家主权和领土完整 стойкая охрана суверенитета и территориальной целостности страны

坚决要求 категорическое требование

坚决拥护 встать горой (за что); решительно поддерживать

坚决支持 решительная поддержка

坚决执行上级组织的决定 безговорочно выполнять решение вышестоящей организации

坚强的领导 твердое руководство

坚强核心 крепкое ядро

坚强后盾 могучая опора; надежный щит

坚强柱石 мощная опора

坚实步伐 твердые шаги

间接方式 косвенные пути

间接广告 косвенная реклама

间接进口 косвенный импорт

间接经验 косвенный опыт

间接控制 косвенный контроль

间接贸易额 объем посреднической торговли

肩负历史重任 нести историческую ответственность; нести важную историческую миссию

艰巨繁重的任务 колоссально трудные задачи

艰苦创业 вести созидательную работу в крайне трудных условиях; скромность в жизни и самоотверженность в созидании; создать дело в крайне тяжелых условиях; созидать (что) самоотверженным трудом

艰苦创业的精神 дух самоотверженного созидания

艰苦奋斗 простота в жизни и самоотверженность в борьбе; упорство и самоотверженность в борьбе; стойкость в борьбе и простота в жизни; упорная борьба; упорно и самоотверженно бороться; упорство в работе и простота в жизни; упорная и самоотверженная борьба; трудиться упорно и самоотверженно; дух упорства и самоотверженности в борьбе

艰苦奋斗、勤俭节约的优良传统 славные традиции упорной борьбы, трудолюбия и бережливости

艰苦奋斗、勤俭建国的方针 курс на упорную борьбу, трудолюбие и бережливость в строительстве страны

艰苦朴素 самоотверженность и скромность; упорно преодолевать трудность, быть скромным в запросах

艰苦朴素的工作作风 самоотверженность и скромность в работе

艰苦细致的工作 работать самоотверженно и кропотливо

艰难曲折 трудности и зигази

艰难险阻 трудности и опасности; трудности и препятствия

艰辛努力 неимоверные усилия

艰辛探索 нелегкие поиски

监督检查工作 контрольно-ревизионная работа

监督权 право на осуществление контроля

监督体系 система контроля

监管工作 ревизионно управленческая

работа

监管职能 функция контроля и управления; контрольно управленческие функции

监事会 ревизионная комиссия

监守自盗 красть то, что поручено охранять; раскрадывать подведомственное госимущество

兼并重组 слияние и перегруппировка

兼顾国家、集体、个人的利益 принимать во внимание интересы государства, коллектива и личности; учитывать одновременно интересы государства, коллектива и личности

兼职活动 деятельность по совместительству

兼职任…… работать (кем) по совместительству

检测手段 контрольно-измерительные методы

检查、司法、监察机关 органы прокуратуры, суда и контроля

检举人 обличитель

检举失实 недостоверное изобличение

检举信 уличительное письмо

检验真理的唯一标准 единственный критерий истины

检疫 карантин

检阅 принимать парад

检阅三军仪仗队 обойти почетный караул трех видов вооруженных сил

减产 снизить урожайность (производство)

减负 облегчить бремя; облегчить нагрузку

减价商品 уцененный товар

减免发展中国家债务 сократить или списать задолженности развивающихся стран

减免税收 частично или полностью освобождать от уплаты налога; пониженное налогообложение или полное освобождение от налогов

减排 уменьшение выброса (загрязняющих веществ)

减排量化目标 квантитативные цели по сокращению выбросов

减轻处罚 ослабить наказание; смягчить наказание

减轻负担 облегчить бремя; облегчить тяготы; уменьшить бремя

减轻农民负担 смягчение нагрузки крестьян

减轻税负 облегчать налоговое бремя; уменьшить налоговое бремя

减轻压力 ослабить давление; ослабить прессинг

减少和规范行政审批 сокращать и нормировать административное визирование

减少开支 убавлять расходы

减少流通环节 уменьшить число промежуточных звеньев обращения

减少"三公"经费 снижение расходов на служебные зарубежные командировки, на приобретение и эксплуатацию служебных машин, а также и на служебные приемы

减少温室气体排放 сокращение выбросов парниковых газов

减少消耗 сократить издержки

减少战争威胁 ослабить угрозу войны

减少政府对微观经济运行的干预 уменьшать вмешательство правительственных органов в функционирование микроэкономики

减少资金占用 уменьшать занятые средства

减少资源性出口 уменьшать удельный вес сырьевой продукции в экспорте

减少阻力 ослабить противодействие

减速 снизить темпы; сбавить скорость

减缩编制 свернуть штаты; сократить штаты; сократить личный состав

减刑 снизить наказание; смягчить наказание; укоротить срок наказания

减员增效 повышать эффективность при сокращении штатов

剪彩 разрезать ленту
剪彩仪式 церемония перерезания ленточки на открытии
剪刀差 ножницы (между чем)
简化工作程序 упростить процесс работы
简化手续 упростить процедуру
简化物流 упрощенная логистика
简化政府审批程序 упрощать процедуру визирования документов правительственными органами
简易房 дом упрощенного типа
简政放权、放管结合 сокращение правительственного аппарата и передача полномочий нижестоящим инстанциям при сочетании управления с либерализацией
见机行事 действовать так, как подсказывает обстановка; действовать согласно обстановке; действовать по обстановке
见利忘义 забывать о долге при виде выгоды
见仁见智 Каждый судит по-своему; Каждый оценивает на свой лад; У каждого свой подход.
见世面 видеть жизнь; видать виды
见效 дать результаты; принести свои плоды; дать эффект
见效快 дать быструю отдачу
见义勇为 мужество в отстаивании правого дела
见证人 очевидец; свидетель
建材 стройматериалы
建成投产 построить и сдать в эксплуатацию
建立大使级外交关系 установить дипломатические отношения в ранге посла; установить дипломатические отношения на уровне посольств
建立法治国家 создать законоохранное государство
建立基本框架 заложить основу каркаса
建立社会保障体系 завершать создание системы социального обеспечения
建立社区卫生服务中心 создать микрорайонные центры медобслуживания
建立统一规范的人力资源市场 создавать единый нормативный рынок людских ресурсов
建立完善的宏观调控体系 создавать совершенную систему макрорегулирования и макроконтроля
建立预防腐败的信息共享机制 необходимо сформировать механизм при профилактике разложения совместного использования информационных ресурсов
建设法治政府和服务型政府 создание правового правительства обслуживающего типа
建设繁荣的小康社会 строительство процветающего общества с опорой на растущий средний класс
建设社会主义法治国家 создавать правовое социалистическое государство
建设社会主义核心价值体系 создавать систему основных ценностей социализма
建设社会主义文化强国 строительство социалистической культурной державы
建设社会主义新农村 строительство новой социалистической деревни
建设生态文明 создавать экологическую культуру
建设信息化军队 строительство информатизационной армии
建设性对话 конструктивный диалог
建设性会谈 конструктивные переговоры
建设学习型社会 строить общество учебного типа
建设用地 земли под новое строительство
建设中华民族共有精神家园 создавать общий духовный очаг китайской нации
建设周期 срок строительства; цикл

строительства

建设主体功能区 создание основных функциональных регионов

建设资源节约型、环境友好型社会 создать ресурсоэкономное общество, дружелюбное к окружающей среде

建言献策 разработка рекомендаций и предложений

建议 выступать с предложением; внести предложение

建筑标准 критерий строительства

建筑风格独特 отличаться своеобразным архитектурным стилем

健康成长 здоровый рост; оздоровление и дальнейший рост

健康的生活方式 здоровый образ жизни

健康发展的轨迹 путь здорового развития

健康合格证明 справка о нормальном состоянии здоровья

健康稳定的大国框架 рамки здоровых и стабильных отношений с ведущими державами

健康运行 здоровое функционирование

健康证书 справка о здоровье

健康状况主要指标 основные показатели состояния здоровья

健全部门间协调配合机制 совершенствовать механизм межведомственного взаимодействия и координации

健全立法 совершенствовать законодательную работу

健全领导体制 оздоровлять саму систему руководства

健全民主集中制 усовершенствование демократического централизма

健全民主制度 улучшать демократический строй

健全农村市场体系 совершенствовать сельскую рыночную систему

健全社会信用体系 улучшать систему общественного доверия

健全社会治安防控体系 совершенствовать систему профилактики и контроля в сфере общественного порядка

健全现代企业制度 оздоровлять режим современных предприятий

健全学生资助制度 совершенствовать порядок оказания материальной помощи учащимся

健全政府职责体系 оздоровлять систему служебных обязанностей правительства

健全职业教育培训制度 совершенствовать систему профессионального обучения и подготовки

健全组织法制和程序规则 улучшать организационно-правовой режим и процедурные правила

健全组织生活 оздоровлять организационную жизнь

渐进疗法 поэтапная терапия

践踏原则 попирать нормы; попирать принципы

将计就计 отвечать уловкой на уловку

僵化的经济体制 закостенелая хозяйственная система; окостенелая экономическая система

僵化停滞 окостенелость и застой

僵局 тупик; безвыходное положение

讲排场 погоня за внешним блеском; парадность

讲求规模效益 добиваться масштабной эффективности

讲求实效 делать акцент на эффективности; стремиться к обеспечению подлинной эффективности; уделять внимание реальной эффективности

讲卫生 соблюдать гигиену (правила гигиены)

讲文明,树新风 ратовать за культурность, утверждать новые нравы

讲信用 дорожить доверием

奖惩制度 режим поощрения и взыскания

奖学金 поощрительные стипендии

奖优罚劣 лучших — поощрять, худших

— наказывать
降半旗致哀 приспустить флаг в знак траура
降低成本 снижать себестоимость
降低到最低程度 свести к минимуму
降低劳动强度 снижение интенсивности труда
降低能源和原材料消耗 снижать затраты на энергоресурсы и сырье
降低生产成本 снизить себестоимость производства
降低银行存贷款利率 снижать банковские процентные ставки по вкладам и кредитам
降低中低收入者税负 уменьшать налоговое бремя людей среднего и низкого достатка
降级 понизить разряд; снизить классность
降息 сокращение процентных ставок
降职 понизить в должности
交叉学科 перекрестные научные дисциплины; смежные науки
交付保存国 сдать на хранение в депозитарий
交付使用 сдать в эксплуатацию; пустить в эксплуатацию
交付使用率 коэффициент сдачи в эксплуатацию
交付运营里程 протяженность дорог, сданных в эксплуатацию
交公众评判 вынести на суд общественности
交换价值 меновая стоимость
交换想法 делиться мыслями
交换意见 обмениваться (обмен) мнениями
交货期限和日期 срок и дата поставки товаров
交接 сдача и приемка
交接班问题 проблема преемственности
交纳党费 платить партвзносы
交涉 делать представление; обращаться с демаршем
交通命脉 транспортная артерия

交通设施 коммуникационные сооружения
交通事故 транспортные катастрофы
交通瘫痪 транспортный коллапс
交通网络 дорожная сеть
交通要道 магистрали; важнейшие коммуникации; главная магистраль
交通拥堵 затор (в уличном движении)
交通运输量 объем перевозок
交通运输业 транспортные перевозки
交通运输支出 расход на развитие коммуникаций и перевозки
交通阻塞 задержка в движении; пробка на улице; транспортные пробки
交易活动 торговая деятельность
交易货币 валюта сделки
交易平台 торговая площадка
交易日 торговый день
骄傲自满 зазнайство и самодовольство
骄奢淫逸 расточительство и разврат
焦点 узловой пункт; узловой момент; фокус
绞尽脑汁 биться (над чем); ломать голову
脚踩两条船 сидеть на двух стульях
脚踏实地 стоять на реальной почве; иметь реальную почву под ногами
缴获大批战利品 захватить огромные трофеи
叫价拍卖 гласный аукцион
觉悟水平 уровень сознания
教书育人 проводить воспитательную работу среди учащихся в процессе обучения
教学科研秩序 порядок преподавательской, научно-исследовательской и производственной деятельности
教学相长 Педагоги и ученики совместно добиваются прогресса.
教育部直属高校 вузы, непосредственно подчиненные Министерству просвещения
教育部直属师范大学师范生免费教

育 практика бесплатной подготовки будущих педагогов в педвузах, непосредственно подчиненных Министерству образования

教育方针 курс в области образования; курс в области просвещения

教育费附加 добавка к расходам на просвещение

教育公平 справедливость в области просвещения; справедливость образования

教育行政人员 административный персонал в сфере просвещения

教育面向全社会 поворачивать просвещение лицом ко всему обществу

教育评价和监督制度 система оценок и контроля в сфере просвещения

教育群众 воспитание масс

教育助学贷款 кредит на получение образования

教育资源重点向农村、边远、民族、贫困地区倾斜，教育公平取得明显进步 Распределение образовательных ресурсов специально кренилось в сторону сельских, отдаленных, национальных и бедных районов, в обеспечении справедливости образования произошел заметный прогресс.

阶段性成果 поэтапные результаты; стадиальные результаты; стадиальные достижения

阶段性的特征 стадиальные особенности

阶梯成本 ступенчатая себестоимость

阶梯价格 ступенчатая цена

接班 принять эстафету; продолжать дело

接班人 продолжатели; преемник; смена

接触与对话 контакты и диалог

接到邀请 получить приглашение

接见 принять (принятие) кого

接见仪式 церемония приема

接近……大关 подойти к отметке

接近群众 доступ к массам; сблизиться с массами

接收党员 производить прием в партии

接受既成事实 примириться с фактом; считаться со свершившимся фактом

接受册封 принять титул

接受辞呈 принять отставку

接受党的教育和培训 проходить партийное воспитание и обучение

接受党内外群众的监督 ставить себя под контроль партийных и беспартийных масс

接受共产党领导 принимать руководство со стороны Коммунистической партии; принимать руководство КПК

接受监督 находиться под контролем; поставить себя под контроль (со стороны кого); подвергаться контролю (со стороны кого)

接受检阅 принимать участие в параде; быть на параде

接受提名 согласиться быть кандидатом

接受条件 пойти на условия; принять условия

揭穿谎言 обличить (кого) во лжи; уличить (кого) во лжи

揭穿骗局 вскрыть обман; раскрыть обман

揭露不良现象 вскрыть отрицательные явления

揭露错误 вскрыть ошибки

揭露矛盾 раскрыть противоречие; разоблачить противоречие

揭露阴谋 обличить заговор

揭示了人类社会历史发展的规律 открыть законы исторического развития человеческого общества

揭示原因 вскрыть причину

街道办事处 контора квартального комитета

街道委员会 уличный комитет

街道组织 уличная организация

节能 энергоэкономия

节能产品 энергосберегающая продукция

节能减排 экономия энергии и сокращение промышленных выбросов; энергоэкономия и уменьшение выбросов; энергоэкономия, сокращение выбросов; экономия энергии и сокращение выбросов вредных веществ; экономия энергоресурсов и уменьшение выбросов; сокращение энергозатрат и вредных выбросов

节能减排全民行动 массовое движение за экономию энергоресурсов и сокращение вредных выбросов

节能型技术 энергосберегающая технология

节日加班费 доплата за работу в праздничные дни

节日宴会 праздничный торжественный банкет

节水工程 водоэкономящие сооружения

节水灌溉 водоэкономное орошение

节水型农业 земледелие водоэкономного типа

节约集约用地 экономное и интенсивное использование земли

节约土地 экономия земли

节约用电 экономить электроэнергию

节约用水 экономное использование воды

节约资源 ресурсосбережение; экономия ресурсов

节制资本 ограничивать капитал

劫持 похищение; насильственный увоз

劫机 угон самолёта

结构合理，功能完善 рациональная структура и совершенная функциональность

结构偏畸 структурная аномалия

结构升级 эскалация структуры

结构调整 реструктуризация; структурное урегулирование

结构危机 структурный кризис

结构性赤字 дефицит структурного характера

结构性减税 структурное снижение налоговых ставок; структурное сокращение налогов

结构性矛盾 структурные противоречия

结构性失业 структурная безработица

结构性通货膨胀 структурная инфляция

结构性危机 структурный кризис

结构转型 структурные преобразования; структурная трансформация

结合点 пункт стыковки; точки соприкосновения; средоточие

结晶 квинтэссенция

结论 последнее слово; вывод; заключение

结盟 вступить в блок; объединиться в союз; присоединиться к блоку

结束过去、开辟未来 закрыть прошлое, открыть будущее; поставить точку на прошлом, открыть двери в будущее

结业 окончить обучение; окончить курс; прекращение хозяйственной деятельности

结余购买力 остаточная покупательная способность

结账 подведение баланса

捷径 кратчайший путь

截然相反的两种观点 два полярно противоположных взгляда; два диаметрально противоположных взгляда

竭尽全力 на всю железку; делать всё от себя зависящее; прилагать все силы; прилагать все старания; прилагать все усилия; напрячь все силы; из кожи лезть вон

竭力支持 поддерживать всеми силами

解除封锁 снять блокаду

解除工作 увольнение (кого) с работы

解除管制 освободить из-под надзора

解除合同 расторгнуть контракт; аннулировать договор

解禁集体自卫权 снятие запрета с права на коллективную самооборону

解除禁令 снятие запрещения; снятие

запрета

解除契约 расторгнуть договор

解除思想武装 идейно разоружиться

解除条约 расторгнуть договор; аннулировать договор

解除威胁 устранить угрозу

解除宵禁 отменить комендантский час

解除职务 освободить от обязанностей

解放和发展社会生产力 освобождение и развитие общественных производительных сил

解放思想 раскрепощать сознание

解禁 снятие запрета

解决吃饭问题 справиться с проблемой питания; решение проблемы с питанием

解决供应过剩问题 решить проблему избыточного предложения

解决纠葛 покончить со спорами

解决矛盾 разрешить противоречие

解决前进道路上的困难和问题 решение трудностей и проблем, встающих на пути движения вперед

解决突出问题 заниматься решением острых проблем

解决问题的线索 ключ к решению вопроса

解散国会 роспуск парламента

解散政府 роспуск правительства

介入 вмешиваться; вмешательство

介绍人 рекомендующий

介绍信 рекомендательное письмо; направление

戒备 остерегаться; меры предосторожности

戒骄戒躁 остерегаться зазнайства и поспешности

戒严 военное положение; введение военного положения; осадное положение

借此机会 пользоваться случаем

借贷平衡 рассчетный баланс; ссудный капитал

借鉴别人的经验 заимствовать чужой опыт; перенимать чужой опыт; учитывать опыт других

借鉴国外发展经验 заимствование зарубежного опыта развития

借据 заемное письмо

借调人员 работники, запрошенные у других организаций

金钱至上 кредо «деньги превыше всего»; фетишизация денег

金融安全 финансовая безопасность

金融保险体系 финансово-страховая система

金融保险业 финансово-банковское и страховое дело

金融帝国 финансовая империя

金融风险 Финансовый риск

金融服务 финансовые услуги; финансовый сервис

金融杠杆 финансовые рычаги

金融格局 архитектоника финансов

金融寡头 экс-олигарх

金融监管 финансовый контроль и управление

金融泡沫 финансовый пузырь

金融市场 валютный рынок; финансовый рынок

金融体系 система денежного обращения; финансово-банковская система

金融通道 финансовый канал

金融危机冲击 удар финансового кризиса; натиски финансового кризиса

金融债券 финансовые боны; банковские облигации

金融政策 финансовая политика

金融制度 финансовый режим

金融秩序 порядок в области денежного обращения

金融中心 финансовый центр

金条 золотые слитки

金砖国家 страны БРИКС (Бразилия, Россия, Индия, Китай и ЮАР)

津贴 денежные пособия

仅供参考 только для информации; для служебного пользования; для ознакомления

紧跟时代发展潮流 неотступно следовать за ходом развития эпохи
紧跟世界进步潮流 не отставать от прогрессивных веяний в мире
紧急撤离 в экстренном порядке эвакуировать
紧急措施 неотложная мера; срочные меры; чрезвычайная мера; экстренные меры
紧急会议 экстренное собрание; чрезвычайное собрание; внеочередное совещание
紧急救护 неотложная медицинская помощь; скорая помощь
紧急情况 срочный случай; экстренные случаи
紧急任务 насущная задача; срочная задача
紧急时期 критический период
紧急疏散 эвакуировать в экстренном порядке
紧急召见 вызвать в экстренном порядке
紧急状态 чрезвычайное положение
紧紧包围 кольцом сжимать
紧密地团结在……周围 тесным кольцом смыкаться (вокруг кого); тесно сплотиться (вокруг кого)
紧迫而重大的战略任务 насущная и важная стратегическая задача
紧迫感 актуальность; неотложность
紧迫任务 насущная задача
紧迫性 неотложность; актуальность
紧俏产品 дефицитные товары
紧俏资源 остродефицитное сырьё
紧缺物资 остродефицитные материалы
紧缩编制 сокращение штатов; свернуть штаты
紧缩需求 сдерживать спрос
紧缩支出 сокращать расходы
紧要关头 критический момент
紧要阶段 критическая стадия
紧张对峙 напряжённая конфронтация

紧张局势 напряжённая обстановка; напряжённость
谨慎办事 действовать осмотрительно
谨慎态度 осторожное отношение
谨收到 подтверждено получение; подтверждаем получение
谨言慎行 со всей осторожностью относиться
尽力而为 сделать максимум возможного; приложить все усилия
尽心尽责 добросовестно выполнять обязанности
尽一切可能 делать всё возможное
尽职尽责 работать с полной ответственностью
进步人士 прогрессивные деятели
进步文化 прогрессивная культура
进步因素 прогрессивный факт
进城务工人员 приезжающие на заработки в город
进出口经营权 право на импорт-экспорт
进出口贸易 импортно-экспортная торговля; импортная и экспортная торговля; импорт и экспорт
进出口贸易额 объём импортно-экспортной торговли
进出口商会 Импортно-экспортная палата
进出口许可证 лицензия на ввоз и вывоз
进出口总额 общий объём экспорта-импорта
进度表 производственный график; график работы
进行反恐演习 провести антитеррористические учения
进行干预和调节 осуществить вмешательство и урегулирование
进行各种娱乐活动 проводить разнообразные праздничные мероприятия
进行核爆炸 произвести ядерный взрыв
进行交涉 вести переговоры
进行经济的重组 проведение экономической реструктуризации

进行幕后交易 вести закулисные сделки

进行幕后谈判 вести переговоры за кулисами

进行申辩 высказывать в свое оправдание

进行试点 проводить (что) в опытном порядке

进行有效监管 ведение эффективного контроля

进行正式对话 провести официальный диалог

进行直播 транслировать в прямом эфире

进口限额 импортная квота; лимит импорта

进口许可证 лицензия на импорт; разрешение на импорт

进取精神 предприимчивость

进入创新型国家行列 выйти в число государств инновационного типа

进入国际市场 выходить на международный рынок

进入金融市场流通 пускать в обращение на валютном рынке

进入戒严状态 оказаться в осадном положении

进退维谷 находиться между двумя огнями; очутиться меж двух огней; остаться на мели; стоять перед сложной дилеммой

进修班 курсы усовершенствования

进一步推广 дальнейшее распространение

进一步发展 дальнейшее развитие

进一步发展和壮大最广泛的爱国统一战线 умножать и укреплять ряды широчайшего единого патриотического фронта

进一步营造鼓励创新的环境 продолжать создавать поощрительную среду для инновации

近海区 прибрежная полоса

近海作战 воевать на прибрежных полосах морей

近几年来 на протяжении последних лет

晋职升级 продвижение по службе; сделать карьеру

禁毒 запрещение наркотиков

禁飞区 запретная для полетов зона; бесполетная зона

禁止行人通行 запрещать движение пешеходов

经常性的政治对话 регулярный политический диалог

经得起考验 выдержать испытание; выстоять перед испытанием

经得起实践和历史的检验 выдержать проверку как на практике, так и в поступательном ходе истории; выдержать проверку практикой и историей

经得起诱惑 устоять перед соблазном

经得住压力 выдержать давление

经费包干 нести ответственность за фиксированную сумму расходов; подряд на фиксированную сумму расходов

经费来源 источники средств на текущие расходы

经费严重不足 острая нехватка средств

经过……阶段 проходить фазу

经过核实的数据 проверенные данные

经过考验的方法 испытанные методы

经过实践证明 апробировано практикой; доказано на практике

经过严峻的考验 держать суровый экзамен

经过灾难的洗礼 пройти боевое крещение во время стихийных бедствий

经济不发达地区 экономически неразвитый район

经济不发达国家 экономически слаборазвитая страна

经济布局 экономическое районирование; размещение экономики

经济成分 экономический уклад; сектор экономики

经济处于深刻变革和调整之中 Экономика находится на этапе глубоких перемен и реформирования.
经济刺激 экономическое стимулирование
经济的持续、稳定增长 продолжительный и устойчивый рост экономики
经济的过冷过热 «переохлаждение» и «перегрев» экономики
经济的适度增长 соразмерный экономический рост
经济发展的后劲 резервы для развития экономики
经济发展的进程 ход экономического развития
经济发展的客观要求 объективное требование экономического развития
经济发展方式 формы развития экономики; модели экономического развития
经济发展规律 закон экономического развития
经济发展与人口资源环境相协调 экономическое развитие в гармонию с демографией, ресурсами и экосферой
经济犯罪 хозяйственные преступления; экономическое преступление
经济分析 экономический анализ
经济风险 экономический риск
经济封锁 экономическая блокада
经济负增长 отрицательный рост экономики
经济复苏 восстановление экономики
经济杠杆 экономический рычаг
经济工作的中心 центральное звено экономической работы
经济合作 экономическое сотрудничество
经济核算 хозяйственный расчет; хозрасчет
经济滑坡 экономический спад
经济混乱 экономический хаос
经济活动 хозяйственная деятельность
经济活动的自主权 право самостоятельной хозяйственной деятельности
经济活动规范化 нормирование (регламентация) хозяйственной деятельности
经济基础和上层建筑 экономический базис и надстройка
经济集约化 интенсификация экономики
经济计划 экономический (хозяйственный) план
经济技术合作 технико-экономическое сотрудничество
经济技术开发区 зона развития экономики и техники
经济建设和人口、资源、环境的关系 соотношение экономического строительства и демографии, ресурсов, экологии
经济结构调整 реструктуризация экономики; структурная перестройка экономики
经济命脉 командные высоты народного хозяйства; экономическая артерия; экономические высоты
经济模式 модель экономики; экономическая модель
经济起飞 экономический взлет
经济潜力 экономический потенциал; резервы экономики
经济情报 секретная экономическая информация; экономическая информация
经济区 экономические зоны
经济圈 экономическое кольцо
经济全球化 экономическая глобализация
经济全球化朝着均衡、普惠、共赢方向发展 Экономическая глобализация развивается в направлении балансирования, универсальной выгоды и всеобщего выигрыша.
经济渗透 экономическая инфильтрация; экономическое проникно-

вение

经济失调 диспропорция в экономике

经济实力 экономическая мощь; экономический потенциал

经济实体 хозяйственная организация; хозяйственные единицы

经济适用房 жилье по доступной цене

经济收入 хозяйственные доходы (поступления)

经济手段 экономическая мера; экономический рычаг

经济损失 материальный ущерб

经济特区 особая экономическая зона

经济体制 хозяйственная система; экономическая система; экономическое устройство

经济调节手段 средства экономического урегулирования

经济调整 урегулирование экономики

经济停滞 застой в экономике

经济危机 экономический кризис

经济文化交流 культурно-экономический обмен

经济萧条 застой в экономике; экономическая депрессия

经济效益 экономическая эффективность; экономическая рентабельность

经济协作 экономическое взаимодействие

经济新常态 новое нормальное состояние экономики

经济新的增产点 новые источники экономического роста

经济一体化 экономическая интеграция

经济援助 экономическая помощь

经济运行 функционирование экономики

经济增长 экономический рост; рост экономики

经济增长的高速度 высокие темпы экономического роста

经济增长点 точки экономического роста

经济增长方式 модель экономического роста; способ экономического роста

经济增长方式从粗放型向集约型转变 переход от экстенсивного экономического роста к интенсивному; переход от экстенсивного способа экономического роста к интенсивному

经济振兴 экономический подъем; экономическое возрождение

经济震荡 экономические потрясения

经济制裁 экономическая санкция

经济秩序 хозяйственный порядок

经济滞胀 экономический застой

经济周期 экономический цикл

经济转型 экономическая трансформация; экономический переход

经济总量 общие экономические параметры; общий объем экономики

经济总量平衡 баланс общих количественных показателей экономики; суммарный экономический баланс

经济组织 хозяйственная организация

经历巨大的历史变革 переживать крупные исторические изменения

经历历史上最佳时期 переживать наилучший период в истории

经贸联系 торгово-экономические контакты

经贸摩擦 торгово-экономические трения

经商 заниматься коммерцией

经商牟利 наживаться на коммерции

经受得住失败 пережить поражение

经受检验 выдержать проверку; перенести испытания; пройти испытания; выдержать испытание

经受历史的检验 выдержать проверку временем; выдержать проверку историей

经受许多苦难 вынести много лишений

经受住困难和考验 вынести трудности и испытания

经双方批准后，立即生效 вступить в силу немедленно со дня ратификации

经验表明…… опыт показывает,

что ...
经验的结晶 квинтэссенция опыта
经营不善 бесхозяйственность; неумелое хозяйствование
经营方式 форма хозяйствования; модель хозяйствования
经营方式多样化 разнообразие способов хозяйствования
经营费用 эксплуатационные затраты; издержки хозяйствования
经营管理 хозяйственное управление; оперативное управление
经营管理混乱 беспорядок в хозяйствовании
经营活动方案 проект хозяйственной деятельности
经营活动自由 свобода хозяйственного маневра
经营决策 эксплуатационное решение; тактика хозяйствования
经营权 право на эксплуатацию; право хозяйствования
经营性土地使用权 право на использование земли в хозяйственных целях
经有关部门核准 получить санкцию соответствующего учреждения
惊人的变化 разительная перемена
惊人的效果 разительный эффект
兢兢业业 работать с усердием, избегая поспешности и опрометчивости
精兵简政 сократить и упростить управленческий аппарат
精诚合作 искреннее сотрудничество
精打细算 бережливость и расчетливость; быть расчетливым и бережливым; вести тщательные и скрупулезные расчеты; тщательный расчет и точный учет
精加工 глубокая переработка
精加工制成品 продукция окончательной обработки
精简机构 сокращать хозяйственно-административный аппарат; сокращение и упрощение аппарата

упростить аппарат
精简人员 сократить штаты; сокращенный персонал; сокращенцы
精力充沛 неукротимая энергия
精神财富 духовная сокровищница; духовное достояние; духовное богатство; духовные ценности
精神产品 духовная сокровищница; духовное достояние; духовное богатство; духовные ценности
精神刺激与物质鼓励相结合 сочетание морального и материального поощрения
精神动力 духовные движущие силы; духовный импульс
精神风貌 духовный облик
精神枷锁 духовные оковы
精神家园 духовный очаг
精神解放 духовное раскрепощение
精神境界 духовный мир
精神面貌 духовный лик; духовный облик; нравственный облик; моральный облик
精神气质 менталитет
精神上的痛苦 душевные муки
精神上的支持 духовная поддержка
精神损失 моральный ущерб
精神文明 духовная культура
精神文明建设 строительство духовной культуры
精神污染 духовное загрязнение
精神支柱 духовная опора
精神状态 моральное (духовное) состояние
精神追求 духовные запросы
精神准备 моральная подготовка; идеологическая подготовка
精心策划 тщательно планировать; тщательно подготовить
精心设计、精心施工 тщательно проектировать и добротно строить
精心组织、认真落实 тщательно организовать и добросовестно выполнить
精益求精 неустанно совершенствовать свое мастерство

精英 элита

精准扶贫、精准脱贫 оказывать адресную помощь нуждающемуся населению и принимать точные меры по ликвидации бедности

警备区 гарнизон

警告 выговор

警戒线 опасные пределы; опасный рубеж

警钟长鸣 бить в набат; подавать сигнал тревоги

净产值 чистая продукция; нетто-продукция

净化心灵 экология души

净资产 нетто-капитал; чистые активы

竞技体育 соревновательный спорт; большой спорт

竞选纲领 предвыборная программа

竞选活动 кампания по выборам; предвыборная кампания

竞选机制 механизм конкуренции; механизм состязательности

竞选演说 предвыборная речь

竞争高地 ключевые сферы конкуренции

竞争力 конкурентоспособность

竞争上岗 конкурентное вступление на служебный пост; конкурс на замещение должности

竞争意识 конкурентное сознание

竞争有序 дисциплинированная (упорядоченная) конкуренция

静坐罢工 сидячая забастовка

静坐示威 сидячая демонстрация

境内外敌对势力 внешние и внутренние враждебные силы

境外旅游收入 доходы от туристов из-за рубежа

境外资金 капитал из-за рубежа; зарубежный капитал

境外资源合作 сотрудничество в освоении зарубежных ресурсов

纠集力量 собирать силы; сколачивать силы

纠偏 устранять перекосы

纠正不正之风 выправлять дурные поветрия; изживать нездоровый стиль; исправить порочный стиль

纠正错误 исправить ошибки

久经考验的干部 испытанный закаленный работник

久经考验的友谊 испытанная дружба

酒厂 заводы по производству вина

酒后驾车 вождение автомобиля в нетрезвом состоянии; вести машину в пьяном состоянии

旧的世界格局 старая архитектоника мира

旧风俗 старые обычаи

旧观念 отжившие представления

旧框框 старые шаблоны

旧思想 старые взгляды; старая идеология

旧调重弹 зады твердить; зады повторять

救国图强 сделать Родину могучей

救护中心 центр медицинской помощи

就地就近转移就业 трудоустройство (кого) по месту проживания либо поблизости от него

就地取材 использовать местные ресурсы и материалы

就其本身来说 взятый сам по себе; в сущности говоря

就其实际说 по существу говоря; в сущности говоря

就任 приступать к обязанностям

就相互关心的广泛问题交换意见 обменяться мнениями по широкому кругу проблем, представляющих взаимный интерес

就业率 уровень занятости

就业面 охват трудоустройством; масштабы трудоустройства

就业培训 профессиональная подготовка с прицелом на трудоустройство

就业情况 ситуация занятости; занятость

就业渠道 каналы трудоустройства

就业人口 занятое население; активное население

就业人数 число занятых; занятость
就业压力 трудоустроительный прессинг; прессинг трудоустройства
就业指导 профессиональная ориентация; профориентация; шефская помощь при выборе работы
就职 вступить в исполнение обязанностей; принять обязанность; приступить к исполнению своих обязанностей
就职演说 инаугурационная речь
居安思危 живя в покое, не забывать об опасностях
居功自傲 кичиться своими заслугами
居留权 право на жительство
居民点 населенные пункты
居民消费结构 структура народного потребления
居民消费水平 потребительский уровень
居前列 вступить в первые ряды
居心不良 нечистая совесть
居心叵测 злонамеренность
居于领先地位 занимать лидирующее положение
居于世界前列 занимать одно из первых мест в мире
居住期限 срок проживания
居住条件 жилищные условия
居住证 вид на жительство
居住状况 ситуация проживания
鞠躬尽瘁,死而后已 служить отечеству до последнего вздоха
局部冲突 локальный конфликт
局部地区 отдельно взятый район; часть районов
局部海域 местные воды
局部和全体的关系 взаимоотношения между частью и целым
局部利益 локальные интересы
局部强势 лидерство в отдельных сферах
局势的演变 круговорот событий
局势风云变幻 изменчивость обстановки; калейдоскоп событий
局势失控 Ситуация выйдет из-под контроля.

举报中心 центр по разбору разоблачительных заявлений
举不胜举 всех не перечислить; неисчислимый
举步维艰 трудно сделать шаг; продвигаться с трудом
举国上下 весь народ; вся страна
举行招待会 устроить прием
举世无双 не иметь себе равных в мире; непревзойденный в мире
举世瞩目 быть в фокусе внимания всего мира; привлекать взоры всего мира; приковать взоры всего мира
举世瞩目的变化 всем миром замеченные перемены
举世瞩目的成就 успехи, привлекшие внимание всего мира
举手表决 голосование поднятием руки
举贤荐能 выдвигать достойных
巨大成功 колоссальный успех
巨大的潜力 огромные возможности; большой потенциал
巨大的石油蕴藏量 колоссальные запасы нефти
巨大的损失 великая утрата
巨大的影响 огромное влияние
巨大的支持 огромная поддержка
巨大功勋 огромные заслуги
巨大空间 большое пространство
巨大力量 громадная сила; титанические силы
巨额赤字 огромный дефицит
巨额利润 сверхприбыль
拒腐防变 не допускать разложения и перерождения; противостоять разложению и перерождению
拒腐防变的能力 способность противостоять загниванию (разложению) и перерождению; иммунитет против загнивания и перерождения
拒腐防变的思想保证 обеспечивать отдательность партийных кадров от разложения и перерождения
拒绝请求 отказать (кому) в просьбе;

отклонить просьбу

拒绝任何解释 отказываться от каких-либо комментариев

拒绝条件 отвергнуть условие

拒签 отказать кому в выдаче визы

具备党员条件 отвечать требованиям, предъявляемым члену партии

具备高尚的道德品质和务实精神 обладать высокими моральными и деловыми качествами

具体步骤 практические шаги

具体情况具体分析 конкретный анализ конкретной ситуации

具体实践 конкретная практика

具体条件 конкретные условия

具体问题 конкретные вопросы

具有不可替代的作用 играть незаменимую роль

具有从属意义 иметь подчиненное значение

具有法律根据 на законном основании; иметь под собой законное основание

具有法律效力 иметь силу закона; иметь юридическую силу

具有紧迫感 осознать актуальность

具有历史意义的会见 историческая встреча; встреча исторического значения

具有民族特色的文化传统 культурные традиции с ярко выраженными национальными особенностями

具有强大的生命力 обладать могучей жизненной силой

具有强烈的生活气息 обладать глубокой жизненностью

具有世界眼光 охватывать взором весь мир

具有世界意义 иметь всемирное значение

具有同等效力 являться равно аутентичными; иметь одинаковую силу

具有一定规模 иметь определенный масштаб

具有重大意义的举动 акт большого значения

具有重要意义 иметь важное значение

据不完全统计 по неполной статистике

据不愿透露姓名的人士透露 по высказыванию лица, пожелавшего остаться неизвестным

据官方人士透露…… из официальных источников стало известно, что...

据官方统计…… по официальным данным

据核实的数据…… по уточненным данным

据可靠消息…… по достоверным сведениям; по сведениям из достоверного источника

据悉…… как известно, ...; как говорят, ...; как сообщают, ...

聚集资金 аккумулировать денежные средства

聚焦 собирать в фокус; фокусировать

聚精会神搞建设，一心一意谋发展 сосредоточенно вести строительство, всем сердцем и помыслами стремиться к развитию

聚居 компактно проживать

聚敛财富 загребать богатства

聚众打砸抢 массовые (коллективные) погромы

聚众斗殴 массовые драки (побоища)

聚众赌博 массовые азартные игры

捐款捐物 вносить материально-денежные пожертвования

捐献 преподнести в дар

捐赠人 даритель

捐助办学 жертвовать на образование; спонсировать просвещение

卷入冲突 быть вовлеченным в конфликт

卷土重来 вернуться для реванша; восстанавливать силы после поражения; снова примчаться, вздымая пыль

决不含糊 недопустима ни малейшая неопределенность

决不能走过场 недопустимо формальное отношение к делу

决策的科学化、民主化 научность и

демократизация решений
决策机构 орган по выработке директив
决策权 право на разработку решения
决策随意性 волюнтаризм в разработке решений
决定力量 решающая сила
决定命运的一步 судьбоопределяющий шаг
决定权 решающее право
决定性步伐 решающий шаг
决定性的意义 решающее значение
决定性的转变 решительный поворот
决定性阶段 в решающую стадию
决定性因素 решающий фактор
决定意义的第一步 первый решающий шаг
决定因素 решающий фактор
决定中国命运的关键选择 ключевой выбор, от которого зависит судьба Китая
决算 финансовый отчет; исполнение бюджета
决议 резолюция
决议案 проект резолюции
绝不会坐视不理 ни в коем случае нельзя сидеть сложа руки (в отношении чего)
绝不屈服于任何外来压力 не подчиниться никакому давлению извне; не подчиниться никакому нажиму извне; не гнуться ни под каким-либо нажимом извне
绝大部分 преобладающая часть
绝大多数 абсолютное большинство; подавляющее большинство
绝大多数人的意见 господствующее мнение
绝对保密 держаться в глубокой тайне; совершенно секретно
绝对必要 безусловно обязательный; настоятельная необходимость
绝口不谈 обходить строгим молчанием
绝密 совершенно доверительно; совершенно секретно

军备竞赛 гонка вооружений
军队建设思想 концепция армейского строительства
军队人才培养体系 система подготовки военных кадров
军队装备现代化 модернизация оснащения армии
军费 военные ассигнования; военные расходы; военный бюджет
军工企业 предприятия военной промышленности
军工生产 военное производство
军国主义 милитаризм
军火买卖 торговля оружием
军火商 военные поставщики; военный бизнесмен
军民关系 отношения между армией и народом; отношения между армией и населением
军区 военный округ
军人家属 семьи военнослужащих
军人气概 воинский дух
军事包围 военное окружение
军事部署 военная дислокация
军事冲突 военный конфликт
军事封锁 военная блокада
军事过硬 совершенствовать воинскую подготовку
军事行动 военные действия
军事基地 военная база
军事集团 военный блок; военная группировка
军事卫星 космический спутник военного назначения
军事学院 военная академия
军事训练 боевая выучка
军事预算 военный бюджет
军事院校 военные учебные заведения
军事占领 военная оккупация
军事政变 военный переворот
军衔 воинское звание
军需品 военные запасы
军种 виды вооруженных сил
均等服务 предоставлять равномерные

услуги
均衡发展 равномерное развитие
君子协定 джентльменское соглашение
竣工试车 опытный пуск по завершении строительства
竣工投产 сдать (ввести) в эксплуатацию
竣工验收工作 прием законченных объектов

К

开采能力 возможности добычи ископаемых
开诚布公的气氛 атмосфера откровенности
开诚布公的态度 открытая позиция
开诚布公的谈话 открытая беседа; откровенная беседа
开除党籍 исключить из партии
开创国防和军队现代化建设新局面 создавать новую обстановку в модернизации национальной обороны и вооруженных сил
开创全面开放新局面 создать новую обстановку в виде полной открытости
开创先例 установить перцедент
开创性功勋 заслуги первопроходцев
开动脑筋 заставить свой ум работать; работать головой; шевелить мозгами
开端良好 взять уверенный старт
开发本地资源 осваивать местные ресурсы
开发公司 внедренческая компания
开发国际市场 осваивать международный рынок; выходить на международный рынок
开发海洋资源 освоение богатств океана
开发和推广先进适用技术 разрабатывать и распространять передовые и практически применимые технологии
开发煤田 эксплуатировать (осваивать) угольное месторождение
开发能力 способность к освоению
开发潜力 потенциал освоения
开发区 освоенческая зона; зона освоения
开发式扶贫 помогать бедствующим средствами освоения; организация освоенческих работ, дающих заработок нуждающимся
开发水利资源 эксплуатировать (осваивать) водные ресурсы
开发项目 объекты освоения
开发新产品 осваивать новую продукцию
开发新能源 освоение новых видов энергетических ресурсов
开发新兴产业 осваивать (развивать) новые отрасли
开发油田 разработка нефтяных месторождений
开发与节约并重的方针 курс на освоение и экономию
开发战略 стратегия освоения
开发智力 осваивать интеллектуальные ресурсы
开发资源 эксплуатация ресурсов
开放边界 открыть границу
开放城市 открытый (для внешнего мира) город
开放程度 степень открытости внешнему миру
开放的世界 мир широких сношений
开放的态度 позиция открытости
开放的中国 открытый Китай
开放地带 пояс открытости
开放技术市场 открыть рынок технологий
开放价格 либерализация цен
开放进出口商品经营 отпускать номенклатуру импортно-экспортных товаров
开放粮食收购市场 либерализовать рынок зернозакупок
开放型经济 экономика открытого типа; хозяйство внешней ориентации; экономика, ориентированная на внешние рынки

开放沿海港口城市 открыть приморские портовые города
开放战略 стратегия открытости
开放政策 политика открытости
开国大典 торжества по случаю образования государства
开好局 положить хорошее начало (чему); взять хороший старт; взять уверенный старт; дать хороший старт
开好头 положить добрый почин; положить хорошее место
开后门 открыть черный ход
开户 открывать счет в банке
开火 открыть артиллерийский огонь
开局之年 первый год
开阔眼界 расширять кругозор
开历史倒车 повернуть вспять колесо истории
开绿灯 дать зеленый свет; дать «зеленую улицу»;
开明人士 прогрессивно настроенные лица
开明政策 просвещенная политика
开辟道路 открыть путь; пробивать дорогу
开辟各种渠道 прокладывать многообразные (многоканальные) пути
开辟广阔的远景 открыть широкие перспективы
开辟和疏通渠道 открыть новые и расширять старые каналы
开辟了社会主义事业发展的新时期 положить начало новому периоду в развитии дела социализма
开辟未来 открыть будущее; открыть дверь в будущее; устремлять взор в будущее
开辟新渠道 открыть новые каналы
开辟一条新路 открыть новый путь; проторить новую дорогу; прокладывать новый путь
开辟战场 открыть фронт
开辟资源 мобилизация ресурсов
开始阶段 начальная стадия

开拓创新 совершить первопроходство и заниматься инновацией
开拓奋进、扎实工作 стремление вперед в прилежной работе
开拓广阔空间 образовать новое обширное пространство
开拓国际市场 пробиваться на международный рынок
开拓进取 продвигать дело вперед; проторять пути вперед; первопроходческое продвижение
开拓精神 творческая инициатива
开拓前进 развернуть широкое наступление
开拓市场 осваивать рынок; выходить на рынок; вступить на рынок; развивать рынок; расширять рынок
开拓新的合作领域 открыть новые сферы сотрудничества
开拓新的生产门类 создавать новые отрасли производства
开拓新技术 осваивать новые технологии
开拓新视野 открывать новые горизонты
开拓资金市场、技术市场 создавать фондовый рынок и рынок технологий
开小差 бегство от отряда; дезертировать
开源节流 изыскать новые источники финансирования и сократить расходы; изыскивать новые источники финансовых поступлений и сокращать расходы
开展爱国卫生运动 развертывать патриотическое движение за гигиену и санитарию
开展大病医疗保险试点 начать эксперимент с введением медицинского страхования на случай серьезных заболеваний
开展工作 развернуть работу
开展节能技术改造 внедрение энергосберегающих технологий
开展科技攻关 развертывать штурм научно-технических рубежей

K

开展项目清理工作 развернуть учет расходов по статьям

开展新型农村社会养老保险试点 развернуть эксперимент с введением нового типа сельского социального страхования по старости

开展移风易俗活动 развертывать мероприятия по изменению обычаев и нравов

开展营业税改征增值税试点 развернуть эксперимент с заменой налога с оборота налогом на добавленную стоимость

开足马力 полным ходом; на полную помощь

勘察设计 проектно-изыскательские работы

勘界议定书 Протокол о демаркации границы

看得见的利益 зримые выгоды

看法一致 сойтись взглядами

看好自己的门，管好自己的人 сторожить свои врата, контролировать своих людей

看守所 дом предварительного заключения

抗旱保丰收 борьба с засухой и неурожаем и получение хорошего урожая

抗洪防台风 борьба с наводнением и тайфуном

抗洪救灾 борьба с наводнениями и помощь пострадавшим

抗击……的斗争取得重大胜利 одержать огромную победу в борьбе с кем-л.

抗日根据地 опорные базы сопротивления японским захватчикам

抗议书 меморандум протеста

抗议照会 нота протеста

抗灾能力 сопротивляемость стихийным бедствиям

考查和识别干部 проверять и оценивать работников

考察任命 послеаттестационное назначение

考古发掘 археологические раскопки

考核 проводить строгую проверку

考核办法 методы аттестации

考核评价 аттестация и оценка

考核指标 проверять показатели

考核制度 система аттестации

考虑大局 учитывать общие задачи; учитывать ситуацию в целом; учитывать интересы общего

靠天吃饭 зависимость питания от небес; питаться по воле небес

苛捐杂税 обременительные поборы; непосильные налоги и поборы

科技、教育兴农 поднимать сельское хозяйство средствами науки, техники и просвещения

科技成果产业化 внедрение научно-технических достижений в сферу производства; промышленное освоение научно-технических достижений; коммерциализация научно-технических достижений; коммерциализация достижений науки и техники

科技成果工程化 инженерное оформление научно-технических достижений

科技成果商品化 коммерциализация научно-технических достижений

科技成果市场化 маркетизация достижений науки и техники

科技成果向现实生产力转化 трансформация научно-технических достижений в реальные производительные силы; превращение научно-технических достижений в реальную производительную силу

科技创新体系 система научно-технического новаторства

科技创新战略计划 стратегический план научно-технической инновации

科技队伍 научно-технические силы; армия научно-технических кадров

科技发展前沿 передовые рубежи научно-технического развития

科技高峰 вершины науки и техники

科技攻关 выйти на передовые рубежи науки и техники; овладеть твердыней науки и техники; штурмовать крепость науки и техники

科技界 научно-технические круги

科技进步成果 достижения научно-технического прогресса

科技课题 научно-технические проблемы

科技领军人物 научно-технические лидеры

科技强军 повышать боеспособность армии за счет науки и техники

科技文化卫生三下乡 три похода на село: поход науки и техники, поход культуры и поход здравоохранения

科技项目 научно-технические темы

科技新成就 новое слово науки и техники; последнее слово науки и техники; новые научно-технические достижения

科技信息 научно-техническая информация

科技兴国 подъем страны силами науки и техники

科技兴农 подъем сельского хозяйства средствами науки и техники

科技意识 научно-техническое сознание

科技园区 технопарк

科教兴国 модернизация страны за счет науки, техники и просвещения; процветание Родины за счет достижений науки и распространения образования; развитие страны за счет научно-технического прогресса и повышение уровня образования

科学的分类管理体制 научно обоснованная система дифференцированного управления

科学的结论 научное заключение; научный вывод

科学发展观 научная концепция развития

科学分析一切新机遇新挑战 научно анализировать все новые шансы и новые вызовы

科学机构 научно-исследовательские учреждения

科学技术进步奖 премия за научно-технический прогресс

科学技术整体实力不断增强 Общие мощи науки и техники непрерывно укрепляются.

科学精神 научность; научный дух

科学决策 давать научные обоснованные установки

科学决策和处理实际问题的能力 способность к научной разработке решений и разрешению практических проблем

科学决策制度 порядок научной разработки решений

科学理解 научное понимание

科学立法 правотворчество на научных началах

科学论证 научное обоснование

科学判断 научное прогнозирование

科学热 живой интерес к науке; бум науки

科学实验 научное экспериментирование; научный эксперимент

科学素养 научная подготовленность

科学态度 научный подход

科学文化水平 научный и культурный уровень

科学文化素质 уровень научных и общеобразовательных знаний

科学文化知识 знания в области науки и культуры

科学务实 научная деловитость

科学研究 научное исследование

科研成果 результаты научных исследований

科研成果的有偿转让 возмездная передача достижений научных исследований

科研所 научно-исследовательский инс-

K

титут (НИИ)
科研项目 темы научных исследований
科研中心 научно-исследовательские центры
颗粒物污染 загрязнение взвешенными частицами
可比产品成本 сопоставимая себестоимость продукции
可比价格 сопоставимая цена; сравнимая цена
可比口径 по сопоставимым статьям
可比性 сравнимость; сопоставимость
可变税率 гибкий тариф
可持续发展战略 стратегия обеспечения продолжительного развития
可兑换的货币 конвертируемая валюта
可行性论证 технико-экономическое обоснование
可行性研究 исследование осуществимости; определение практической осуществимости
可靠保证 верная гарантия; вернейшая порука
可靠数据 достоверные данные
可靠消息 сообщение из достоверных источников
可靠资料 проверенные данные
可控投资 контролируемые капиталовложения
可信度 персуазивность
可疑物品 подозрительный предмет
可以预见的风险 предсказуемые риски
可用废料 возвратные отходы
可再生能源 возобновляемые источники энергии
可支配收入 доходы, находящиеся в непосредственном распоряжении; доходы, за вычетом налогов; доходы в чистом виде; доходы после уплаты налога и сборов
克服时艰 преодолеть существующие трудности
克服危机 преодолеть много трудностей
克己奉公 беззаветно служить общему делу; самозабвенно служить общему делу

克扣 удерживать в свою пользу
克隆 клонировать; клонирование
克勤克俭 трудолюбие и бережливость
克制态度 сдержанность; хладнокровие; сдержанное отношение
克制一切私欲 обуздать все эгоистические желания и страсти
刻不容缓 не терпеть отлагательства
刻苦自学 упорно заниматься самообразованием
刻意追求 стремиться специально (к чему)
恪守……立场 твердо стоять на позиции (чего)
恪守不渝 беспрекословно выполнять что-л.
恪守国际法 строгое соблюдение международного права
恪守诺言 верный своему слову
恪守文件的精神和文字 неукоснительно соблюдать дух и букву документа
恪守一个中国的政策 приверженность политике одного Китая
恪守原则 строго соблюдать принцип
恪守中立 строго придерживаться нейтралитета
客观标准 объективные критерии
客观的分析 объективный анализ
客观的结论 объективное заключение
客观规律 объективная закономерность; объективные законы
客观过程 объективный процесс
客观经济规律 объективные экономические законы
客观实际 объективная действительность
客观世界 объективный мир
客观态度 объективный подход
客观条件 объективные условия
客观现实 объективная реальность; реальная действительность
客观要求 объективное требование; объективная потребность
客观因素 объективный фактор

客观原因 объективная причина
客观真理 объективная истина
客户服务部 абонентный отдел; сервис-центр
客座教授 приглашенный профессор
课程设置 учебный план
课程体系 система учебных занятий
肯定成绩 отдать должное успехам
肯定的答复 положительный ответ; утвердительный ответ
肯定的结论 положительное заключение
肯定的评价 положительная оценка
空白点 белое пятно; пробел
空白学科 отсутствующая научная дисциплина; научная дисциплина, являющаяся белым пятном
空白支票 чековый бланк; бланк чека
空洞词句 пустая фраза; словесная вода; ничего не выдерживающие фразы
空洞计划 прожектерство; пустопорожний план
空话 пустая болтовня; пустое фразерство; пустозвонство
空气污染 загрязнснис воздуха
空气质量标准 стандарты качества воздуха
空前的变化 небывалые перемены
空前的成功 неслыханный успех
空前的高度 невиданная высота
空前高涨 небывалый подъем
空前强大 беспримерно мощный
空前团结 сплотиться больше, чем когда бы то ни было; небывалая сплоченность
空前增长 неслыханный рост
空谈 пустые слова; пустые фразы; бессодержательная фраза
空天技术 авиакосмонавтика
空头许诺 кормить завтраками
空头支票 безденежный чек; безвалютный чек; пустые посулы
空闲地 пустопорожние склоны
空运 воздушные перевозки; авиаперевозки; перевозки по воздуху
空中走廊 воздушный коридор
孔子学院 Институт имени Конфуция
恐怖活动 террористическая деятельность; террористический акт; теракт
控制贷款发放 контролировать выдачу кредитов
控制固定资产投资规模 ограничить объем капиталовложений в основные фонды
控制货币发行量 ограничить выпуск денежных знаков; контролировать объем денежной эмиссии
控制货币供应量 контролировать размеры выпуска денег в обращение
控制疾病的发生和蔓延 контролировать возникновение и распространение болезни
控制集团消费 ограничивать коллективное потребление
控制建设规模 контролировать масштабы строительства
控制局势 контроль над событиями; овладеть положением
控制力 контролирующая роль
控制人口数量 ограничивать численность населения
控制人口增长 сдерживать рост населения
控制通货膨胀 сдерживать инфляцию
控制温室气体排放 снижение выбросов парниковых газов
控制主要污染物的排放 контролировать выброс главных видов вредных веществ
控制资源 контролировать ресурсы
控制总规模 сдерживать общие масштабы
口岸 контрольно-пропускные пункты
口蹄疫 ящур
口头表决 голосование ответом «да» или «нет»; открытое голосование
口头交涉 устное представление
口头警告 выговор без занесения (в

K

личное дело)

口头抗议 протест в устной форме; устный протест

口头声明 словесное заявление; устное заявление

口头协议 устное соглашение; устная договоренность

扣除价格因素 за вычетом ценового фактора; за вычетом фактора цен

扣留走私货物 задержать контрабандные товары

扣上帽子 наклеивать (на кого) ярлык

扣押货物 наложить арест на товары; задержать товары

苦干加巧干 сочетать упорство с умением

苦难历程 период страданий (бедствий; невзгод)

库存 складские запасы; наличный запас

库存积压 залеживаться на складах, затоваривание складов

库存总量 общий объем складских запасов

夸大事实 утрировать факт

夸大阴暗面 утрировать теневую сторону

夸大作用 преувеличить значение; преувеличить роль

垮掉 потерять крах; рухнуть

垮掉的一代 битое поколение; отрешенное поколение

垮台 сойти со сцены; потерпеть фиаско; потерпеть крах; провалиться

跨地区经营 межрегиональная экономическая деятельность; межрегиональное хозяйствование

跨国并购 транснациональное слияние и покупка компаний

跨国犯罪活动 транснациональная преступная деятельность

跨国贩毒 транснациональный наркобизнес

跨国公司 межнациональная компания; транснациональная корпорация

跨国经营 транснациональное предпринимательство (хозяйствование)

跨国企业集团 транснациональное объединение предприятий

跨行业、跨地区发展 межотраслевое и межрегиональное развитие

跨境电商平台 трансграничная электронная торговая площадка

跨境犯罪 трансграничные преступления

跨境贸易 трансбордерная торговля

跨境贸易人民币结算 юаневые расчеты в трансграничной торговле

跨境自由贸易区 трансграничная зона свободной торговли

跨年度工程 переходное строительство; переходящая стройка

跨上新台阶 подняться на новую ступень

跨越式发展 скачкообразное развитие; рывок в развитии; развитие рывками

快车道 скоростная автомагистраль

快递 экспресс-доставка

快速发展 стремительное развитие

快速发展轨道 траектория быстрого развертывания

快速反应 быстрое реагирование

快速反应部队 силы быстрого развертывания

快速反应能力 способность быстро реагировать

会计师事务所 бухгалтерская контора

宽带用户 пользователь широкополосной сети

宽待俘虏 великодушное обращение с военнопленными

宽松的环境 благоприятные условия; непринужденная атмосфера

宽松的货币政策 эластичная денежная политика

旷日持久的战争 затянувшаяся война

矿产开发的广阔前景 обширные перспективы освоения минеральных ресурсов

矿区 районы залегания полезных ископаемых; угольный бассейн

矿山设备 горношахматное оборудование

矿物肥料 минеральное удобрение

框架协议 рамочное соглашение; рамочный договор

亏损补贴 дотации на покрытие убытков

亏损额 размеры убытков

亏损企业 убыточные предприятия

亏损企业扭亏增盈 санация убыточных предприятий

亏损严重 убыточность серьезная

亏损总额 общая сумма убытков

傀儡政权 марионеточные власти

困难和挑战 затруднения и вызовы

困难家庭 нуждающаяся семья

困难群体 категория нуждающихся лиц

扩大成果 умножать плоды

扩大出口创汇 увеличить приток иностранной валюты за счет экспорта

扩大储蓄存款 увеличение вкладов в сберкассах

扩大党的群众基础 ширить свою массовую базу

扩大低碳试点 ширить эксперимент по снижению выбросов углерода

扩大对外交流 расширять обмен с заграницей

扩大对外开放程度 расширять масштабы открытости внешнему миру

扩大共同利益的汇合点 приумножать точки соприкосновения общих интересов

扩大供给 увеличить предложение

扩大广播和电视的覆盖率 расширять радио и телеохват населения

扩大合作领域 расширять области сотрудничества

扩大交流交往 ширить взаимный обмен и общение

扩大教育面，缩小打击面 ширить сферу воспитания и уменьшать сферу карательных акций

扩大接触与合作 расширять контакты и сотрудничество

扩大开放 расширять открытость

扩大开放领域 увеличить открытые сферы; ширить сферу открытости

扩大劳动积累 расширение вложения живого труда

扩大谅解范围 расширять поле взаимопонимания

扩大旅游产业的投资 увеличение инвестиций в индустрию туризма

扩大内需方针 курс на расширение внутреннего спроса

扩大农村危房改造试点 распространение эксперимента с перестройкой аварийных домов на селе

扩大品种 расширять ассортимент

扩大企业自主权 расширение границ самостоятельности предприятия

扩大权限 расширять полномочия

扩大人员往来 расширить людские контакты

扩大商品流通 ширить товарное обращение

扩大事态 осложнять обстановку

扩大试点 расширять экспериментирование

扩大视野 расширить кругозор

扩大再生产 расширенное воспроизводство; расширять воспроизводство

扩军备战 наращивание вооружений и военные приготовления

扩张野心 экспансионистские устремления

扩张主义 экспансионизм

阔步前进 широким шагом пойти по пути

L

垃圾无害处理 обезвреживание отходов
拉帮结伙 групповщина
拉动经济增长 подталкивать (стимулировать) экономический рост
拉动力 движущие силы
拉动作用 роль стимулирования
拉关系，走后门 завязывать знакомства (связи), пользоваться черным ходом
拉开档次 расширять градацию; усиливать дифференциацию
拉拢腐蚀 приманивать и развращать
拉选票 ловить голоса избирателей
拉闸限电 отключать ток для уменьшения расхода электричества
来回票 ретурный билет; билет туда и обратно
来料加工 работа на давальческих материалах; обработка материалов, предоставляемых партнерами
来信来访 жалобы, поступающие в письменной и устной формах
来之不易的安定团结的政治局面 нелегко достигнутая политическая обстановка стабильности и сплоченности
来自人民群众 из гущи народа
来自四面八方的冲击波 удары со всех сторон
来自下面的批评 критика, идущая снизу
拦路虎 препятствие на пути
拦截导弹 ракета-перехватчик
蓝颜 мужчина-друг
烂摊子 свалка; расстроенное хозяйство
烂尾楼（工程） незавершенка; брошенка
滥发贷款 напропалую раздавать кредиты (кредитовать)
滥发文凭 беспорядочная выдача дипломов
滥用耕地建房 самовольно занимать пахотные земли под жилищное строительство
滥用职权 злоупотреблять властью; злоупотреблять служебным положением
滥支滥用 произвольно ассигновать и произвольно тратить
狼子野心 волчья алчность
浪费 расточительство; транжирство
浪费资源 транжирить (разбазаривать) ресурсы
捞到好处 погреть руки (на чем); заполучить личную выгоду
捞钱 загребать деньги
捞取政治资本 нажить политический капитал
捞一把 извлечь для себя выгоду; погреть руки; сорвать куш
劳动保护 охрана труда
劳动保险制度 система трудового страхования
劳动报酬 трудовое вознаграждение; вознаграждение за труд
劳动冲突 трудовые конфликты
劳动改造 трудовое перевоспитание
劳动合同 трудовой договор; трудовой контракт
劳动积累 накопление труда
劳动纪律 дисциплина труда; трудовая дисциплина
劳动力合理流动 рациональное перемещение рабочей силы; рациональная миграция рабочей силы
劳动力剩余 излишки рабочей силы; избыточная рабочая сила
劳动力市场 рынок труда; рынок рабочей силы
劳动力输出 отток рабочей силы; экспорт трудовых услуг
劳动密集型产品 трудоемкие продукции; трудоемкие изделия

劳动密集型产业 трудоемкие отрасли
劳动模范 отличник (ударник) труда
劳动强度 интенсивность труда
劳动群众 трудящиеся массы
劳动态度 отношение к труду
劳动争议 трудовой спор
劳动制度 система труда
劳动致富 добиться зажиточности своим усердным трудом; нажить состояние своим усердным трудом
劳动仲裁 трудовой арбитраж
劳民伤财 (на что) зря идут людские и финансовые ресурсы; разбазаривать рабочую силу и денежные средства; изнурять народ и истощать финансы
劳务出口 экспорт трудовых услуг
劳务合作 сотрудничество в оказании трудовых услуг; сотрудничество в сфере трудовых услуг
劳务市场 биржа труда; рынок услуг; рынок труда; рынок рабочей силы; рынок трудовых услуг
劳务输出 экспорт трудовых услуг
劳务质量 качество трудовых услуг
劳心者治人，劳力者治于人 Работающие умом управляют людьми, работающие мышцами управляются людьми.
劳资关系 отношения между трудом и капиталом; отношения между рабочими и капиталистами; отношения между рабочими и предпринимателями; отношения между рабочими и работодателями
劳资争议 споры между рабочими и капиталистами; споры между рабочими и предпринимателями; споры между рабочими и работодателями
牢记在心中 держать (что) в глубине сердца; хранить в сердце
牢牢把握大局 крепко держать в руках общую обстановку
牢牢把握发展的主动权 прочно удерживать инициативу в обеспечении развития
老大难问题 старые, большие и трудно разрешимые вопросы; наболевшие вопросы; проклятый вопрос
老党员 ветеран партии
老干部活动中心 клуб кадровых работников-пенсионеров; клуб ветеранов
老革命 ветеран революции
老革命根据地 бывшие революционные опорные базы
老工业基地 старая промышленная база
老化僵化 старение и косность; старость и ретроградство
老化失修 старение и ветхость
老龄化 тенденция старения населения
老龄人口 люди преклонного возраста
老龄事业 служба заботы о престарелых
老路 старая практика
老年人口 население старших возрастов
老年问题 проблемы престарелых
老企业技术改造 техническая реконструкция старых предприятий
老生常谈 общие фразы; старая песня
老调重弹 завести волынку; заводить шарманку
老一代革命家的优良作风 славные традиции старшего поколения революционеров
老有所为 Престарелым есть чем заняться.
老中青干部 кадровые работники старшего, среднего и молодого поколений
老中青三结合的原则 принцип соединения кадров из лиц старшего, среднего и молодого поколений
老资格 человек с большим стажем; ветеран
累计对外直接投资 общий объем прямых инвестиций в зарубежные объекты
累计工业总产值 валовая промышленная продукция
冷链物流建设 развитие низкотемпературной логистической цепи
冷战 холодная война

离退休人数 число пенсионеров
离退休人员 персонал, вышедший на пенсию; пенсионеры
离职人员 оставивший службу; уволившийся с работы
礼宾司 протокольный отдел
礼宾仪式 протокольная церемония
礼节性的应酬 протокольные любезности
礼节性访问 протокольный визит; визит вежливости
理财 упорядочивать финансы
理解事物的本质 ухватить суть вещей
理论创新 теоретическая инновация
理论联系实际 сочетание теории с практикой; увязка теории и практики; увязка теории с действительностью
理论体系 теоретическая система
理论脱离实际 отрыв теории от практики
理论武器 теоретическое вооружение
理论武装 теоретическая вооруженность
理论修养 теоретическая подготовка
理论与实践相结合 сочетание теории с практикой
理想化 идеализировать
理想建设 формирование идеалов
理想境界 идеальный мир
理想信念 идеалы и убеждения
力不从心 Видит око, да зуб неймет; Хочется, да не можется; Сила не поспевает за желаниям.
力量源泉 источник энергии; источник силы
力求实际 стремиться к осуществлению
力求统一 стремиться к единству
力所能及的帮助 посильная помощь
力所能及的工作 работа в меру сил
力挽狂澜 устоять перед разбушевавшейся стихией
历经千辛万苦 пережить лишения и страдания
历史、现状和未来 прошлое, настоящее и будущее; вчера, сегодня и завтра

历史背景 исторический фон
历史必然之路 исторически обусловленный путь
历史潮流 историческое течение; ход исторического развития; течение истории
历史潮流不可阻挡 течение истории не остановить
历史的必然（性） историческая необходимость; историческая неизбежность
历史的裁决 вердикт истории
历史的车轮 колесо истории
历史的创造者 творец истории
历史的倒退 исторический регресс
历史的责任 историческая ответственность
历史地位 историческая роль; место в истории
历史发展的必然趋势 неизбежное направление исторического развития
历史发展的规律 законы исторического развития
历史范畴 историческая категория
历史赋予的责任 возложенная историей важная миссия
历史功绩 историческая заслуга
历史关头 исторический рубеж; исторический момент
历史教训 исторический урок
历史阶段 исторический период
历史结论 исторический вывод
历史进程 историческая поступь; исторический процесс
历史经验 исторический опыт; урок прошлого
历史人物 исторические фигуры; историческая личность
历史上光辉的一页 блестящая страница в истории
历史上罕见的 редкий в истории; редко встречающийся в истории
历史上空前未有的创举 небывалое в истории начинание; беспрецедент-

ный в истории почин
历史上最高水平 максимальный уровень, достигавшийся в прошлом; рекордно высокий уровень в истории
历史使命 историческая миссия; историческое призвание
历史事件 историческое событие; исторический инцидент
历史事实 исторические факты
历史条件 исторические условия
历史唯物主义 исторический материализм
历史文化遗产 культурное наследие прошлого
历史文物 исторические культурные ценности; исторические памятники
历史问题 проблемы, оставшиеся от прошлого; исторический вопрос
历史舞台 историческое поприще; историческая арена; историческая сцена
历史形成的 исторически сложившийся
历史性变化 перемены исторического значения; исторические перемены
历史性步伐 исторический шаг
历史性成就 исторические успехи
历史性的变革 исторический переворот
历史性的选择 исторический выбор
历史性的作用 историческая роль
历史性飞跃 исторический взлет
历史性转变 исторический перелом
历史性转折 исторический поворот
历史悬案 исторически нерешенный вопрос; нерешенный вопрос в истории
历史遗留的问题 оставшиеся от прошлого проблемы
历史悠久的文明古国 древняя цивилизованная страна с длительной историей
历史原因 исторические причины
历史长河 длительный исторический процесс

历史重任 важная историческая миссия
厉行节约，反对浪费 блюсти экономию, бороться с транжирством
立案 принятие дела к производству
立党立国的根本指导思想 коренная руководящая идеология, лежащая в основе партии и государства
立党为公 создавать партию во имя общих интересов (во имя общего дела)
立党之本 Фундамент, на котором зиждется партия.
立法、监督职能 законодательный и контрольные функции
立法工作 законодательная работа
立法机关 государственные законодательные органы
立法基础 законодательная база
立竿见影 получить немедленный результат; поставив шест, увидеть тень
立国之本 основа основ государства; краеугольный камень государства; устои государства
立即离境 немедленно покинуть страну
立即停止一切损害中国主权的行为 немедленное прекращение действий, посягающих на суверенитет Китая
立了很大功劳 иметь большие заслуги; совершить великие подвиги
立体交通网 пространственная транспортная сеть
立体往来格局 вертикальная схема (конфигурация) общения
立下伟大功勋 совершить великие подвиги
立宪会议 учредительное собрание
立于不败之地 сделаться неуязвимым (букв.: занять позицию непобеждаемого)
立志 задаться целью
立志成为有理想、有道德、有文化、有纪律的社会主义现代化建设事业的合格人才 стремиться стать целеустремленными, воспитанными, культурными,

дисциплинированными, достойными продолжателями дела социалистических модернизаций
立志建设 задаться целью строить
立足 базироваться (на чем)
立足本地优势 базироваться на собственных преимуществах
立足本国, 面向世界 стоять на реальной почве своей страны и в то же время быть обращенным лицом ко всему миру
立足本国国情 исходить из реалий собственной страны
立足当前, 着眼未来 сосредоточившись на настоящем, глядеть в будущее
立足民族平等 на основе (с позиций) национального равенства
立足以质取胜 опираться на качество для достижения победы
立足于自己的优势 базироваться на собственных преимуществах
立足中国, 放眼世界 стоя на китайской почве, охватывать взором весь мир
励精图治 воодушевлено работать на благо Родины; стремиться к подъему Родины, отдавать силы на благо страны
利弊 минусы и плюсы; все «за» и «против»
利害冲突 столкновение интересов
利率 процентная ставка
利润总额 общая сумма прибыли
利税分流 разделять прибыль и налоги
利为民所谋 Все блага создаются для народа.
利益冲突 конфликт интересов; столкновение интересов
利益的忠实代表 верный выразитель интересов
利益格局 архитектоника интересов
利益共享, 风险共担 сообща извлекать выгоду и сообща рисковать; общая прибыль и общий риск
利益关系 отношения интересов

利益关系的调整 регулирование отношений интересов
利益观 точка зрения интересов (выгоды)
利益汇合点 точки соприкосновения общих интересов
利益集团 группа интересов
利益均沾 соучастие интересов
利益群体 группы заинтересованных; заинтересованные группы людей
利用······平台 использовать как платформу
利用当地资源 задействовать местные ресурсы
利用国外资金 использовать зарубежный капитал
利用客观经济规律 использовать объективные экономические законы
利用率 коэффициент пользования
利用矛盾 пользоваться противоречиями
利用潜力 задействовать потенциал
利用权力 использовать право
利用权威 использовать авторитет
利用人力、物力和财力 использовать людские резервы, материальные ресурсы и финансы
利用人事权、司法权 использование права на размещение кадров, судебной власти
利用外资 использовать зарубежный капитал (зарубежные инвестиции)
利用外资水平进一步提高 продолжать повышать уровень использования иноинвестиций
利用文化手段 применять средства культуры
利用影响 использовать влияние
利用职权谋取私利 корыстно использовать служебное положение
利用资源 использовать богатства
例行代表大会 очередной съезд
例行公事 выполнить формальность для формальности
例会 очередная сессия; очередное сове-

щание; очередное заседание; очередное собрание
隶属关系 отношения подчиненности
连带责任 солидарная ответственность
连接的纽带 приводной ремень, связывающий (кого-что с кем-чем)
连年丰收 несколько урожайных лет подряд
连锁店 цепь магазинов; фирменные магазины
连锁反应 цепная реакция
连锁经营 торговая цепочка; цепь предприятий; хозяйствование по цепочке, фирменная торговля
连续工龄 непрерывный стаж работы
连续任职不得超过两届 занимать свой пост не более чем два срока подряд
连续性和稳定性 последовательность и стабильность
连选连任 быть избранным на пост вторично; быть переизбранным на пост
联邦主体 субъект федерации
联合罢工 объединенная забастовка
联合办学 совместно создавать учебные заведения
联合部队 коалиционные войска
联合大企业 объединение крупных предприятий
联合对外 совместные действия во внешних сношениях
联合工作组 объединенная рабочая группа
联合公报 совместное коммюнике
联合国安理会 Совет Безопасности ООН
联合国安理会常任理事国 постоянные члены Совета Безопасности ООН
联合国大会 генеральная ассамблея ООН
联合国大厦 Штаб-квартира ООН
联合国世界妇女大会 Всемирный конгресс женщин под эгидой (патронажем) ООН
联合国工业发展组织 Организация ООН по промышленному развитию (ЮНИДО)
联合国环境和发展大会 Конференция ООН по окружающей среде и развитию
联合国经济及社会理事会 Экономический и социальный совет ООН (ЭКОСОС)
联合国粮食及农业组织 Продовольственная и сельскохозяйственная организация ООН (ФАО)
联合国贸易与发展大会 Конференция ООН по торговле и развитию (ЮНКТАД)
联合国人权委员会 Комиссия ООН по правам человека
联合国维持和平部队 Войска ООН по поддержанию мира; «голубые каски»
联合国宪章 Устав ООН
联合行动 совместные действия
联合声明 совместное заявление
联合政府 коалиционное правительство
联合执行协调一致的政策 проводить общую, согласованную линию
联户办企业 совместные предприятия крестьянских дворов
联手 общими силами
联系群众 держать связь с массами; поддерживать тесную связь с массами; связь с народом
联谊会 братство; община; содружество
联运 смешанное сообщение; прямое сообщение
廉价原料产地 источник дешевого сырья
廉洁从政 бескорыстное исполнение административных обязанностей (функций)
廉洁奉公 быть неподкупным и честным; быть честным и неподкупным в исполнении своих служебных обязанностей; неподкупность и преданность общему делу
廉洁工作 работа по обеспечению не-

подкупности аппарата

廉洁政治 честность и бескорыстие государственной администрации

廉洁自律 честность, бескорыстие, самодисциплина; быть честным, бескорыстным и требовательным к себе

廉政建设 строительство неподкупного аппарата; неподкупность и преданность общему делу

廉租房 квартиры для сдачи в аренду по доступным ценам; недорогое съемное жилье

链条中最弱的一环 наиболее слабое звено в цепи

良好的发展态势 хорошая ситуация развития

良好的反应 положительный отзыв

良好的国际环境 благоприятная международная среда

良好的经济环境 благоприятная экономическая среда

良好的开端 добрый старт; хорошее начало

良好的外部环境 благоприятная внешняя среда

良好风尚 здоровая атмосфера

良好关系 добрые отношения

良好开局 хорошее начало; положено хорошее начало; хороший старт

良好形象 хороший имидж

良好用心 благие намерения

良性互动 позитивное взаимодействие; благотворное взаимодействие

良性循环 доброкачественный (нормальный) кругооборот; здоровая циркуляция

良种 элитные семена; элитные сорта

良种补贴 дотации на элитные сорта; дотация на элитные семена

良种繁育 распространение элитных (сортовых) семян

粮仓 хлебный амбар

粮价合理回升 восстановление цен на зерно до рационального уровня

粮库 элеватор

粮棉大县 крупные уезды-производители товарного зерна и хлопка

粮棉流通体制 система обращения зерна и хлопка

粮农 хлебороб; крестьянин-зернопроизводитель

粮区 зерновой район; житница

粮食、棉花、林果、畜牧四大基地建设 строительство большой базы производства продовольствия, хлопка, лесо-садоводству и животноводству

粮食安全 продовольственная безопасность

粮食产量 зерновое производство

粮食产区 зернопроизводящий район; хлеборобная область; житница

粮食储备 продовольственные запасы; запасы продовольствия; резервы зерна

粮食库存 продовольственные резервы (запасы)

粮食连年增产 Несколько лет подряд растет производство зерна.

粮食流通市场化 маркетизация (внедрение рыночного принципа в сферу) зернообращения

粮食品种结构 структура зернового ассортимента

粮食企业 зернообрабатывающее предприятие

粮食生产 производство зерна

粮食收储 прием зерна на хранение

粮食收购 зернозакупки

粮食政策性补贴 дотации по зерновой политике; дотации по зерну директивного характера; директивные зерновые дотации

粮食主产区 главные зерновые районы; главные житницы

粮食自给 самообеспечение зерном

粮食总产量 валовой сбор зерна; общий объем производства зерновых

粮食最低收购价 минимальные закупочные цены на зерно

粮食作物 зерновые культуры

粮油仓储 объект для хранения зерновых и масличных культур

粮油交易市场 биржа зерна и растительного масла

粮油物资储备 создание резервов зерна, масла и других материальных ресурсов

两岸"三通"（通邮、通商、通航）три вида связей между берегами тайваньского пролива (почтовые, транспортные, торговые)

两岸关系 отношения между двумя берегами (Тайваньского пролива)

两岸人员往来 персональное общение берегов Тайваньского пролива

两岸政党交流 межпартийное общение берегов Тайваньского пролива

两步走 пройти две фазы

两弹一星 разработка атомной, водородной бомб и искусственного спутника земли

两国关系出现了解冻趋势 Появилась тенденция оттепели в двухсторонних отношениях.

两极分化 поляризация; расслоение (общества)

两极格局 биполярность; биполярная структура; двухполюсная архитектоника

两审终审制 двухинстанционная судебная система

两手抓、两手都要硬 действовать двумя руками, и обеими крепко; одновременно и одинаково интенсивно подтягивать оба звена

量变到质变 переход количества в качество

量力而行 действовать соразмерно своим возможностям; производить по мере сил и возможности; делать с должным учетом реальных возможностей

量入为出 соразмерять расходы с доходами; соизмерять расходы с дохода-

ми

了解彼此的立场 взаимное понимание позиций друг друга

了解情况 ознакомиться с обстановкой

了解头绪 войти в курс дела

了解细节 вникать в детали дела

了如指掌 знать как таблицу умножения; видный как на ладони

列入版图 входить в состав страны

列入成本 включить (зачислить) в себестоимость

列入纲要 включить в программу

列入国家级旅游景区 внести в список достопримечательностей государственного значения

列入会议的议事日程 внести в повестку дня заседания

列入名单 занести в список

列入日程 включить в повестку дня

列席 присутствовать; участвовать с правом совещательного голоса

烈士公墓 братская могила павших героев

烈士家属 семьи павших героев

临床试验 клинический опыт

临界点 критическая точка

临近年终 на исходе года

临时存储粮油库存 временное складирование зерновых и масел

临时办事处 съемный офис

临时部队 временные силы

临时措施 временные меры

临时代办 временно поверенный в делах

临时动议 внеочередное предложение

临时工 временный рабочий; поденщик

临时建筑 преходящее строительство; временное строительство

临时内阁 временный кабинет

临时政府 временное правительство

灵活措施 гибкие меры

灵活就业人员 лица гибкого трудоустройства

灵活就业形势 гибкие формы трудоустройства

灵活审慎的调控方式 курс на гибкое и осмотрительное регулирование и контролирование

灵活用工方式 гибкие формы найма рабочих

灵活政策 гибкая политика

凌驾于党组织之上 ставить себя над партийной организацией

凌驾于法律之上的特权 привилегия быть выше закона

凌驾于群众之上 ставить себя над массами

凌驾于人民之上作威作福 самодурствовать, встав над народом

凌驾于社会之上 вознестись над обществом

零部件元器件 детали, узлы и компоненты

零存整取储蓄 накопительный вклад

零关税 нулевая ставка пошлины на товары

零进口关税 нулевая ставка ввозной пошлины на товары

零容忍 нулевая терпимость

零售价格 розничные цены

零用钱 карманные деньги

零增长 нулевой рост

领导班子 руководящий состав; руководящий аппарат; руководящий коллектив

领导不力 слабое руководство

领导地位 руководящее положение

领导方式和方法 формы и методы руководства

领导干部任期制 порядок срока полномочий руководящих кадров

领导岗位 руководящие посты

领导骨干 костяк руководства; руководящий костяк

领导核心 руководящее ядро; руководящее звено

领导机关 руководящие органы

领导力量 руководящая сила

领导能力 способность руководить

领导社会主义事业的核心力量 центральная сила, руководящая делом социализма

领导水平 уровень руководства

领导作用 руководящая роль

领海 территориальные воды

领奖台 пьедестал почета

领军人物 лидеры; вожаки

领空 территориальное воздушное пространство

领事关系 консульские отношения

领土 территория

领土管理权 территориальная подведомственность

领土纠纷 территориальные распри; территориальный спор

领土要求 притязание на территорию; территориальное притязание

领土争端 территориальные споры

领先地位 лидирующее положение; опережающее положение

另行规定 особо устанавливаться

另行通知 известить особо; известить отдельно; известить дополнительно; сообщать дополнительно

另有任用 назначен на другой пост; переведен на другую работу

令行禁止 неукоснительное выполнение приказов и соблюдение запретов; обеспечить неукоснительное исполнение всех указаний и директив

令人吃惊的变化 разительная перемена; удивительные перемены

令人瞩目的成就 успехи, поражающие воображение

留学人员 лица, обучающиеся за границей

留有一定的空间 оставлять определенное пространство

留有余地 не идти на крайность; оставлять себе возможность маневра

流窜作案 совершать преступления, переезжая с места на место

流动人口 мигрирующее население;

текучее народонаселение

流动人员 мигранты

流动资本 оборотный капитал; текучий капитал; движимый капитал

流动资金 оборотные средства

流氓犯罪团伙分子 члены преступных шаек

流水作业 поточное производство

流通环节 промежуточные звенья обращения

流通领域 сфера обращения

流亡政府 эмигрантское правительство; правительство в эмиграции

流血冲突 кровопролитный конфликт

流转税 налог с оборота

六方会谈 Шестисторонние переговоры

六十四字创业精神（解放思想、实事求是、积极探索、勇于创新、艰苦奋斗、知难而进、学习外国、自强不息、谦虚谨慎、不骄不躁、同心同德、顾全大局、勤俭节约、清正廉洁、励精图治、无私奉献） дух зачинательства, сформулированный в 64 иероглифах (раскрепощать сознание, реалистически подходить к делу, вести активные поиски и смело новаторствовать, проявлять упорство в борьбе и отважно идти навстречу трудностям, учиться у зарубежных стран и неустанно стремиться вперёд, быть скромными и осмотрительными, не зазнаваться и не горячиться, руководствоваться интересами общего дела, быть трудолюбивыми и бережливыми, честными и неподкупными, одухотворенно работать на благо страны, бескорыстно внося свою лепту)

龙头企业 головные (ведущие) предприятия

隆重的仪式 торжественная церемония

垄断行业 монопольные отрасли

垄断价格 монопольная цена

陋习 дурная склонность; скверная привычка

漏洞 лазейка; дефект; упущение

陆、海、空三军仪仗队 почётный караул из пехотинцев, моряков и лётчиков

露出马脚 выдать себя с головой

乱罚款 огульно накладывать штраф; произвольно штрафовать

乱砍滥伐森林 беспорядочно вырубать леса; хищническое истребление леса

乱上项目 беспорядочно (бездумно) закладывать объекты

乱收费 неоправданные взносы и поборы; нерациональные денежные сборы

乱用资金 использовать средства не по назначению; беспорядочно расходовать фонды

乱占滥用耕地 самовольный захват пахотных земель и использование их не по назначению

轮流值日 дежурить на ротационной основе

轮训 поочередное обучение

轮训干部 поочередно (посменно) обучать кадры

论功行赏 наградить по заслугам

论资排辈 по стажу и старшинству

罗织罪名 приписывать преступления; обвинять в несовершенных (вымышленных) преступлениях

落到实处 полное претворение в жизнь; практически претворять в жизнь

落后的产能 отсталые производственные мощности

落后的社会生产 отсталое общественное производство

落入圈套 попасть в ловушку

落实到每个单位、每个家庭 доводить до каждой организации и каждой семьи

落实科学发展观 претворять в жизнь научную концепцию развития

落实依法治国基本方略 претворять в жизнь основную стратегию управления государством на правовой основе

落实优惠政策 осуществлять политику преференций

落实责任 назначать ответственных за что-л.

落选 быть забаллотированным; провалиться на выборах

落座 опуститься на стул; занять свое место

旅游产业 индустрия туризма

旅游点 туристические пункты; туристические места

旅游度假区 туристско-курортная зона

旅游服务市场 рынок туристических услуг

旅游开发 освоение туризма

旅游区 туристская зона

旅游热 туристический бум

旅游胜地 живописный туристский район (участок); примечательный район туризма

旅游消费 потребление в сфере туризма

旅游业 индустрия туризма

旅游业蓬勃发展 Бурно развивается туризм.

屡创历史新高 неоднократно достигать нового исторического уровня

屡经磨难 пережить невзгоды (бедствия)

履行国际主义义务 исполнение интернационального долга

履行合同 выполнять контракт

履行合同条件 выполнять условия контракта

履行加入世界贸易组织承诺 выполнять обязательства, связанные со вступлением в ВТО

履行使命 нести миссию

履行条约义务 выполнять обязанности договора

履行职能 исполнение функций

绿卡 зеленая карта; грин-карта (вид на жительство в США)

绿色农业 экологическое земледелие

绿色生态屏障 зеленый экологический заслон

绿色通道 проходимость «зеленой магистрали»

M

马克思主义的思想路线 идеологическая линия марксизма
马克思主义纲领性文件 марксистский программный документ
马克思主义活的灵魂 живая душа марксизма
马克思主义中国化 китаизация марксизма
埋没和浪费人才 хоронить и транжирить таланты
埋头苦干 с головой уйти в работу; самоотверженно работать
买方市场 рынок покупателя
买方信贷 покупательский кредит; кредитование покупателя
买官卖官 купля-продажа служебных постов
买卖婚姻 брак по расчету
迈出坚实的一步 сделать твердый и уверенный шаг
迈出决定性步伐 сделать решающий шаг
迈出了重大的一步 сделать серьезный шаг
迈出新步伐 сделать (предпринять) новые шаги
迈上新的台阶 поднять на новую ступень
卖方市场 рынок продавца
蛮干 биться лбом об стену
蛮横态度 наглая позиция
蛮拼的 весьма отчаянный
瞒案不报,压案不办 замалчивать преступления, уклоняться от расследования дел
满腔热血 с горячим желанием
满员 полная населенность
满足供应 удовлетворять спрос
满足顾客需求 удовлетворять спрос покупателей
满足即得的成就 успокаиваться на достигнутом; довольствоваться достигнутым
满足劳动者日益增长的需求 удовлетворить растущие потребности трудящихся; удовлетворять растущие запросы трудящихся
满足迫切要求 удовлетворить насущные запросы
满足物质需要 обеспечить материальные запросы
满足现状 довольствоваться достигнутым; успокаиваться на достигнутом
满足需求 удовлетворить потребности
满足要求 удовлетворить требование
满足愿望 идти навстречу пожеланию
蔓延到全国 охватить всю страну; распространяться по всей стране
蔓延滋长 расползаться (о дурных нравах)
漫长的共同边界 общая граница большой протяженности
盲目抄袭 слепое заимствование
盲目崇拜西方 слепо преклоняться перед Западом
盲目发展 развиваться вслепую; хаотичное развитие
盲目服从 слепое повиновение
盲目行动 действовать вслепую
盲目建设 строительство вслепую
盲目进口 вслепую импортировать; импорт наобум
盲目竞争 слепая конкуренция
盲目扩大建设规模 бездумное расширение масштабов строительства
盲目乐观 слепо впадать в оптимистические настроения; слепой

M

(безрассудный) оптимизм
盲目模仿 слепое подражание; вслепую копировать
盲目排外 безрассудный отказ от всего иностранного; слепой отказ от всего иностранного; огульно отвергать иностранное
盲目攀比 слепое соперничество
盲目生产 анархичное производство
盲目占用和浪费耕地 беспорядочный захват и разбазаривание пахотной земли
盲目追求过高的速度 безудержное стремление к неоправданно высоким темпам роста
盲目追求增长速度 слепая погоня за темпами роста
盲区 поле невидимости
毛利润 брутто-прибыль; валовая прибыль
矛盾的焦点 фокус противоречий
矛盾升级 эскалация противоречий
矛盾突出 выпуклость противоречий
冒充 рядиться в тогу; притворяться
冒进 забегать вперед
冒生命的危险 поставить жизнь на карту; рисковать жизнью
冒天下之大不韪 наперекор мировой общественности
贸然从事 действовать необдуманно (безрассудно)
贸易保护主义 торговый протекционизм
贸易壁垒 торговый барьер
贸易成本 себестоимость торговых операций
贸易电子平台 площадка электронной торговли
贸易额 объем торгового оборота; торговый оборот
贸易伙伴 торговый партнер
贸易禁令 запрет на торговлю
贸易摩擦 торговые трения; торговые споры
贸易歧视 дискриминация в торговле
贸易顺差 положительное сальдо торговых балансов
贸易顺差有所缩小 сокращать активное сальдо торгового баланса
贸易特惠 торговые льготы (преференции)
贸易投资洽谈会 переговоры по торговле и инвестированию
贸易投资自由化 либерализация торговли и инвестиции
贸易往来 торговый обмен
贸易限额 лимит торговли
贸易兴边 Торговля поднимает приграничье.
贸易战 торговая война
贸易制裁 торговая санкция
贸易中心 торговый центр
没有出路 нет выхода; не сулить ничего хорошего
没有根本的结论 необоснованный вывод
没有顾忌 не ведать страха и сомнений
没有规矩，不成方圆 Без прямоугольника и циркуля не начертишь квадрат и круг.
没有回旋余地 неприемлемы никакие отклонения
没有理由 не иметь оснований
没有任何科学根据 не иметь никаких научных оснований
没有使人失望 не обмануть ожиданий
没有水分 чистой пробы
没有思想准备 идеологически не подготовленный
没有无义务的权利，也没有无权利的义务 нет прав без обязанностей, как и обязанностей без прав
没有销路 не находить сбыта
没有正当理由 без уважительных причин
煤矿棚户区 ветхие дома в районах угольных шахт
煤矿企业兼并重组 работа по слиянию и реорганизации угольных пред-

приятий

煤炭工业建设 строительство угледобывающей индустрии

煤炭开采能力 мощности по угледобыче

煤炭开采总量 общая мощность по добыче угля

每个国家的具体情况 конкретная обстановка в каждой стране

每届任期 срок полномочий каждого созыва

每况愈下 все более ухудшаться; чем дальше, тем хуже

每年至少举行一次 созываться не реже одного раза в год

每平方公里的平均人口密度 средняя плотность населения на 1 кв. км

每一笔钱都花在"刀刃"上 каждый грош тратить с умом

美国有线新闻网 Кабельная информационная сеть США Си-Эн-Эн(CNN)

美国之音 Радиостанция «Голос Америки»

美化侵略史实 приукрашивать исторический факт агрессии

美化侵略战争 приукрашать агрессивную войну

美籍华人 китаец с американским гражданством; американец китайского происхождения

美籍华裔专家 американские специалисты китайского происхождения

美元 доллар США; американский доллар

美元结算 долларовые расчеты; расчеты в долларах США

美元区 долларовая зона

美元与黄金的比价 соотношение доллара и золота

门类比较齐全 сравнительно полные виды

萌芽状态 зачаточное состояние

蒙蔽群众 дезориентировать массы; засорить глаза массам

蒙受损失 претерпеть урон

蒙冤受屈 терпеть незаслуженные обиды

弥补财政赤字 компенсировать бюджетный дефицит

弥补市场失灵 заделывать прорехи, появившиеся в силу бездействия рынка

弥补资金缺口 покрыть дефицит средств

迷失方向 дезориентироваться

靡不有初,鲜克有终 Многие способны начать дело, но мало кто может довести дело до конца.

秘密访问 тайная поездка

秘密会议 закрытое заседание

秘密交易 тайная сделка

秘密谈判 тайные переговоры

秘密途径 тайный ход

秘密外交 тайная дипломатия

秘密协定 тайное соглашение

秘密招标 негласные (закрытые) торги

秘密组织 подпольная организация

秘书长 ответственный секретарь; начальник секретариата, управляющий делами

密切沟通 поддерживать тесные связи

密切关注 зорко следить

密切观察 с неослабным вниманием следить

密切配合 тесная координация

棉花产量 продукция хлопка

免除债务 списать долги

免费过境 беспошлинный транзит

免费入场 бесплатный вход; свободный вход

免费义务教育 бесплатное обязательное образование

免税 освободить от налогов

免税进口 беспошлинный ввоз

免税区 бестаможенная (беспошлинная) зона

免税商品 беспошлинные товары

免予起诉 отказаться от возбуждения дела (от предъявления иска)

免予处分 освобождение от наказания
免征点 необлагаемый минимум
免征关税 освобождать от таможенных пошлин
面对现实，把握未来 стоять лицом к реальности и держать правильный курс на будущее
面对严重冲击 в условиях серьезных ударов
面临的问题 стоящие проблемы
面临的形势 предстоящая ситуация
面临挑战 стоять перед вызовом; перед лицом вызова
面临选择 стоять перед дилеммой; стоять перед лицом альтернативы
面临严重的考验 стоять перед серьезными испытаниями
面授机宜 дать личное указание
面向 обращаться лицом (к чему); ориентироваться (на что); обратить свой взор (на что)
面向基层 апелляция к низам; лицом к низам
面向社会 ориентироваться на социальные потребности
面向世界 стоять лицом ко всему миру; обращаться лицом ко всему миру
面向未来 ориентироваться на будущее
苗头 признаки; тенденция
民办教育 образование, организуемое на средства населения
民办学校 учебные заведения, создаваемые на средства населения
民兵 народное ополчение; народные ополченцы
民不聊生 невыносимая жизнь народа
民法通则 Общие положения Гражданского кодекса
民风 народные нравы
民富国强 благосостояние народа и могущество страны
民间关系 неофициальные связи

民间金融 народные (неправительственные) финансы; финансы населения
民间经济联系 неправительственные экономические связи
民间纠纷 разногласия внутри народа
民间投资 инвестиционные деятельности населения; инвестиция со стороны населения
民间团体 народные (неправительственные) организации
民间外交 гражданская дипломатия; дипломатия народных масс; народная дипломатия
民间友好往来 дружественные взаимосвязи на неправительственном уровне; народная дипломатия; неправительственный дружественный обмен
民间资本 негосударственный капитал
民生工程 строительство объектов, улучшающих жизнь населения
民生建设成效显著 Результаты строительства жизни народа заметны.
民生问题 жизненные проблемы народа
民生之患 серьезная угроза для народной жизни
民事案件 гражданское дело
民事法庭 гражданский суд
民事纠纷 гражданские споры
民事诉讼 гражданский процесс
民事责任 гражданская ответственность
民俗 национальные нравы
民心所向 единство устремлений всего народа
民心之痛 глубокая горечь у населения
民心向背 народные симпатии и антипатии; народные настроения
民意 общественное мнение
民意测验 всенародный опрос; опрос общественного мнения; всеобщий опрос
民意调查 мониторинг общественного мнения
民意投票 анкетный опрос (анкетиро-

вание) населения

民营经济 негосударственный сектор экономики

民营企业 народные (негосударственные) предприятия

民用产品 продукция гражданского назначения

民用消费品 товары народного потребления

民怨沸腾 Кипит народный гнев

民政工作 социально-административная работа

民之所望是政府施政所向 Правительство должно делать то, чего желает народ.

民主、科学的决策程序 процедура выработки решений на демократических научных началах

民主、自由、平等、博爱的观念 идеи (концепции) демократии, свободы, равенства и братства

民主办事程序 порядок демократичного ведения дел

民主党派 демократические партии; партии демократической ориентации

民主管理、民主监督 демократическое управление и контроль

民主和谐的气氛 атмосфера демократии и гармонии

民主化、科学化 демократизм и научность

民主集中制 демократический централизм

民主决策 демократическая разработка решений

民主决定 демократичное решение

民主立法 правотворчество на демократических началах

民主评议 демократичное обсуждение; демократичная оценка

民主权利 демократические права

民主讨论 демократичное обсуждение; демократичная дискуссия

民主推荐 демократическая рекомендация

民主作风 демократический (демократичный) стиль

民族、宗教政策 политики национальностей и религии

民族败类 отребье (отщепенцы) нации

民族备受凌辱 унижение, перенесенное нацией

民族差别 национальные различия

民族大义 интересы нации; правое дело нации

民族地方自治 район национальной автономии

民族分裂势力 силы национального сепаратизма

民族分裂主义分子 националсепаратисты

民族感情 национальные чувства

民族关系 межнациональные отношения

民族聚居区 территория компактного проживания национальностей

民族利己主义 национальный эгоизм

民族利益 национальныс интересы

民族矛盾 межэтнические противоречия

民族凝聚力 сила национального притяжения; сцементированность нации; цементирующая сила нации; национальная спаянность

民族平等 национальное равенство; национальное равноправие

民族歧视 национальная дискриминация

民族区域自治 национально-районная автономия

民族文化精粹 золотой фонд национальной культуры

民族问题 национальный вопрос

民族压迫 национальный гнет

民族遗产 национальное наследие

民族意识 национальное сознание

民族因素 этнические (национальные)

факторы

民族振兴 возрождение нации; национальное пробуждение

民族政策 национальная политика

民族资源 национальные ресурсы

民族自决权 право на национальное самоопределение

民族自治 национальная автономия

民族自治地方 территория национальной автономии

民族自尊心 чувство национального достоинства; чувство национальной гордости

民族尊严 национальное достоинство

敏感问题 вопросы, вызывающие озабоченность

名垂千古 бессмертное имя

名垂青史 войти в историю

名存实亡 существовать лишь номинально

名副其实 в подлинном смысле этого слова

名利双收 получить и славу, и выгоду

名卖实送 дарение под вывеской продажи

名牌产品 продукция известной марки

名义收入 номинальный доход

名优产品 высококачественная продукция известных марок

名誉领事 внештатный консул

名誉扫地 полностью терять репутацию

名誉市民 почетный горожанин

明码实价 назвать реальную цену; открытое обозначение действительной цены

明目张胆 на глазах у всех

明确的分工 четкое распределение обязанностей

明确的结论 определенный вывод

明确的立场 четкая позиция

明确的目标 определенная цель

明确的意见 определенное мнение

明文规定 дать четкое оформление; четко сформулировать

明显的变化 заметные перемены

明显的成就 зримые успехи

明显的影响 видное влияние

命脉 командные высоты; главные рычаги; жизненные артерии

命运的主宰 вершитель судьбы

命运和前途 судьба и будущность

命运攸关的问题 судьбоносный вопрос

摸底 щупать почву; зондировать почву; раскрыть подоплеку

摸索规律 нащупывать закономерности

摸索前进 продвигаться вперед ощупью

摸着石头过河 переходить речку на ощупь по камням; нащупывать пути продвижения вперед

模范事迹 образцовые дела

模范作用 личный пример; образцовая роль

模棱两可 амфиболия; двусмысленность; туманность

莫大荣誉 превеликая честь

莫须有的罪名 надуманные преступления; вымышленные обвинения

墨守成规 рутинерство; рутинно относиться, косность; коснеть

默哀 скорбное молчание

牟取暴利 гнаться за сверхприбылью

谋发展 стремление к развитию

谋利益 стремиться к осуществлению собственных интересов; добиваться выгоды

谋求霸权 добиваться гегемонии

谋求私利 гнаться за личной выгодой

谋取不正当利益 извлечение незаконной прибыли

某种程度 в той или иной мере

某种原因 известная причина

目标管理 целевое управление

目前利益和长远利益 текущие и перспективные интересы

牧民 кочующее население

牧区 скотоводческий район

幕后策划者 закулисный манипулятор

幕后交易 закулисные сделки

幕后实权人物 влиятельное лицо, действующее за кулисами

幕后谈判 закулисные переговоры; переговоры за кулисами

睦邻互信的伙伴关系 партнерские отношения добрососедства и взаимного доверия

N

拿事实说话 оперировать фактами; полагаться на факты
拿原则做交易 торговля принципами в расчете приобрести расположение
纳米 бикронометр; нанометр
纳入轨道 поставить на рельсы; вынудить встать на рельсы; заставить (кого) встать на рельсы; направить в русло; перевести на рельсы
纳入国家计划 включать в государственный план
纳入总体规划之中 включить в общую программу
纳税 платить налоги
纳税人 налогоплательщики
纳税申报 налоговая декларация
耐旱品种 засухоустойчивый сорт
耐心说服 действовать методом терпеливого убеждения
耐用消费品 потребительские товары длительного пользования
男女平等 равноправие женщин с мужчинами
南海问题 проблема Южно-китайского моря
南水北调 переброска части водных ресурсов южных рек в северные районы страны; Вода южных рек частично перебрасывается на север; подвод воды из южных районов страны в северные
南京大屠杀 Нанкинская резня
难得的机遇 редкая возможность; редкий шанс
难点问题 трудные проблемы
难民问题 проблемы беженцев
难逃法网 не избежать законной кары; не уйти от правосудия
难以为继 трудно продолжить (дело); трудно продержаться
脑力劳动和体力劳动相结合 сочетание умственного труда с физическом трудом
内部参考资料 материалы для служебного пользования
内部分歧 внутренние разногласия
内部管理 внутреннее управление
内部矛盾 внутреннее противоречие
内部情报 внутренняя информация
内部认购 закрытая подписка (на акции; облигации)
内部审计 внутренний аудит
内部文件 документ внутреннего пользования
内部资源 внутренние ресурсы
内地 глубинные районы; внутренние районы страны
内阁总理 глава кабинета министров
内海 закрытое море
内行 мастер своего дела
内耗 внутренние трения
内河航运 навигация во внутренних водах
内核 внутренние воды
内陆地区 континентальные территории
内陆国 внутриконтинентальная страна
内陆中心城市 центральные города внутренних районов страны
内陆周边国家 страны, имеющие сухопутные границы с Китаем
内幕交易 закулисные сделки
内容和形式的统一 единство формы и содержания
内生动力 внутренние стимулы
内生增长 внутренний рост
内外统筹兼顾 единое планирование

внутреннего и внешнего сбыта

内向型经济 экономика, ориентирующаяся на внутренний рынок

内因 внутренняя причина

内忧外患 страдать от внутренних невзгод и иностранной агрессии

内在规律 имманентный закон

内在活力 жизнедеятельности

内在联系 внутренняя связь

内在逻辑 внутренняя логика

内在潜力 внутренние резервы

内在属性 имманентное свойство

内在统一 органическое единство

内在要求 внутренняя потребность

内在原因 имманентная причина

内战 гражданская война

内政外交 внутренние и внешнеполитические дела

能动性 инициатива; предприимчивость

能动作用 активная роль

能工巧匠 мастер своего дела

能上能下 в состоянии работать как на высоком, так и на низком посту

能效 энергоэффективность

能源安全 энергетическая безопасность

能源工业 топливно-энергетическая промышленность

能源供应 снабжение энергией

能源合作谈判 переговоры по энергетическому сотрудничеству

能源基地建设 строительство энергетической базы

能源交通基础设施 топливно-энергетическая и транспортная инфраструктура

能源综合利用 комплексное использование энергоресурсов

逆水行舟，不进则退 Как на лодке против течения: остановился — отнесет назад.

匿名电话 анонимный звонок

匿名信 анонимное письмо; анонимка

年度报表 годовой отчет

年度预算 годовой бюджет

年富力强的同志 товарищи, находящиеся в расцвете лет и сил

年会 ежегодная конференция; годичное собрание

年轻化 омоложение

年薪 годичная плата; годовая зарплата

捏造事实 фальсифицировать факты

凝聚力 сила сцепления; цементирующая сила; притягательная сила; сцементированность

凝聚力量 объединение сил

扭亏为盈 из убыточного стать прибыльным (рентабельным)

扭转经济下滑趋势 выправить тенденцию к спаду экономического роста

扭转局势 изменить ситуацию

纽带 приводной ремень

农产品基地 база сельхозпродукции

农产品价格补贴 ценовые дотации на сельхозпродукцию

农产品市场 рынок сельскохозяйственной продукции

农产品市场体系 система аграрного рынка

农产品收购价格 закупочные цены на сельхозпродукцию

农产品质量检验检测体系 система проверки качества сельхозпродукции

农产品滞销 затоваривание сельхозпродукцией

农村初级卫生保健 первичная медицинская помощь на селе

农村的物质生活状况 материальное положение в деревне

农村低收入人口 сельское малоимущее население

农村发展进入一个新时代 Развитие села вступило в новую эпоху.

农村扶贫标准 норма помощи нуждающемуся сельскому населению

农村公共文化 сельская общественная культура

N

农村基层政权 низовая власть на селе
农村集市 сельский рынок (базар)
农村集体经济 сельская коллективная экономика
农村经济 сельская экономика
农村经济的增长点 точки роста сельской экономики
农村经济多种经营 диверсификация сельской экономики
农村剩余劳动力 излишняя сельская рабочая сила; сельская избыточная рабочая сила
农村信用社 сельский кредитный кооператив
农副产品 продукция земледелия и подсобных промыслов
农副产品出口基地 экспортные базы продукции земледелия и подсобных промыслов
农工联合体 агропромышленный комплекс
农工商联合企业 аграрно-промышленное объединение (АПО)
农工商综合经营 интеграция земледелия, промышленности и торговли
农工综合体 аграрно-промышленный комплекс
农贸市场 крестьянский (сельский) рынок
农民持续增收 постоянный рост доходов крестьян
农民工 городские труженики с сельской пропиской; гостевой рабочий из деревни; трудовые мигранты из деревни; законтрактованные рабочие из деревни
农民人均纯收入 среднедушевые чистые доходы крестьянина
农民意识 сознание крестьян
农民增收 стимулировать увеличение крестьянских доходов
农民之间的贫富差别 имущественная дифференция среди крестьян
农田水利建设 водохозяйственно-мелиоративное строительство; гидромелиоративное строительство в земледелии; полеводческо-ирригационное строительство
农田水利设施 ирригационные сооружения на полях
农业的基础地位 положение сельского хозяйства как основы всей национальной экономики
农业的集约化和现代化 интенсификация и модернизация сельского хозяйства
农业抗灾能力 возможность аграрного сектора в борьбе со стихийными бедствиями
农业科技产业 науко- и техноемкое сельхозпроизводство
农业科技服务 агротехническое обслуживание
农业科技人员 научно-технический персонал аграрного сектора
农业人口 аграрное население
农业社会化服务体系 система социализированного обслуживания сельского хозяйства
农业生产力 производительные силы сельского хозяйства
农业生态环境 экологическая среда сельского хозяйства
农业生态条件 агроэкологические условия
农业是根本 сельское хозяйство — основа основ
农业适度规模经营 аграрное хозяйствование в разумных масштабах
农业用地 сельхозугодия
农业增加值 добавленная стоимость в сельском хозяйстве
农业政策 аграрная политика
农业支柱产业 стержневые отрасли сельского хозяйства
农业综合开发 комплексное развитие сельского хозяйства
农业综合生产能力 совокупные производственные мощности сельского хозяйства

农转非 крестьяне, переходящие в сферу несельскохозяйственного производства; переход крестьян от сельской прописки к несельской

农资综合补贴 комплексные дотации на средства сельхозпроизводства

浓厚的中华民族特色 яркий китайский национальный колорит

弄清情况 выяснить обстановку

弄清是非 внести ясность в дело; выяснить что есть что

弄清问题 выяснить вопрос

弄清真相 доискаться правды

弄虚作假 прибегать к уловкам; заниматься очковтирательством

努力铲除腐败土壤 старательно ликвидировать почву для коррупции

努力构建国际反腐合作网络 стремиться к созданию глобальной сети антикоррупционного сотрудничества

努力建设高度的社会主义精神文明 всемерно создавать высокоразвитую социалистическую духовную культуру

努力增产 всемерно добиваться увеличения производства

努力增加单产 всемерно повышать урожайность на единицу площади

女汉子 девушка с мужским характером

暖民心 согревать сердце народа

虐待老人 жестоко обращаться с престарелыми

挪用公款 незаконное использование казенных сумм

挪用国家收入 использовать доходы государства не по назначению

挪用流动资本 использовать не по назначению оборотные средства

挪用项目资金 использовать выданные для объекта средства не по назначению

挪作他用 использовать не по назначению

O

欧元区 зона евро
欧洲共同体 Европейское сообщество
欧洲货币单位 европейская валютная единица
欧洲统一货币 единая европейская валюта

欧洲一体化 европейская интеграция
欧洲议会 Европейский парламент
欧洲债券 евробонд
偶尔 от случая к случаю
偶蹄动物 парнокопытные животные

P

拍卖 продать с торгов; продать с аукциона; производить аукционную продажу

排除潜在危险 ликвидация скрытых опасностей

排除万难 преодолеть все и всякие трудности

排除阻力和干扰 устранять препятствия и помехи

排行榜 хит-парад

排他性组织 замкнутое образование; замкнутая организация

排头兵 правофланговый

排外 отказ от всего иностранного

排污 выбросы загрязняющих веществ

排忧解难 отводить беды и напасти; помогать избавляться от бед и страданий

徘徊不前 топтаться в нерешительности на месте; колебание и топтание на месте

徘徊观望 озираться по сторонам; кружа на месте

牌价 прейскурантные цены

派出机关 делегированные органы

派遣专家 командировать специалистов

派生的通货紧缩 производная дефляция

派驻重兵 дислоцировать крупный контингент войск

攀登新高峰 восходить на новые высоты

盘根错节 запутанный клубок

盘活存量 оживлять наличный фонд

判处死刑 приговорить к смертной казни; вынести смертный приговор

判处无期徒刑 приговорить к пожизненному тюремному заключению

判断是非的标准 критерий правильного и ошибочного

旁听席 место для публики

旁证 косвенное доказательство

抛弃想法 выбросить из головы мысль; выкинуть из головы мысль

抛售 демпинг; бросовый экспорт

跑官 обивать пороги ради получения чина; выпрашивать чины обиванием порогов

泡沫经济 экономика «мыльных пузырей»; дутая экономика

培养接班人 готовить смену; подготовить смену

培养军队和地方两用人才 подготовка кадров, годных для военной службы и гражданской работы

培养一代又一代新人 выращивать поколение за поколением новых людей

培育内需 культивировать внутренний спрос

培育市场 культивировать рынок

培育文明风尚 культивировать цивилизованные нравы и обычаи

培育新兴产业 культивировать новые производства

赔偿经济损失 возмещать материальный ущерб

配套产品 комплектующие изделия

配套产业 комплектующее производство

配套措施 комплектующие меры; координационные меры

配套对接 андрогинное стыкование

配套改革 комплектующие (дополняющие) реформы

配套工程 вспомогательные объекты

配套工作 работа по комплектованию

配套技术 комплектные технологии

配套建设 комплектное строительство

Р

配套进行 проводить комплексно (в комплексе)
配套政策措施 комплектующие госустановки и меры
配套资金 комплектующий (комплектный) капитал
喷灌 дождевальное орошение; дождевание
喷气式飞机 реактивный самолет
棚户区 кварталы лачуг и хибар
棚户区改造 перестройка кварталов ветхих домов и лачуг
蓬勃朝气、昂扬锐气、浩然正气 кипучая энергия, неудержимое стремление вперед и огромное чувство справедливости
蓬勃的生命力 кипучая жизненная энергия
蓬勃发展 бурное развитие; динамичное развитие
蓬勃兴起 бурное становление
批发和零售 продавать оптом и в розницу; оптовая и розничная торговли
批发价格 оптовая цена; оптовоотпускные цены
批发市场 рынок оптовой торговли
批发物价指数 индекс оптовых цен
批量生产 серийное производство
批判地继承 критически наследовать
批判地吸收 критически воспринимать
批判地总结 критически обобщать
批评和自我批评 критика и самокритика
批评教育 воспитание критикой; критика в целях воспитания; воспитательная критика
批准方案 одобрить проект
批准书 разрешительное свидетельство; ратификационная грамота; акт ратификации
批准条约 ратифицировать договор
批准预算 утвердить смету; утвердить бюджет
披露 раскрывать перед публикой
披上合法外衣 нарядить в тогу законности
毗连区域 смежные районы
毗邻国家 сопредельные страны
偏离轨道 отклониться от колеи; сойти с рельсов
偏离正确的路线 сбить с правильного пути
偏袒和纵容 пристрастность и попустительство
偏远地区 отдаленные районы
片甲不留 не оставлять камня на камне
片面的决定 одностороннее решение
片面发展 однобокое развитие
片面扩大规模 однобоко расширять масштабы
片面强调 подчеркнуть односторонне; однобоко акцентировать
片面性 односторонность; однобокость
片面追求 односторонняя погоня
片面追求产值 однобоко гнаться за объемом производства
片面追求升学率 однобоко гнаться за процентом поступающих на более высокую ступень обучения
片面追求数量 однобокая погоня за количеством
骗财害人 вредить людям ради наживы
骗汇 валютное мошенничество
骗取补贴 обманное получение дотаций; обманом получать дотации
骗取批准 обманом добиться утверждения (санкции на что-л.)
骗税 налоговая махинация; налоговое жульничество; налоговое мошенничество
票房收入 кассовые сборы
拼搏奉献精神 дух упорной борьбы и самоотверженности
拼命精神 дух самоотверженности; дух упорной борьбы
贫富分化 разрыв между богатыми и бедными
贫富鸿沟 дистанция между богатыми

и бедными

贫富悬殊 поляризация зажиточности и бедности; резкий контраст между богатством и бедностью

贫富之间的差距 разрыв между богатыми и бедными

贫困户 бедный (бедствующий) двор

贫困偏远地区 бедные и отдаленные районы

贫困人口和低收入人口 бедное и низкооплачиваемое население

贫困线 порог бедности; порог нищеты; черта бедности

贫民区 зона бедности

品种结构 структура ассортимента

品种齐全 богатый ассортимент товаров; богатый выбор

聘任制 контрактная система приглашения на работу; порядок приглашения на работу; пригласительная система; система должностных приглашений; система служебных приглашений; система приглашения на работу

聘用制 система привлечения на службу

平常生活 обыкновенная жизнь

平等、团结、互助的民族关系 межнациональные отношения равноправия, сплоченности и взаимопомощи

平等、信任、面向21世纪的战略协作伙伴关系 отношения равноправного доверительного партнерства, ориентированного на стратегическое взаимодействие в XXI веке

平等的竞争环境 атмосфера равноправной конкуренции

平等的权利 равное право

平等地参与 участвовать наравне

平等对待 друг с другом на равных; отношения равенства

平等合作 равноправное сотрудничество

平等互利的关系 равноправные и взаимовыгодные отношения

平等伙伴关系 отношения равноправного партнерства; равноправное партнерство

平等竞争 равноправная конкуренция

平等讨论 равноправное обсуждение

平等条约 равноправный договор

平等团结、互助友爱的社会主义民族关系 социалистические межнациональные отношения равноправного сплочения и дружественной (товарищеской) взаимопомощи

平等协商，互谅互让 равноправные консультации, взаимное понимание и взаимная уступчивость

平反冤案、假案、错案 пересматривать дела, основанные на надуманных, ложных и ошибочных обвинениях

平衡膳食 сбалансированное питание

平价 паритет

平价粮 зерно по фиксированным (твердым) ценам

平均产量 средний урожай; средняя урожайность; средняя выработка

平均定额 средняя норма

平均分配 уравнительное распределение; паритетное распределение

平均工资 средняя заработная плата

平均利润 средняя прибыль

平均期望寿命 ожидаемая средняя продолжительность жизни

平均水平 средний уровень

平均效益 средняя эффективность

平均增长速度 средние темпы роста

平均主义 уравниловка

平民 мирные жители; мирные люди

平民主义 популизм

平台 площадка

平稳过渡 плавный переход

平稳解决问题 нормально разрешить вопрос

平稳快速发展 ровное и быстрое развитие

平息暴乱 усмирение мятежа

平息冲突 гасить конфликт

Р

平息热点 ликвидировать горячие точки
平抑物价 сдерживать цены
平原绿化 озеленение равнины
评定职称 служебная аттестация; присвоение служебных званий
评估财政状况 диагноз финансового состояния
评估制度 система оценок
评价标准 критерии оценки
评议考核制 оценочно-аттестационная система
瓶颈产业 отрасли производства, являющиеся «узкими местами»
瓶颈的制约 торможение из-за «узких мест»
迫切的需要 насущная потребность
迫切任务 актуальная задача
迫切性 актуальный характер
迫切要求 насущные требования
迫于压力 под давлением
迫在眉睫的问题 самый жгучий вопрос
破除迷信，解放思想 ломать предрассудки, раскрепощать ум
破除体制障碍 снимать институциональные препятствия
破格选拔人才 выдвигать способных людей вне всяких рамок
破坏边界 нарушить границу
破坏法制 нарушение законности
破坏分子 деструктивные элементы; подрывные элементы; диверсант
破坏关系 нарушить взаимоотношения
破坏国家的统一 подорвать единство страны
破坏行动 подрывные действия
破坏和平 нарушить мир
破坏局势的稳定 дестабилизировать ситуацию
破坏力 разрушительные силы
破坏社会秩序 нарушение общественного порядка
破坏生产和交通 подрывать производство и транспорт

破坏势力 деструктивные силы; подрывные силы
破坏谈判 сорвать переговоры; торпедировать переговоры
破坏统一 торпедировать единство
破坏文明的行为 вандализм
破坏友谊 разрушить дружбу
破坏战略部署 нарушить стратегический план
破坏治安 подрывать общественную безопасность
破解人类基因组 расшифровка генома человека
破裂的危险 опасность раскола
破绽百出 белыми нитками шито
铺大基本建设的摊子 растягивать фронт капитального строительства
铺平道路 прокладывать дорогу
铺张浪费 излишество, транжирство и мотовство; транжирство и расточительность; роскошество и расточительство
普遍裁军 всеобщее разоружение
普遍存在的事实 общераспространенные факты
普遍规律 всеобщий закон
普遍提高 повсеместное повышение
普遍现象 массовое явление
普遍性 всеобщность
普遍性原则 принцип универсальности; универсальный принцип
普遍意义 всеобщее значение
普遍原理 универсальные положения
普遍真理 всеобщая истина
普遍注意 всеобщее внимание
普查 повсеместное обследование
普法教育 правовой всеобуч
普惠金融 финансовая система, доступная для всех групп населения
普及法律知识 популяризация (распространение) правовых знаний
普及基础教育 распространять общее образование
普及科学知识 распространять научные

знания
普及率 коэффициент охвата
普及卫生知识 распространять (популяризировать, пропагандировать) гигиенические знания
普及义务教育 распространять обязательное образование
普通话 путунхуа —— китайский общенациональный разговорный язык; всеобщий язык в Китае
谱写人民美好生活新篇章 вписать новые страницы в летопись прекрасной жизни народа
谱写中华民族新的英雄史诗 создать новую героическую эпопею китайской нации

Q

期货贸易 фьючерсная торговля (чем); фьючерс
期货市场 фьючерсный рынок
期满 истек срок; по истечению срока
期望寿命 прогнозируемая продолжительность жизни населения; ожидаемая продолжительность жизни населения
欺行霸市 мошенничество с целью установить свой контроль над рынком; монополизировать рынок
欺骗手段 плутовские приемы
欺软怕硬 притеснять слабых и трепетать перед сильными
欺上瞒下 очковтирательство
奇耻大辱 большой позор; кровная обида
奇缺的商品 остродефицитный товар
歧视措施 дискриминационные меры (в отношении кого)
歧视行为 дискриминационные действия
歧视性贸易政策 дискриминационная торговая политика
骑在人民头上作威作福 благоденствовать восседая на шее народа
旗帜是鲜明的，态度是坚决的，措施是有力的 Знамя — очевидно, подходы — решительны, меры — действенны
旗帜鲜明地反对腐败 выступать против разложения с открытым забралом
企事业单位 производственные и непроизводственные единицы
企业"走出去"步伐明显加快 у предприятий заметно ускорили шаги «выхода за рубеж»
企业的向心力 центростремительная сила предприятия
企业法人 предприятие-юридическое лицо

企业分流人员 освобожденный с предприятия персонал
企业富余人员 излишний персонал предприятий
企业改组 реорганизация предприятий
企业关停并转 закрытие, консервация, слияние, перепрофилирование предприятий
企业活力 жизнедеятельность предприятия
企业亏损 убытки предприятий
企业亏损补贴 дотация на покрытие убытков предприятий
企业利润留成收入 доход от прибылей, которые удержали предприятия
企业流动资金 оборотные средства предприятий
企业民主管理制度 система демократического управления предприятия
企业破产 банкротство предприятия
企业所得税 подоходный налог с предприятий
企业所有权与经营权分离的原则 принцип разделения на предприятиях права собственности и права хозяйствования
企业退休人员养老金 базовые пенсии по старости для пенсионеров предприятий
企业挖潜改造 выявление потенциала и реконструкция предприятий
企业外部环境 внешняя среда предприятия
企业文化 культура предприятия
企业型的经营实体 хозяйственные субъекты в виде предприятия
企业自主权 самостоятельность предприятий; право предприятий на самохозяйствование
企业自主用人 самостоятельный набор

персонала предприятиями
启动机制 задействовать механизм
启动教育扶贫工程 задействовать программу ликвидации бедности через расширение образования
启动一批重大专项工程 начать реализацию ряда наиболее важных целевых программ
启动应急机制 запустить механизм экстренного реагирования на ЧП
启发式教育 эвристическое обучение (воспитание)
起步条件 стартовые условия
起草委员会 Редакционная комиссия (по подготовке документа)
起带头作用 играть роль вожака
起到决定性作用 играть решающую роль
起点 отправная точка; отправной пункт; исходная позиция; старт
起反作用 дать обратный эффект
起好步 взять хороший старт
起立表决 голосование вставанием
起码标准 минимальное (элементарное) требование (критерий)
起码的条件 сносные условия; элементарные условия
起码的准则 самые элементарные нормы
起模范作用 подавать личный пример
起色 поворот к лучшему; стать улучшаться
起始线 исходная линия
起死回生 зомбирование
起诉 возбудить иск; предъявить иск
起诉书 жалоба в суд; обвинительный акт
起征点 необлагаемый налогом примером
起重要作用 играть видную роль
气候变暖 потепление климата
气候条件 погодные условия; климатические условия
气候异常 климатическая аномалия
气候友好性能源 дружественная климату энергетика

气流 потоки воздуха
气象条件 метеоусловия
弃权 воздерживаться от голосования; отказаться от права на что-л.
汽车尾气 выбросы автомобильного транспорта
汽车制造业 автомобилестроительная промышленность
契税 гербовый сбор; пошлина (при заключении кучей)
千方百计 всеми правдами и неправдами; тысячами приемов
千古罪人 невиданный злодей; преступник на тысячелетия
千里之行,始于足下 Путь в тысячу ли начинается с первого шага.
千篇一律 шаблонные истины
千秋大业 дело исключительной важности
千丝万缕的联系 связанный (с кем-чем) многочисленными нитями; связь в тысячи нитей
千头万绪 непочатый край
千真万确 сущая правда
迁就一时 приспосабливаться к минутным обстоятельствам
迁移率 процент переселяемости
迁移人口 переселяемое население
牵动面 круг затронутых вопросов
牵线搭桥 навести мост
牵着鼻子走 вести на веревке; вести на поводу
谦虚谨慎 скромность и осмотрительность; быть скромным и осмотрительным
签署一系列文件 подписать ряд документов
签证延期 пролонгация (продление) визы
签字 подпись; ставить подпись; подписать
签字国 подписавшее государство
签字仪式 церемония подписания
前进的指针 компас в продвижении вперед

前进方向 прогрессивное направление
前进阵地 исходная позиция; позиция для продвижения вперед
前进中的问题 проблемы, возникшие в процессе поступательного движения; проблемы на пути движения вперед
前景不可预测 Перспективы не поддаются прогнозу.
前怕狼，后怕虎 трепетать от страха, всего бояться; бояться волка впереди, а тигра сзади
前仆后继 идти вперед волна за волной
前期工作 работы предыдущего цикла
前事不忘，后事之师 Прошлое, если его не забывать, служит нам уроком. Прошлое, если его не забывать, служит учителем на будущее.
前所未有的机遇 невиданные шансы
前所未有的速度 небывалые сдвиги
前无古人的伟大事业 великий почин, неведомый людям прошлого
前沿技术 передние технические рубежи
前沿领域 передовые сферы
前沿、交叉性研究 исследования в передовых и смежных областях
前沿学科 передовые науки
前沿阵地 передовой рубеж
前瞻性货币政策 перспективная валютная политика
前瞻性计划 перспективный план
钱权交易 сделка «моя власть — твои деньги»
潜力 потенциал; потенциальные возможности
潜台词 подтекст
潜意识 подсознание
潜在的敌人 потенциальный противник
潜在风险 потенциальный риск
潜在失业 скрытая безработица
潜在市场 потенциальный рынок
潜在危机 скрытые опасности
潜在需求 потенциальный спрос
遣送出境 выпроводить за границу
遣送回国 репатриировать; отправить на родину
谴责 клеймить позором
欠发达地区 слаборазвитые (недоразвитые) районы
歉收年景 неурожайный год
强大的社会舆论 весомое мнение общественности
强大的思想保证 могучая идеологическая гарантия
强大的思想武器 могучее идейное оружие
强大动力 могучая движущая сила
强大理论武器 мощное теоретическое оружие
强大推动力 могучая движущая сила
强大武器 могучее орудие
强大因素 мощный фактор
强盗行径 гангстерство
强国之路 путь к могуществу страны
强行通过 насильственное принятие; насильно протащить
强化安全生产管理和监督 усиливать управление и контроль по безаварийности производства
强化价格监管 укрепить ценовой контроль и управление ценами
强化社会治安 крепить общественный порядок
强化税收 усилить сбор налогов
强加于人 диктовать свою волю; навязывать другим
强烈的谴责 сильно осудить; резко осудить
强烈的生活气息 глубокая жизненность
强烈的印象 огромное впечатление; сильное впечатление
强烈地震 сильное землетрясение
强烈对比 яркий контраст
强烈抗议 категорический протест
强烈要求 настойчиво требовать
强烈愿望 горячее стремление; сильное желание
强强联合 объединение сильных с силь-

ными; союз сильного с сильным

强权政治 политика силы; политика права сильного; силовая политика; политика с позиции силы

强调必要性 подчеркнуть необходимость; подчеркнуть стабильность

强调稳定 делать акцент на умеренность

强硬手段 жесткие меры

强有力的推动 мощный импульс; мощный толчок

强制措施 меры пресечения; принудительные меры

强制回收产品 принудительный сбор продукции

强制检查 принудительный осмотр

强制性减排要求 принудительное снижение выбросов

强制执行法庭判决 принудительное исполнение судебных приговоров

抢夺地盘 захватывать позиции (территорию)

抢救性文物 остро нуждающиеся в защите культурные ценности

抢险救灾 спасательные работы при стихийных бедствиях

敲警钟 бить тревогу; бить набат; ударять в набат

敲诈勒索 вымогательство; шантаж

桥梁作用 роль приводного ремня

巧合 случайное стечение обстоятельств

巧立名目发放补贴、实物 выдавать надбавки деньгами и натурой под благовидными предлогами

且行且珍惜 Умей ценить каждую мелочь в своей жизни.

切忌 всячески избегать

切身经历 на своем собственном опыте испытать; личное пережитое

切身利益 жизненные интересы

切身事业 кровное дело

切实保障和改善民生 действенно обеспечить и улучшить жизнь народа

切实保障政令畅通 действенно обеспе-

чивать беспрепятственное исполнение решений ЦК

切实改进党的作风 практически улучшать партийный стиль

切实搞好工作 выполнить работу по-настоящему

切实可行的措施 действительно реальные меры

切实可行的计划 дельный план; практически осуществимый план; реальный план

切实有效的措施 реальные и эффективные меры

窃取机密 похитить секрет

窃取胜利果实 присвоить себе плоды победы

窃取知识产权 кража объектов интеллектуальной собственности

窃听器 детектафон

窃听装置 подслушивающее устройство; жучок

锲而不舍 неослабными усилиями

锲而不舍的探索 нелегкие неустанные поиски

侵犯公民权利 посягательство на гражданские права

侵犯利益 ущемление интересов

侵犯领空 вторжение в воздушное пространство

侵犯领土完整 посягательство на территориальную целостность

侵犯人权 нарушить права человека

侵犯主权 нарушить суверенитет; посягать на суверенитет

侵犯自由 покушение на свободу

侵略行动 агрессивные действия

侵略扩张活动 агрессивные экспансионистские действия

侵略野心 агрессивные устремления

侵入领海 вторгаться в территориальные воды

侵入领空 вторгаться в воздушное пространство

侵入土地 вторгаться на территорию

侵蚀 разлагать; оказывать разлагающее (тлетворное) влияние; эрозия

侵吞公款 расхищение казны; раскрадывание казенных денег

侵吞国家财产 расхищать государственное имущество

侵占公共财产 присвоение общественного имущества; хищение общественного имущества

亲密战友 близкие соратники

亲切的会见 теплая встреча

亲切友好的气氛 атмосфера сердечной дружбы

亲人团聚 встреча родных

亲眼所见 видеть воочию

亲者痛,仇者快 огорчать друзей и радовать врагов

亲自出席 лично присутствовать

亲自会见 личная встреча; лично встречаться

勤工俭学 совмещение учебы с оплачиваемой работой

勤俭办事 быть экономными и бережливыми в деле

勤俭建国 строить страну по принципу экономии и бережливости

勤俭节约 экономия и бережливость

勤劳致富 богатеть благодаря упорному труду; зажиточность за счет трудолюбия

勤于思,慎于行 тщательно обдумывать, осмотрительно действовать

勤杂工 разнорабочий; чернорабочий

勤政高效 высокоэффективная работоспособность

勤政廉政 работоспособный и неподкупный аппарат; трудолюбие и неподкупность администрации

勤政为民 ревностно служить народу

青黄不接 старый урожай на исходе, а новый еще на корню

青山常在,绿水长流 Пусть вечно зеленеют горы, серебрятся лазурные реки.

青少年活动场所 сооружения для молодежи и подростков

轻车简从 выезжать налегке с небольшим числом сопровождающих, легкий экипаж и минимум свиты

轻车熟路 легкое (привычное) дело; в легкой повозке по знакомой дороге

轻信谣言 поддаваться слухам; прислушиваться к сплетням

轻重工业比例失调 диспропорция между легкой и тяжелой промышленностью

轻重缓急 насущность и очередность; степень важности и срочности (дела)

轻装上阵 легко продвигаться вперед; вступить в бой ничем не отягощенным

氢弹 водородная бомба

倾听呼声 внимать голос

倾听群众呼声 прислушиваться к голосу масс

倾听意见和建议 прислушиваться к замечаниям и предложениям

倾斜政策 политика с надлежащим упором; политика, предоставляющая льготы

清仓查库 учет (инвентаризация) складских запасов; инвентаризация на складах

清查工作 работа по проверке

清查户口 проверять прописку

清除影响 уничтожить влияние; устранить влияние

清楚地认识到 отдавать себе ясный отчет; трезво осознавать

清点固定资产 инвентаризация основных фондов

清规戒律 запреты и ограничения

清洁能源 экологически чистые энергоисточники; экологически чистые энергоресурсы; чистые источники энергии

清理在建项目 пересмотреть список строящихся объектов

清理整顿各类公司 проверять и упорядочивать компании всех типов

清醒地认识到 трезво сознать

清醒头脑 быть трезвым; трезвость

мысли; трезвый ум; трезвость ума
清障车 машина-эвакуатор
清正廉洁 быть честным и неподкупным; честность и неподкупность
情报来源 разведисточник
情报中心 информационный центр
情节轻重 степень серьезности обстоятельств (дела)
情况的变化 изменение обстановки
情况的错综复杂 переплетение обстоятельств
情为民所系 Все думы только о народе.
情有可原 извинительные обстоятельства
请客送礼 устраивать пирушки и преподносить дары
请求接见 просить аудиенцию
请求政治避难 просить политического убежища
请示 спрашивать указания
请示报告 обращаться (к кому) за указаниями; отчитываться о своей работе
请指示 Прошу указаний.
庆祝大会 торжественное собрание
穷奢极欲，纵情声色 утопать в роскоши и предаваться разврату
穷乡僻壤 нищее захолустье
求得公平合理的解决 добиться справедливого и рационального разрешения
求得国际社会的支持 заявить о поддержке со стороны международного сообщества
求全责备 требовать абсолютного совершенства и безупречности
求同存异 искать общее при наличии различий; стремиться к единству при сохранении расхождений
求真务实 стремление к истине и заниматься здоровым практицизмом
区别对待 дифференциальный подход; дифференцированный подход
区分两类不同性质的矛盾 отмежевать два типа неодинаковых по своему характеру противоречий
区位优势 регионально-географические преимущества
区域发展规划 программа регионального развития
区域共识 региональный консенсус
区域合作 региональное сотрудничество; межрегиональное сотрудничество
区域开发 региональное освоение
区域开放政策 политика региональной открытости
区域协调发展 гармонизация регионального развития
驱逐出境 выгнать за пределы; выдворить с территории; депортация
屈从压力 поддаться давлению; подчиниться давлению
屈服于威胁 поддаться угрозам
屈辱地位 унизительное положение
屈指可数的日子 считанные дни
祛除邪气 изживать порочные явления
趋利避害 извлекать полезное и избегать вредных воздействий
趋势性问题 тенденциозные проблемы
趋同 конвергенция
趋向好转 иметь тенденцию к лучшему
趋于缓和 идти к разрядке
曲折的道路 извилистый путь
曲折的斗争 драматическая борьба
曲折发展 зигзагообразное развитие; извилистое развитие
曲折和反复 зигзаги и повороты
取保候审 ждать суда, будучи на поруках
取得成功 одержать успех; увенчаться успехом
取得大体一致的意见 достигнуть в общем плане единого мнения
取得国籍 принимать гражданство
取得进展 достижение подвижек; добиться сдвига; продвижение вперед
取得经验 добыть опыт; приобрести опыт; извлечь опыт
取得历史性突破 добиться историчес-

кого прорыва
取得了一系列重大成果 добиться целого ряда существенных успехов
取得胜利 одержать победу
取得胜利的关键 ключ к победе
取得实质性进展 Происходят существенные сдвиги; добиться существенного сдвига
取得突破性进展 сделать прорыв в развитии
取得显著成就 добиться очевидных положительных результатов в чем
取得新的突破 совершить новый прорыв
取得信任 завоевать себе доверие; снискать себе доверие
取得一致意见 достичь единства мнений; достигнуть единство взглядов
取得优势 приобрести перевес (над кем)
取得预期效果 завершаться ожидаемыми результатами
取得重要成果 давать существенные результаты
取得主动 перехватить инициативу в свои руки
取缔非法收入 изымать незаконные зерна
取其精华，去其糟粕 выбрасывать из традиционной культуры шелуху и оставлять рациональные зерна
取信于民 завоевать доверие народа; обеспечить народное доверие
取长补短 перенимать друг у друга положительное для преодоления своих недостатков; заимствовать достоинства, переодолевая недостатки
取之不尽的源泉 неисчерпаемый источник
取之于民，用之于民 черпать у масс и нести в массы
去掉不良作风 изжить нездоровый стиль
去行政化 де-администрация
权衡得失 взвешивать все плюсы и минусы

权衡利弊 взвесить выгоды и невыгоды
权衡正反两种意见 взвесить все «за» и «против»
权力过分集中 чрезмерная централизация власти; чрезмерная концентрация власти
权力和利益的重新调整和分配 новое урегулирование и распределение властных прав и интересов
权力机关 властная организация; орган власти
权力结构 властные структуры
权力寻租 рентоориентированное поведение представителей власти
权力下放 передача прав низам; передача прав в низы; спуск прав; предоставить широкие полномочия низовым органам
权术 политиканство
权威人士 авторитетные лица
权为民所用 Вся власть используется во имя народа.
权限之内的行为 действия в пределах компетенции
权宜之计 конъюнктурные соображения; конъюнктурные шаги; мера, продиктованная конъюнктурными соображениями
权益保障机制 механизм охраны прав и интересов; механизм за функционированием власти
权责明确 четкое определение прав и обязанностей
权责一致 отличаться единством прав и обязанностей
全党、全国各族人民紧密团结 тесное сплочение партии и народов
全党服从中央 Вся партия должна подчиняться центральному комитету.
全党上下 вся партия сверху донизу
全方位 всеохватывающий; во всех направлениях
全方位、多层次、宽领域的对外开放格局 всесторонняя, многоярусная и широко районированная конфигура-

ция открытости

全方位外交 дипломатические деятельности, шедшие по всем направлениям; всеохватная дипломатическая деятельность

全国哀悼 всенациональный траур

全国爱国主义教育示范基地 государственные образцовые базы патриотического воспитания

全国步调一致 национальный консенсус

全国各民族 многонациональный народ страны

全国平均水平 средний уровень всей страны

全国平均值 в среднем по стране

全国人口普查 общенациональная перепись населения

全国一盘棋 вся страна — одна шахматная доска

全国政协委员 члены Всекитайского комитета Народного политического консультативного совета

全国重点文物保护单位 важнейшие памятники культуры, находящиеся под государственной охраной

全集 полное собрание сочинений

全局 ситуация (положение дел) в целом; интересы дела в целом

全局发展 совокупное развитие

全局性的问题 вопросы всеобщего характера

全军官兵 личный состав армии

全力以赴 на максимуме; с полной отдачей; со всей силой

全面 по всем фронтам

全面、均衡原则 принципы всесторонности и равномерности

全面安排 всесторонне налаживать

全面裁军 всеобщее разоружение

全面参与经济全球化 полное включение в экономическую глобализацию

全面动员 тотальная мобилизация

全面对话 всесторонний диалог; диалог во всех аспектах

全面发展 всестороннее развитие

全面丰收 богатый урожай по всем культурам

全面改革 всеохватывающая реформа; всесторонняя реформа; глобальная реформа

全面贯彻党的教育方针 полностью претворять в жизнь образовательный курс партии

全面贯彻党的宗教工作基本方针 полное осуществление основного курса партии по религиозным делам

全面贯彻党和国家的民族宗教政策 всесторонне претворять в жизнь национальную и религиозную политику партии и государства

全面建交 установить всесторонние отношения

全面建立(实施)制度 повсеместно ввести систему

全面交换意见 всесторонний обмен мнениями

全面解决 всеобъемлющее урегулирование

全面进步 всесторонний прогресс

全面禁止和彻底销毁核武器 всеобщее запрещение и полное уничтожение ядерного оружия

全面开创社会主义现代化建设新局面 создать новую обстановку на всех фронтах социалистической модернизации

全面论证 всестороннее обоснование

全面落实党的基本路线、基本纲领 всесторонне претворять в жизнь основную линию и основную программу партии

全面平等的参与 полноформатное и равноправное участие

全面认识祖国传统文化 иметь полное представление о родной традиционной культуре

全面审计 всесторонняя ревизия

全面实现城乡九年免费义务教育 полностью ввести бесплатное обязательное 9-летнее обучение в городе и на

селе
全面提高 полностью повысить
全面提高人的素质 всестороннее развитие положительных качеств человека
全面推进 идти по всем направлениям; всесторонне продвигаться
全面推进周边外交 всесторонне стимулировать развитие дипломатии с сопредельными странами
全面完成 полностью завершить
全面展开 всесторонне развернуть
全面战略伙伴关系 отношения всестороннего стратегического партнерства
全民健身 всенародная закалка здоровья
全民选举 всенародные выборы
全民医保 всенародное медобеспечение
全盘否定 полно и огульно отрицать; огульное отрицание
全盘接受 принять целиком и полностью
全盘西化 полностью вестернизировать; всесторонняя вестернизация
全球标准 общемировой критерий
全球多边贸易体系 глобальная система многосторонней торговли
全球金融危机 глобальный финансовый кризис
全球热点问题 международные горячие проблемы
全球性的激烈争夺 ожесточенная глобальная схватка
全球性挑战 вызовы глобального характера
全球性通货膨胀 инфляция глобального характера
全权代表 полномочный представитель; уполномоченный представитель
全权负责 полная ответственность
全日制普通高等学校 обычные вузы с полным учебным днем
全盛时期 период полного расцвета
全体出席 присутствовать в полном составе
全体会议 общее собрание; пленарное заседание
全体人员 личный состав
全体选民 электорат
全体指战员 весь командно-рядовой состав; командиры и бойцы
全心全意 всем сердцем и всеми помыслами
全心全意为人民服务 беззаветно служить народу
全心全意依靠工人阶级 всей душой и всеми помыслами опираться на рабочий класс
全新的格局 совершенно новая архитектоника (конфигурация)
全新工艺 принципиально новая технология
缺乏紧迫感 не совсем осознавать неотложность
缺斤少两 недовес
缺口 дефицит; брешь
确保产品质量和安全 надежно обеспечивать качество и безопасность продукции
确保国家粮食安全 надежно обеспечивать зерновую безопасность государства
确保食品药品安全 обеспечивать безопасность пищевых продуктов и медикаментов
确定边界线 демаркировать пограничную линию
确定的意见 определенные мнения
确定身份 установить личность
确定优先发展方向 определить приоритетные направления развития
确立领导地位 утвердить ведущее положение
确立思想路线 установить идеологическую линию
确立正确的政治方向 установить правильный политический курс
确实保证 действительная гарантия
确实可靠的消息 достоверные сведения
确凿的事实 непреложный факт

确凿的证据 неопровержимое доказательство

群策群力 разумом и силой масс; общими усилиями

群情激愤 взрыв возмущения масс

群众的意见和要求 мнения и нужды масс

群众反映强烈的问题 проблемы, вызывающие резкие нарекания со стороны населения

群众工作 работа среди масс; работа с массами

群众公认 общее признание со стороны народа

群众基础 опоры в массах

群众集体办学 создание школ народными массами на коллективных началах

群众来信来访 жалобы, поступающие от населения в письменной и устной форме

群众来信来访的接待处理工作 работа по приему и рассмотрению сигналов, поступающих от населения в письменной и устной форме

群众路线 линия масс

群众卫生运动 массовое движение за гигиену и санитарию

群众性文艺活动 массовая литературно-художественная деятельность

群众性体育活动 массовые спортивные мероприятия

群众性文化活动 массовые культурные мероприятия

群众性娱乐活动 художественная деятельность массового характера

R

燃眉之急 дело, не терпящее ни малейшего отлагательства
让利 предоставлять различные выгоды
让权力在阳光下运行 функционировать власти при солнечном свете
让人民共享文化发展成果 давать всему народу возможность вкушать плоды достижений культуры
让一部分人先富起来 поощрение части людей стать богатыми раньше других
扰乱经济秩序 разрушать экономический порядок; дестабилизировать экономику
扰乱市场 дезорганизовать рынок
热点 горячая точка
热点地区 горячие зоны
热点问题 горячие проблемы; жгучие проблемы
热情接待 теплый прием; теплое гостеприимство
热情问候 пламенный привет
热线 горячая линия; прямая связь; линия прямой связи
热心科学技术事业 горячо интересоваться делами науки и техники
热衷于 заинтересованный (в чем); жаждать (чего)
人才辈出 Непрерывное появление большого количества квалифицированных кадров. Таланты рождаются целыми плеядами.
人才队伍建设 кадровое строительство
人才分流 разнопоточное передвижение кадров
人才合理流动 рациональное передвижение кадров; рациональное перемещение кадров
人才市场 ярмарка вакансии; биржа людских ресурсов; биржа труда

人道主义危机 гуманитарный кризис
人道主义援助 гуманитарная помощь
人多地少 население огромное, а земли мало
人贩子 торговец живым товаром
人浮于事 работников больше, чем работы; раздутые штаты
人工降水 искусственные осадки
人工圈地牧场 искусственные (культурные) и огороженные пастбища
人工养鱼 рыборазведение; рыбоводство
人工智能 искусственный интеллект (ИН)
人行横道 переход через улицу; зебра
人与自然和谐相处 гармоничное сосуществование человека и природы
人际关系 отношения между людьми
人间奇迹 рукотворное чудо; чудеса света
人尽其才, 地尽其利, 物尽其用 максимально выявлять возможности людей а также в полной мере использовать природные и материальные ресурсы
人均 на душу населения; среднедушевой
人均产量 сбор на душу населения; продукция на душу населения
人均耕地面积 среднедушевая площадь пахотной земли; количество пахотной земли в среднем на человека
人均国民生产总值 валовой национальный продукт в расчете на душу населения; среднедушевое производство ВНП
人均国内生产总值 среднедушевой валовой внутренний продукт
人均可支配收入 среднедушевые доходы, находящиеся в непосредствен-

ном распоряжении; среднедушевые доходы за вычетом налогов

人口爆炸 демографический взрыв

人口不足 малонаселенность

人口出生率 коэффициент рождаемости населения

人口多，底子薄 население большое, а экономическая база слабая

人口分布 размещение населения

人口负增长 негативный рост населения

人口规划 демографическое планирование

人口过剩 избыток населения

人口基数 базисная цифра (величина) населения

人口结构 демографическая структура

人口老龄化趋势 тенденция старения населения

人口老龄化问题 проблема демографического старения; проблема старения населения

人口素质 качественное состояние населения; качество населения

人口政策 демографическая политика

人口自然增长 естественный прирост населения

人口自然增长率 коэффициент естественного прироста населения

人类福祉 блага человечества

人类进步事业 дело прогресса человечества

人类历史的长河 многовековая история человечества

人类历史上第一次 впервые в истории человечества

人类灵魂的工程师 инженеры человеческих душ

人力资源 людские (трудовые) ресурсы; резервы рабочей силы

人力资源开发 освоение людских ресурсов

人力资源市场 рынок людских ресурсов

人民安居乐业 Народ жил спокойной

трудовой жизнью.

人民必胜 Народ непобедим!

人民币结算 расчеты в китайских юанях; расчеты в RMB; юаневые расчеты

人民大会堂 Здание парламента Всекитайского собрания народных представителей

人民代表大会制度 Институт (система) собраний народных представителей

人民当家做主 хозяйское положение народа

人民法院 народный суд

人民公仆 слуга народа

人民满意的政府 правительство, удовлетворяющее народ

人民民主专政 демократическая диктатура народа

人民内部矛盾 противоречия внутри народа

人民陪审制度 система суда народных заседателей

人民群众的表率 пример для народных масс

人民群众的参与度 степень участия народа

人民日益增长的物质文化需要 постоянно растущие материально-культурные потребности народа

人民日益增长的物质文化需要同落后的社会生产之间的矛盾 противоречие между постоянно растущими материально-культурными потребностями народа и отсталым общественным производством

人民生活持续改善 добиться дальнейшего повышения уровня жизни народа

人权 права человека

人权对话 диалог по правам человека

人权问题 вопрос о правах человека; проблема прав человека

人权问题说到底是一个国家主权范围的事。我们坚决反对利用人权问题干涉别国的内政。 Права человека в конечном счете являются суверенным делом того или иного государства, и мы решительно выступаем против попыток вмешательства во внутренние дела других стран, прикрываясь проблемой этих прав.

人权宣言 декларация прав человека
人人平等 равенство прав
人身意外伤害保险 страхование от несчастных случаев
人身自由 свобода личности
人生定位 жизнеопределение
人生观 взгляды на жизнь; отношение к жизни
人事安排 персональное назначение
人事变动 персональное изменение
人事调整 персональное перемещение
人事制度 кадровая система; система кадров
人亡政息 гибель людей, распад власти
人为设置障碍 создавать искусственные преграды (препятствия)
人为因素 искусственный фактор
人文关怀 гуманитарная забота
人文合作 гуманитарное сотрудничество
人文交流 гуманитарные контакты; гуманитарные обмены
人文景观 реликвии человеческой культуры; исторические достопримечательности
人文科学 гуманитарные науки
人无远虑,必有近忧 Не заглянешь вперед — не оберешься хлопот.
人心所向,大势所趋 общие чаяния и непреодолимая тенденция развития
人心向背 симпатии и антипатии народа; расположение народа
人员合理流动 рациональное перемещение персонала
人员密集场所 места большого скопления людей
人员素质 качества персонала
人员往来 персональное общение; обще-

ние между людьми
人云亦云 За что купил, за то и продаю.
人造地球卫星 Искусственный спутник Земли
人造卫星的定点回收 возвращение спутника (ИСЗ) в заданную точку (на Земле)
仁人志士 борец-гуманист
仁至义尽 проявить максимум мягкости и великодушия
忍辱负重 терпеть обиды; нести (тяжкое) бремя
忍无可忍 верх нетерпимости; выйти из терпения
认清大局 учитывать общую обстановку (целое)
认清当前局势的严重性 осознать серьезность нынешней ситуации
认清形势 трезво оценить обстановку; хорошо разобраться в обстановке
认识本质 понимать природу; понимать сущность; вникать в суть
认识大自然的奥秘 познать тайну природы
认识过程 познавательный процесс
认识客观规律 познать объективные законы
认为可能 допускать возможность; считать возможным
认为状况严重 оценивать состояние как тяжелое
认为有义务 считать обязанным
认真办事的态度 деловой подход
认真负责地对待 относиться (к чему) со всей серьезностью и ответственностью
认真关注形势的发展 внимательно следить за развитием ситуации
认真贯彻 добросовестно претворять (что) в жизнь
认真履行职责 аккуратное исполнение обязанностей
认真坦率地交换意见 провести серьезный и откровенный обмен мнениями

认真调整产业结构 по-настоящему урегулировать производственную структуру

认真学习党的方针 добросовестно изучать курс партии

认证 удостоверение подлинности документов нотариальными конторами; аттестация качества продукции

认证体系 система аттестации качества продукции

认证制度 порядок аттестации качества продукции

认知科学 когнитивная наука

任何单边行动 какие-либо односторонние действия

任何官方性质的关系 отношения официального характера в какой бы то ни было форме

任何形式的个人崇拜 культ личности в любой форме

任何形式的恐怖活动 все формы террористической деятельности

任劳任怨 не бояться трудностей, не страшиться обид

任免 назначение и увольнение

任免干部 назначение и смещение кадров

任期 срок полномочий

任期届满 по истечении срока службы

任其发展 попустительствовать развитию (чего-л. нежелательного)

任其泛滥 попустительствовать широкому распространению (чего-л. нежелательного)

任人唯亲 назначить только по родству; подбирать людей по родственным отношениям; формировать кадры только из числа близких людей

任人唯贤 назначать людей по личным достоинствам; подбирать кадры по личным качествам

任务分解 расчленить общую задачу

任性 давать волю своему нраву

任意抬价 произвольно повышать цены

任意涨价 произвольно вздувать цены

任重而道远 Задачи велики и путь далек. (кому) предстоит пройти долгий и трудный путь

仍处于并将长期处于社会主义初级阶段 все еще находиться и будет долго находиться на начальной стадии социализма

日常工作 повседневная работа; текущая работа; будничная работа

日常开支 текущий расход

日常收入 текущее поступление

日程 повестка дня

日程以外的问题 вопрос вне повестки дня

日渐突出 день ото дня все более явственно (выпукло)

日客流量 дневной пассажирский поток

日趋尖锐的问题 обостряющиеся проблемы

日新月异 изменяться не по дням, а по часам; преображаться на глазах, непрерывно обновляться

日夜操劳 работать денно и нощно

日夜奋战 героически бороться денно и нощно

日益激烈的社会竞争 все ожесточенная социальная конкуренция

日益紧密 все более тесный

日益兴旺 с каждым днем набирать силу

日用必需品 товары первой необходимости

日用工业品 промтовары широкого потребления

日用消费品 товары широкого потребления

戎马一生 всю жизнь быть военным; всю жизнь воевать

荣辱与共 вместе быть в дни славы и в дни унижений; сопереживать радости и невзгоды

荣誉称号 почетное звание

融资 аккумулирование денежных

R

средств; аккумуляция денежных средств; капитализация средств; финансирование

融资渠道 каналы аккумулирования денежных средств

融资渠道多元化 диверсификация каналов финансирования

融资条件 условия для аккумуляции средств

冗员过多 штаты непомерно разбухли

肉眼 невооруженным глазом

肉眼观察 визуальное наблюдение

如实反映情况 правдиво информировать о ситуации

如数偿还 производить платежи аккуратно

如数追回债务 сполна возмещать задолженность

如无非常情况 за исключением особых обстоятельств; за исключением особых случаев

如意算盘 радужные планы; радужные расчеты

如遇紧急情况 в экстренных случаях

儒家文化 конфуцианская культура

入不敷出 Доходы не покрывают расходов.

入股 вступление в пай

入国籍 вступление в гражданство (подданство); натурализация

入籍申请 ходайство о принятии подданства (гражданства)

入境旅客物品申报单 декларация для въезжающих на вещи

入境签证 въездная виза; виза на въезд

入席 просить к столу

入学标准 критерии набора учащихся

软件 программное обеспечение

软件产业 софт-индустрия

软禁 держать под домашним арестом; посадить под домашний арест; домашний арест

软实力 мягкая мощь

软着陆 мягкая посадка

锐意创新 с непреклонной решимостью творить новое

锐意改革 с твердой решимостью осуществлять реформу

锐意进取 решительно двигаться вперед

若即若离 и вместе и врозь

弱势群体 уязвимые группы населения; социально слабые группы населения

弱智儿童 слабоумные дети

S

三方会谈 Трехсторонняя встреча

三个有利于(有利于发展社会主义社会的生产力,有利于增强社会主义国家的综合国力,有利于提高人民的生活水平) Три благоприятствования (благоприятствование развитию производительных сил социалистического общества, благоприятствование росту совокупной мощи социалистического государства и благоприятствование повышению жизненного уровня народа)

三军仪仗队 Почетный караул, состоящий из трех видов вооруженных сил

三农工作 работа в области сельского хозяйства, села и крестьянства

三权分立 деление власти на три ветви (законодательную, исполнительную и судебную)

三网融合 триединая сеть телекоммуникаций, интернета и радиотелевещания

三维空间 трехмерное пространство

散居的少数民族 нацменьшинства, проживающие некомпактно

丧失警惕 терять бдительность; утратить бдительность

丧失劳动力 утрата трудоспособности

丧失理智 потерять рассудок

丧失立场 сойти с позиции

丧失良机 упустить благоприятный момент

丧失人格 терять человеческое достоинство

丧失人心 утратить народное доверие

丧失时机 упускать момент

丧失主动权 утратить инициативу

丧失尊严 уронить достоинство

丧心病狂 безо всякого зазрения совести; без зазрения совести

扫除丑恶现象 выметать уродливые явления

扫黄打非 борьба с порнографической и нелегальной продукцией; борьба с порнографией и нелегальщиной

扫黄打黑 борьба с порнографией и мафией

扫盲 ликвидация неграмотности

扫清道路 расчистить дорогу; устранить препятствия

森林蓄积量 лесные резервы

森林资源 лесные ресурсы

沙尘天气 погода летучих песков

沙化 запесчанивание

山水相连的友好近邻 близкие дружеские соседи, соединенные общими горами и реками

煽动民族主义情绪 разжигать националистические настроения; разжигать националистические чувства

煽起民族敌对情绪 разжигать национальную вражду

善后工作 работа по ликвидации последствий чего-л.; надлежащее разрешение проблем, возникших в силу произошедших событий

善良愿望 доброе желание; добрые намерения

善始善终 хорошо начать и хорошо кончить

善意和不报成见的态度 доброжелательный и непредвзятый подход

擅自行动 своевольные действия

伤害民族感情 задевать национальные чувства

商品检验 товарная экспертиза

商品交换 товарный обмен; товарообмен

商品经济 товарная экономика

商品流通 товарное обращение; товародвижение

商品条形码 штриховой код товара

商务代表 коммерческий агент; коммерческий представитель; торговый представитель

商务代表处 торговое представительство

商业保险 коммерческое страхование

商业部门 торговое ведомство

商业贷款 коммерческий кредит

商业惯例 торговые обыкновения

商业贿赂 коммерческое взяточничество

商业秘密 коммерческая тайна

商业欺诈行为 коммерческое мошенничество

赏罚分明 награждать достоиных и наказывать виновных; ясно выраженные поощрения и наказания

上层 верхние слои

上层建筑对经济基础的反作用 обратное воздействие надстройки на экономический базис

上情下达 доводить информацию сверху вниз

上升到主要地位 встать на главное место; занять ведущую позицию

上市 выйти на фондовый рынок; котироваться; провести первичное размещение акций на бирже

上市公司 компания с котировкой акций на фондовых биржах; котирующаяся на бирже компания; биржевые корпорации

上市规模 масштабы выхода на рынок акций

上税物品 вещи, облагаемые пошлиной; вещи, подлежащие таможенному сбору

上诉 подать на кассацию; подать апелляцию

上诉费 апелляционные издержки

上诉权 апелляционное право

上台 выйти на арену; выйти на сцену

上台执政 прийти к власти

上调存贷款基准利率 повышать базисные депозитно-кредитные процентные ставки

上调存款准备金率 повышать проценты отчислений депозитов в резервный фонд

上下对口 соответствование (чего чему) в порядке вертикальной подчиненности

上下级之间关系 отношения между вышестоящими и нижестоящими

上下团结一致 сплотиться воедино сверху донизу

上下一条心 полное единодушие верхов и низов

上有政策，下有对策 сверху —— меры, а снизу — контрмеры

少花钱多办事的原则 принцип «меньше тратить, больше делать»

少将 генерал-майор

少数服从多数 Меньшинство подчиняется большинству.

少数民族 национальные меньшинства

奢侈浪费现象 явление роскошества и расточительства

奢侈品 предметы роскоши

赊购 покупать в кредит

赊销 продавать в кредит

舍近求远 игнорируя близкое, рваться к далекому

设备更新 обновление оборудования

设备老化 старение оборудования

设计能力 проектная мощность

设置行政机构 формировать административные органы

设置障碍 воздвигать преграды; класть препоны; чинить препоны; чинить препятствия; создавать препятствия; ставить барьеры

社会安全综合治理 комплексное наведение общественного порядка

社会办文化 развивать культуру сила-

ми общества
社会办学 учебные заведения, созданные на общественные средства
社会保险 социальное страхование
社会保障体系 система социального обеспечения
社会变革 преобразование общества; социальное преобразование; социальное изменение; социальный переворот
社会拨款 общественное ассигнование
社会财富 общественное богатство; общественные блага; общественное достояние
社会参与度 степень общественного участия
社会层次结构 ярусная структура общества
社会层面矛盾 проблемы в социальной сфере
社会承受能力 способность общества выносить нагрузку
社会丑恶现象 общественные уродства; уродливые общественные явления
社会出身 социальное происхождение
社会的主旋律 лейтмотив общества; основные настроения общества
社会地位 общественное положение; социальное положение
社会动荡 социальные потрясения; социальная конвульсия
社会发展中的新现象 новые явления в общественном развитии
社会反响 общественный резонанс
社会分工 общественное разделение труда
社会风气 общественная атмосфера; общественные нравы
社会风气好转 улучшение общественных нравов
社会风俗 общественные обычаи
社会福利 общественное благосостояние
社会各方面力量 все общественные силы

社会各阶层 все слои общества
社会各界 широкие круги общественности
社会根源 социальный источник
社会公德 общественная этика; общественная мораль; социальная мораль
社会公平公正 социальная беспристрастность и справедливость
社会公认的准则 признанные обществом нормы
社会公益活动 общественно полезная деятельность
社会和谐 социальная гармония
社会和谐的积极促进者 активисты в стимулировании социальной гармонии
社会化大生产 крупное общественное производство
社会化服务 сервис общественного характера
社会活动 общественная деятельность
社会活动家 общественный деятель
社会活力 жизненная энергия общества
社会监督 общественный контроль
社会阶层 общественные слои
社会结构 устройство общества; структура общества
社会紧张局势 социальная напряженность
社会进步的体现 воплощение социального прогресса
社会救济 социальная помощь; социальное вспомоществование
社会力量办学 открытие (создание) учебных заведений силами общества
社会利益格局 конфигурация социальных интересов
社会利益关系 отношения общественных интересов; отношения интересов в обществе
社会两极分化 социальное расслоение
社会矛盾 социальные противоречия
社会矛盾增多 разрастание социальных

противоречий

社会名流 известные общественные фигуры; известные общественные деятели

社会上的歪风邪气 затхлый воздух в обществе; нездоровые общественные поветрия

社会生产 общественное производство

社会生产效率 эффективность общественного производства

社会生产总值 валовой общественный продукт

社会思潮 общественные течения

社会统筹 единые социальные фонды; единое социальное планирование

社会团体 общественные организации

社会效益 социальная эффективность; социальный эффект

社会效用 общественная полезность

社会信用体系 система общественного доверия; система социального доверия

社会养老保险 социальное страхование по старости

社会义务 общественная обязанность

社会意义 социальное значение

社会舆论 мнение общественности; общественность; общественное мнение

社会援助 социальная помощь

社会责任感 социальная ответственность; чувство ответственности перед обществом; чувство долга перед обществом

社会长治久安 долговременная социальная стабильность

社会正气 здоровые общественные нравы

社会志愿服务体系 система общественного волонтерского сервиса

社会制度 общественное устройство; общественная система; общественный строй; социальный строй

社会治安综合治理 комплексное обеспечение общественной безопасности; комплексное наведение общественного порядка

社会秩序 общественный порядок

社会主义初级阶段 начальная стадия социализма

社会主义初级阶段基本国情 основные реалии начальной стадии социализма

社会主义初级阶段基本路线 основная линия для начальной стадии социализма

社会主义道德教育 воспитание социалистической нравственности

社会主义核心价值体系 система основных ценностей социализма

社会主义价值观 социалистическое понимание ценности

社会主义精神文明 социалистическая духовная культура

社会主义劳动者 социалистический труженик

社会主义理论体系 теоретическая система социализма

社会主义内在的活力与生机 жизненная сила и динамизм, присущие социализму

社会主义全民所有制 социалистическая общенародная собственность

社会主义荣辱观 социалистическое понятие чести и позора

社会主义商品经济 социалистическое товарное хозяйство

社会主义市场经济体系 системы социалистической рыночной экономики

社会主义事业接班人 продолжатели дела социализма; смена дела социализма

社会主义文化繁荣 процветание социалистической культуры

社会主义新风尚 новые социалистические нравы

社会主义新农村建设 строительство новой социалистической деревни

社会主义新人 новые люди социалистической формации; новый социалистический человек

社会资本 общественный капитал
社会资源 социальные ресурсы
社会总供给 совокупное общественное предложение
社会总需求 совокупные потребности общества; совокупный общественный спрос
社交网络 социальные сети
社情民意 настроения общества и помыслы людей; социальная обстановка и настроение людей (народа)
社区服务 микрорайонное обслуживание (сервис)
社区警务工作 милиция микрорайона
社区卫生服务中心 микрорайонные центры медобслуживания
涉及两国核心利益的重大问题 важные вопросы, связанные с коренными интересами двух стран
涉及面广 затрагивать широкий круг (проблем)
涉世不深 жизненный опыт не глубок
申办奥运 заявка на право быть организатором Олимпиады
申办冬奥会 подать заявку на проведение зимней Олимпиады
申报制度 порядок декларирования
申请免税 ходатайствовать об освобождении от налогов
申请签证 подать заявление на выдачу визы
申请人 лицо, подавшее заявление; заявитель
申诉 подать жалобу; апеллировать
伸张正气，打击邪气 поддерживать здоровые веяния и пресекать вредные поветрия
伸张正义 бороться за справедливость; поддерживать правое дело
身居要职 занимать важнейший пост; занимать видное место
身体力行 проводить в жизнь с полной самоотдачей
身体素质 физическая подготовка; физические качества
身心两方面 как физически, так и умственно
深表同情 глубоко сочувствовать; искренне сострадать; выразить глубокое участие; выразить глубокое соболезнование; питать глубокую симпатию
深表遗憾 выражать глубокое сожаление
深层次矛盾 глубинные противоречия
深层次问题 глубоко укоренившиеся проблемы
深得人心 завоевать сердца и умы людей
深度加工产品 продукция глубокой (окончательной) обработки
深耕细作 глубокая вспашка и тщательная обработка земли
深化传统友谊 углублять традиционную дружбу
深化对国情的认识 углублять познания в области реалий страны; глубже понимать национальные реалии
深化对社会主义市场经济规律的认识 углублять понимание законов социалистической рыночной экономики
深化公立医院改革 углублять реформу государственных клиник
深化合作 углублять сотрудничество
深刻变化 глубокие перемены
深刻的分析 глубокий анализ
深刻的眼光 далеко идущие взгляды; дальновидность
深刻的意见 глубокий смысл
深刻的印象 глубокое впечатление
深刻转变 глубокие изменения
深切哀悼 выражать глубокое соболезнование
深切怀念 с особой теплотой вспоминать
深切同情 (выражать) глубокое сочувствие
深切慰问 (выражать) глубокое соболезнование

深入到广大群众中去 дойти до широких масс; идти в гущу широких народных масс

深入第一线 идти на самую передовую линию

深入基层 глубоко вникать в работу низовых организаций; идти в низы; углубляться в низы

深入交换意见 углубленный обмен мнениями по вопросу

深入经济社会各个领域 углубляться в различные социально-экономические сферы

深入开展党风党纪教育 важно развертывать вглубь воспитание в плане партстиля и партдисциплины

深入开展法制宣传教育 вести вглубь правовую пропагандистско-воспитательную работу

深入了解下情 хорошо знать конкретное положение в низах

深入理解新形势、新任务 полностью осмыслять новую обстановку и новые задачи

深入群众 идти в гущу масс; идти в глубину масс

深入人心 внедрить (что) в души людей; глубоко войти в сознание людей; глубоко проникнуть в сердца людей

深入生活 углубляться в жизнь

深入实际 углубляться в действительность

深入推进 направленная на продвижение вглубь в чем

深入推进改革开放 По линии углубления шли реформа и открытость.

深入推进西部大开发 продвигать вглубь масштабное освоение западных регионов страны

深入细致的思想政治工作 углубленная кропотливая идейно-политическая работа

深入心坎 все глубже завладевать сердцем

深入总结 глубоко обобщить

深深扎根 пустить глубокие корни; укорениться

深深扎根两国人民心中 укорениться в народах двух стран; пустить глубокие корни в сердцах народов двух стран

深远的意义 далекоидущее значение

深远的影响 глубокое и далеко идущее влияние; далеко идущее влияние

深造 совершенствовать свои знания; повышать квалификацию

深重灾难 тяжелейшее бедствие

神圣不可侵犯 священный и неприкосновенный

神圣的权利 священное право

神圣领土 священная территория

神圣任务 священная задача

神圣使命 священная миссия

神圣责任 священный долг

神圣职责 святая обязанность; священная обязанность

审计 аудит; аудиторство; аудирование; ревизия; ревизование

审计报告 аудиторский отчет; отчет о ревизии

审计部门 аудиторский орган; ревизионный орган

审计程序 ревизионная процедура

审计机关 ревизионный орган

审计监督 контроль и надзор

审计署 аудиторская служба

审计员 аудитор; ревизор

审计长 главный ревизор

审计制度 порядок ревизии; ревизионная система

审判工作 судебное разбирательство

审判机关 судебный орган

审判监督程序 порядок судебного надзора

审判权 юрисдикция

审判委员会 судебная коллегия

审判员 судья

审判长 председатель суда

审批程序 процедура утверждения

审批机关 санкционирующий (утверждающий) орган
审批权限 право на рассмотрение и утверждение
审批手续 порядок визирования; порядок санкционирования
审批制度 система (порядок) санкционирования (утверждения)
审时度势 оценивать момент; наблюдать за обстановкой
审视自己 проверять себя
慎重的决定 взвешенное решение
升官发财 продвигаться по службе и богатеть
升级换代 переход на новый уровень при смене поколений (продукции)
生搬硬套 слепо подражать; механически копировать; механически заимствовать
生产成本 себестоимость изготовляемой продукции; себестоимость производства
生产第一线 передовая линия производства
生产工具 орудия производства
生产工艺 производственные технологии
生产关系 производственные отношения
生产关系与生产力相协调 соответствие производственных отношений производительным силам
生产基地 производственная база
生产技能 производственная квалификация
生产力布局 размещение производственных сил
生产力发展水平 уровень развития производительных сил
生产日期 дата выработки
生产社会化水平 уровень обобществленности производства
生产事故 производственные аварии
生产停滞 застой производства
生产萎缩 свертывание производства

生产下降 упадок производства
生产线 производственная линия
生产效益 производственная эффективность
生产协作 производственное кооперирование
生产要素 важнейшие компоненты производства; основные факторы производства; факторы производства; компоненты производства
生存环境 жизненная среда
生存权 право на существование
生动活泼的政治局面 Политическая обстановка, при которой была бы живость и бодрость.
生活保障 бытовое обеспечение
生活保障线 потребительская корзина
生活必需品 необходимые средства существования; товары первой необходимости
生活成本指数 индекс стоимости жизни
生活出路 жизненный выход
生活待遇 средства на жизнь; материальное обеспечение
生活得更加幸福、更有尊严 жить более счастливо и с большим достоинством
生活费 прожиточные средства; цены на жизнь
生活费上涨 подорожание жизни; дороговизна жизни
生活贫困 жить в нужде
生活是创作的源泉 Жизнь — источник творчества.
生活水平 жизненный уровень; уровень жизни
生活特殊化 пользоваться привилегиями в быту
生活条件 бытовые условия
生活用水 вода для хозяйственных нужд
生活在贫困线以下 жить за чертой бедности
生机 жизнеспособность
生机盎然的社会主义中国 полный сил

и энергии социалистический Китай

生机和活力 жизнедеятельность и дееспособность; жизненная сила и энергия

生理状态 физиологическое состояние

生力军 новые свежие силы

生灵涂炭 ввергнуть людей в пучину страданий

生命垂危的境地 находиться между жизнью и смертью; быть на грани жизни и смерти

生命科学 наука о жизни; виталогия

生命线 жизненный нерв

生命攸关的问题 жизненный вопрос; кровно заинтересованный вопрос

生杀大权 право распоряжаться чужой жизнью; право оставлять в живых или убивать

生衰兴旺 упадок и расцвет

生死存亡 вопрос жизни и смерти

生死存亡的紧要关头 Критический момент, когда встает вопрос о жизни и смерти.

生死存亡的问题 вопрос быть или не быть; вопрос существования

生态安全 экологическая безопасность

生态脆弱地区 экологически неблагоприятные районы; районы с хрупкой экологией

生态防护林体系 система экозащитных лесопосадок

生态功能区 зона с экологическими функциями

生态后果 экологические последствия

生态环境 окружающая природная среда; экологическая среда

生态环境保护 экологическая охрана; экоохрана

生态环境补偿机制 механизм компенсации при разрушении экологической среды; система компенсации экологического ущерба

生态建设 экологическое строительство; экостроительство

生态农业 экологическое земледелие; экологически чистое земледелие

生态平衡 экологический баланс; экологическое равновесие

生态破坏 нарушение экологического баланса; разрушение экологической среды

生态示范区 показательная (образцовая) экологическая зона

生态条件恶劣 скверные экологические условия

生态文明建设 экокультурное строительство

生态系统的良性循环 нормальный экологический круговорот

生态修复 экологическая рекультивация

生态灾难 экологическая катастрофа; экокатастрофа; экологическое бедствие; экобедствие

生态走廊 экологический коридор

生物多样性得到保护和恢复 способствовать поддержанию и восстановлению биологического разнообразия

生效 вступить в силу

生意人 дилер; бизнесмен; делец; торговец; коммерсант

生意萧条 упадок торговли

生育政策 политика деторождения

声东击西 обманный маневр (букв.: пошуметь на востоке, а ударить на западе)

声色犬马(沉迷于……) (пристрастие, склонность) к праздной развратной жизни

声讨罪行 осудить преступление

声望 авторитет; репутация; реноме; слава

声援 выражать чувства солидарности; солидарность

绳之以法 наказывать по закону; привлекать к судебной ответственности

省部级以上高级干部 высокопоставленные кадровые работники в ранге

губернаторов провинций, министров и выше

省部级以上重大科技成果 крупные научно-технические достижения на уровне не ниже министерства или провинции

省部级主要领导干部 главные должностные лица провинциального и министерского уровня

省吃俭用 ограничивать себя во всем; отказывать себе в самом необходимом

省时省事 сэкономить время и упростить дело

省委书记 секретарь парткома провинции

省优称号 знак качества, присуждаемый на уровне провинции

省长 губернатор провинции; глава провинциальной администрации; председатель провинциального правительства

胜利果实 плоды победы

胜利之本 основа победы

胜任 быть на высоте своих задач; справиться со своими задачами

胜任职务 оказываться на высоте поста; справиться со своей работой

盛大节日 большой праздник

盛大宴会 торжественный обед; торжественный банкет

盛气凌人 заносчиво (высокомерно) держаться с людьми

盛情款待 радушное гостеприимство; радушно принимать; радушный прием

盛情邀请 любезное приглашение

剩余产品 прибавочный продукт

剩余功率 избыточные мощности

剩余价值 прибавочная стоимость

剩余劳动力 излишки рабочей силы; лишние рабочие руки; избыточная рабочая сила

剩余劳动力的转移 перемещение излишней рабочей силы

失去战斗力 потерять боеспособность; утратить боевой дух

失事地点 место аварии

失效 потерять силу; стать недействительным; недействительный; утратить силу; перестать действовать

失效支票 чек, утративший силу

失言 нарушить свое слово; нарушить обещание; брать назад сказанное; бросать слова на ветер

失业保险 страхование по безработице; страхование от безработицы

失业率 коэффициент (уровень) безработицы

失业率居高难下 высокий уровень безработицы

失业人数 численность безработных

失业水平 уровень безработицы

失职渎职 небрежно и наплевательски относиться к служебным обязанностям

失足青年 оступившаяся молодежь

失足者 оступившиеся

师范教育 обучение в педагогических учебных завседниях; педагогическое образование

师资不足 нехватка педагогического персонала

师资培训经费 расходы на подготовку (повышение квалификации) учителей

师资水平 уровень преподавателей

施工队伍 армия (ряды) строителей

施工管理 управление строительством (строительными работами)

施工管理混乱 беспорядок в управлении строительством

施工进度 темпы строительных работ

施工企业 строительное предприятие

施加压力 оказать нажим; оказать давление; произвести давление

施加影响 оказать влияние; использовать свое влияние

施展抱负 осуществлять свои высокие идеалы (намерения)

施展手法 ловчить; пускаться на уловки; расставлять «ловушки»
施政纲领 административно-политическая программа
湿地 водно-болотные угодья
湿地保护 охрана болот (заболоченных мест)
十分谨慎的回应 отреагировать (на что) с большой осторожностью
十分满意 большое удовлетворение
十分明确地提出问题 поставить вопрос с полной ясностью
十分慎重的态度 максимум осторожности
十年规划纲要 Основные положения 10-летнего плана
十全十美 совершенный во всех отношениях; идеальный; безукоризненный
十三亿人口的国家 страна с 1,3-миллиардным населением; страна с населением в 1,3 млрд человек
十一届三中全会 3-й пленум ЦК 11-ого созыва
十一世班禅额尔德尼 Панчен-эртни одиннадцатый
石油地质储量 геологические запасы нефти
石油化工 нефтехимическая промышленность
石油开采能力 мощности по добыче нефти
石油输出国 нефтеэкспортирующая страна; страна-экспортер нефти
石油输出国组织 Организация стран-экспортеров нефти; ОПЕК (OPEC)
石油天然气输送管道 газонефтепродуктопровод
时代潮流 веяние времени
时代赋予的崇高使命 возложенная эпохой высокая миссия
时代精神 дух времени
时代脉搏 пульс эпохи
时代气息 дух эпохи; дыхание эпохи; веяния эпохи
时代特征 особенности (черты) эпохи
时代要求 императив эпохи
时代主题 лейтмотив эпохи
时价 конъюнктурная цена; текущая цена
时间表 график; план работ с указанием сроков выполнения
时间的考验 испытание временем
时间紧迫 временной прессинг; прессинг времени
时间就是金钱,效率就是生命 время — деньги, эффективность — жизнь
时刻警惕 быть начеку (против чего)
时刻牢记 иметь (что) перед глазами; всегда крепко помнить
时刻准备着 быть готовым в любой момент
识别真伪 распознавать истинное и ложное
识大体,顾大局 видеть целостную обстановку и заботиться о деле в целом
实干家 люди дела
实干精神 дух деловитости
实干兴邦,空谈误国 Практические дела возраждают Родину, пустая болтовня губит страну.
实行……方针 осуществить курс; проводить в жизнь курс
实行边境封锁 закрыть (блокировать) границу
实际成本 фактическая себестоимость
实际措施 практические меры
实际结论 практический вывод
实际进展 реальный прогресс
实际控制线 линия фактического контроля
实际利益 практические выгоды
实际利用率 коэффициент фактического использования
实际利用外资 реально применяемый (используемый) иностранный капитал
实际利用直接投资 практическое использование прямых инвестиций

实际量 физический объем
实际内容 действительное содержание; фактическое содержание
实际情况 действительное положение; реальная обстановка; фактическая обстановка
实际生活 современная жизнь; реальная жизнь
实际使用外商直接投资 фактически использовать прямые зарубежные инвестиции
实际收入 реальные доходы
实际水平 фактический (реальный) уровень
实际体现 практическое воплощение
实际调查 обследование действительности
实际效果 практический эффект
实际需要 практическая нужда; реальная потребность
实际意义 практическое значение
实际应用 практическое применение
实际增长 действительный прирост; реальный рост; реальный прирост
实际资本 активный капитал
实绩突出 действительно выделяться своими служебными достижениями
实践出真知 Истинные знания проистекают из практики.
实践活动 практическая деятельность
实践经验 практический опыт
实践是检验真理的唯一标准 Практика — единственный критерий проверки истины; Практика — единственный критерий истины; Практика — единственный критерий для проверки истины.
实践证明 опыт доказывает, что ...; практика свидетельствует, что ...
实权人物 влиятельное лицо
实施步骤 шаги осуществления
实施创新驱动 осуществлять стратегию стимулирования развития посредством инновации

实施的条件 условия реализации
实施纲要 основные положения реализации
实施积极的财政政策和适度宽松的货币政策 перейти к активной финансовой и соразмерно раскованной монетарной политике
实施积极的就业政策 осуществлять активную политику трудоустройства
实施计划 привести план к исполнению
实施绩效工资 вводить оплату труда в зависимости от итогов работы
实施科教兴国战略 осуществлять стратегию подъема страны за счет науки и образования
实事求是的原则 принцип реалистического подхода к делу; принцип «из фактов черпать истину»
实体经济 реальная экономика
实现国家的发展战略 осуществить стратегию государственного развития
实现国家现代化 осуществление модернизации страны
实现经济转型 осуществление экономической трансформации
实现经济总体回升向好 добиться поступательного развития экономики
实现了百年梦想 осуществить вековую мечту
实现利润 реализованная прибыль
实现诺言 выполнить обещание
实现全党工作中心向经济建设的转移 перенести центр тяжести общепартийной работы на экономическое строительство
实现远大理想 осуществлять заветные мечты
实现中华民族伟大复兴 осуществление великого возрождения китайской нации
实现重大突破 осуществить важный рывок
实现自我 самоосуществление
实效 практические результаты; ре-

S

альная эффективность

实效不大 дать мало отдачи; малая отдача

实用主义 прагматизм

实有人员 активный персонал

实有数 фактическое наличие

实质性分歧 разногласия по существу

实质性建议 предложение по существу

实质性进展 существенные сдвиги

实质性讨论 обсуждение по существу

实质性问题 вопрос по существу; существенный вопрос

食不果腹，衣不蔽体 Нет пищи, чтобы утолить голод, нет одежды, чтобы прикрыть тело.

食品安全 безопасность пищевых продуктов

食品卫生 гигиена питания; гигиена пищевых продуктов

食物结构 структура питания

食言 отрекаться от своих слов; бросать слова на ветер

史无前例的成就 беспрецедентное достижение

使……陷入瘫痪 привести (что) в полную негодность; парализовать

使……有了新面貌 придать новый облик

使发展成果惠及全体人民 давать всему народу возможность вкушать плоды развития

使法律得以实施 проводить закон в жизнь

使人民共享改革发展成果 превращать плоды реформы и развития в общенародное достояние

使社会文化生活更加丰富多彩 сделать многокрасочнее культурную жизнь общества

使用暴力 прибегать к насилию; применять силу

使用否决权 применять право вето

使用行政手段 пользоваться административными рычагами

使用寿命 срок безотказной работы; эксплуатационный срок службы; срок службы

使用武力 применение силы

使用效果 эффективность использования

始终不渝走和平发展道路 неуклонно идти по пути мирного развития

始终走在时代前列 идти в авангарде эпохи

示范工程 показательные объекты

示范基地 показательная база

示范区 образцовые районы, показательные зоны

示范性工程 показательные объекты

示范性领域 опорные отрасли

示范作用 роль примера; сила примера

世纪交替 смена веков

世界霸权 мировое господство (гегемония)

世界多极化 многополярность мира; мировая мультиполяризация

世界多样性 многообразие мира

世界反法西斯战争 мировая война против фашизма

世界格局 архитектоника (конфигурация) мира

世界格局多极化 становление полиполярного мироустройства

世界和地区安全挑战 вызов глобальной и региональной безопасности

世界经济格局 структура мировой экономики; архитектоника мировой экономики

世界经济失衡加剧 нарастание диспропорции мировой экономики

世界经济危机 мировой экономический кризис

世界经济舞台 арена мировой экономики

世界军事发展新趋势 новая тенденция мирового военного развития

世界史上前所未有的壮举 героическое свершение, равного которому не знала история мира

世界粮食首脑会议 Всемирное сове-

щание в верхах (всемирный саммит) по продовольствию
世界贸易组织 Всемирная торговая организация (ВТО)
世界前列 передовые рубежи среди государств всего мира
世界四大古文明 четыре древнейшие цивилизации мира
世界文明成果 достижения мировой цивилизации
世界卫生组织 Всемирная организация здравоохранения(ВОЗ)
世界屋脊 крыша мира
世界银行 всемирный банк(ВБ)
世界舆论 мировая общественность
世界瞩目 приковывать внимание всего мира
市场波动 рыночные колебания
市场导向 рыночная ориентация
市场的无形之手 невидимая рука рынка
市场供求关系 соотношение рыночного спроса и предложения
市场供求情况 состояние рыночного снабжения
市场供应 обеспечение рынка товарами; снабжение рынка
市场行情 конъюнктура рынка
市场化 маркетизация
市场环境 рыночная среда
市场混乱 рыночный хаос
市场活跃 оживление рынка
市场机制 рыночный механизм
市场价 стоимость рыночных цен товаров
市场价格机制 механизм рыночного ценообразования
市场经济地位 статус рыночной экономики
市场竞争 рыночная конкуренция
市场竞争机制 механизм рыночной конкуренции
市场竞争力 конкурентоспособность на рынке
市场流动性 ликвидность на рынке

市场流通货币 деньги, обращающиеся на рынке
市场疲软 вялость рынка
市场体系 рыночная система
市场调查与预测 анализ и прогнозирование рынка
市场调节 рыночное регулирование
市场调节价格 цены, регулируемые рынком
市场萧条 депрессия на рынке
市场信心 уверенность в рынке
市场需求 спрос рынка
市场预期 рыночные ожидания
市场主体 рыночные субъекты
市场准入 вступление на рынок
市场准入标准 критерии визирования для выхода на рынок
市政当局 городские власти; городская администрация
市政服务 коммунальные услуги
市政公用事业 городские коммунальные службы
市政机构 муниципальные органы
势力范围 сфера влияния
势如破竹 неудержимое развитие; с неудержимой силой
事半功倍 высокий результат при малой затрате сил; окупиться с лихвой
事倍功半 скромный результат при огромных усилиях; малокупающийся; неэффективный
事故原因 причина аварии
事故责任者 лицо, ответственное за несчастный случай; виновник аварии
事关大局 (от чего) зависит все дело
事关群众利益 затрагивать интересы населения
事后得知 узнать постфактум
事件错综复杂 сложное переплетение событий
事件的发展变化 круговорот событий
事件的中心 ось событий
事实上 де-факто; по сути дела
事实上承认 фактическое признание

S

事实胜于雄辩 Факты убедительнее слов.
事实真相 подлинное положение вещей
事态的发展 развитие события; ход развития события
事态的扩大 осложнение обстановки
事业单位 непроизводственные учреждения и организации
事业心 деловитость; ответственный подход к делу
事与愿违 помимо своей воли
试产 пробное производство
试点 произвести работу в экспериментальном порядке; произвести работу в опытном порядке
试点城市 города, ведущие эксперимент
试点工作 экспериментирование; работа в порядке эксперимента
试点项目 экспериментальный проект
试管婴儿 ребенок, зачатый в пробирке
试行 вводить в опытном порядке
试金石 пробный камень
试用期 испытательный срок; испытательный стаж
视察 инспекционная поездка; совершить инспекционную поездку
视而不见 смотреть, да не видеть
视情况而定 смотря по обстоятельствам
视死如归 идти навстречу верной смерти
视听产品 аудиовизуальные изделия
视为己任 считать своим долгом
是非标准 критерии истиного и ложного
是非不分 правильное не разграничено с ложным; неясно, что правильно, а что ложно
是非分明 истинное четко разграничено с ложным
是非功过问题 проблема правильного и ложного, заслуг и ошибок
是非界限不清 неясное разграничение истинного и ложного
是非曲直 истина и ложь; кривда и правда
是非问题 вопрос о правде и неправде

适当改善 надлежащим образом улучшать
适当级别的会晤 встреча на соответствующем уровне
适当加快速度 надлежащим образом ускорить темпы
适当时机 подходящий момент
适当调整 надлежащее урегулирование
适得其反 действовать в прямо противоположном направлении
适度从紧的财政方针 финансовый курс на разумное ужесточение контроля; разумно жесткая финансовая политика
适度从紧的财政政策 умеренно жесткая финансовая политика
适度从紧的货币政策 разумно жесткая валютная политика
适度规模 разумные масштабы
适度规模经营 хозяйствование рационального масштаба; хозяйственная деятельность в соответствующих масштабах
适度宽松的货币政策 в меру эластичная денежная политика; в меру раскованная денежная политика; умеренно мягкая валютная политика; умеренно мягкая монетарная политика
适度倾斜 соответственный акцент; разумный крен
适度消费 умеренное потребление
适度增长 соразмерный рост; соразмерные темпы роста
适龄儿童 дети соответствующего возраста
适时适度微调 своевременное соразмерное микрорегулирование
适销对路 отвечать спросу; соответствие потребностям рынка
适宜的速度 оптимальные темпы; подходящая скорость
适应当今现实 адаптация к нынешним реалиям

适应国内外复杂局势 реагировать на сложные изменения ситуации в стране и за ее пределами
适应国内外形势的新变化 адаптироваться к новым переменам во внутренней и внешней обстановке
适应能力 приспособляемость; способность к адаптации
适应社会发展 приспособиться к социальному развитию
适应新环境 осваиваться с новой обстановкой
适应新情况的政策 политические установки, применительные к новой обстановке
适应新形势的方针政策 государственные установки, соответствующие новой ситуации
适应新形势新任务 отвечать требованиям новой ситуации и новых задач
适应形势的发展 идти в ногу с развитием обстановки
适应需要 быть на высоте требований; отвечать нуждам; связи с нуждами; отвечать требованиям; пойти навстречу требованиям
适用范围 сфера применения
适用技术 практически применимые технологии
适用性 применимость
适者生存 выживание наиболее приспособленных к жизни
恃强凌弱 опираясь на силу, притеснять слабых
室外广告 наружная реклама
释放市场活力 проявление активной рыночной энергии
收大于支 Доходы превышают расходы.
收费标准 тарифы
收费和摊派 взносы и поборы
收费制 порядок взимания платы
收购保护价 закупочные протекционные (протекционистские) цены
收购价格 закупочная цена
收购价格保护制度 система гарантированных закупочных цен
收购价格总水平 общий уровень закупочных цен
收购制 система закупок
收归国有 национализация
收回借款 отозвать заем
收回资金 отозвать средства (капитал)
收盘价 заключительный курс; цена перед закрытием биржи
收盘指数 индекс курсов акций на бирже на момент закрытия торгов
收容教养 принимать на перевоспитание
收入差距 разрыв в доходах
收入差距拉大 увеличение разрыва в доходах
收入差距悬殊 непомерная разница в доходах
收入返还 возвращение доходов
收入分配 распределение доходов
收入分配不均 неравномерность распределения доходов
收入分配格局 схема распределения доходов
收悉 подтвердить получение; подтверждено получение
收支不平衡 платежный дисбаланс
收支差额 разница между доходами и расходами; сальдо доходов и расходов
收支紧张 дисбаланс финансовых доходов и расходов
收支平衡 баланс между доходами и расходами; платежный баланс
收支相抵 Доходы сходятся с расходами.
收支指标 показатели доходов и расходов
手续费 плата за оформление документов
首创精神 дух творческой инициативы
首当其冲 первым оказаться под ударом

S

首脑会议 совещание глав правительств
首席代表 главный делегат
首席记者 шеф-корреспондент
首先使用核武器 первым применять ядерное оружие
首要分子 главари
首要前提 первая предпосылка
首要任务 первая задача; первейшая задача; первоочередная задача; задача первостепенной важности; приоритетная задача
首要条件 первое условие
首要位置 первостепенное место
受到法律保护 находиться под защитой законодательства
受到广泛欢迎 снискать широкое одобрение; пользоваться широкой популярностью
受到好评 найти симпатию; хорошо отзываться; пользоваться популярностью
受到控制 попасть под контроль
受到冷遇 быть в опале
受到批评 подвергаться критике
受到侵蚀 поддаться разлагающему (тлетворному) воздействию
受到人民的支持和认可 получить признание и поддержку народа
受到选民的信任 получить мандат доверия от избирателей
受到严厉处理 понести суровое наказание
受到严重冲击 оказаться под серьезным ударом
受到制裁 понести кару; подвергаться санкции
受到追究 быть привлеченным (привлекаться) к ответственности
受欢迎的人 желанный гость; персона грата
受贿者 взяткополучатель
受教育程度 уровень образования
受托人 доверенное лицо
受益人 бенифициар

受灾地区 районы, пострадавшие от стихийных бедствий
受制于外部形势 быть обусловленным внешними обстоятельствами
授予学位 присвоить (кому) ученую степень
授予勋章 вручить орден; наградить орденом
售后服务 обслуживание после продажи; услуги по послепродажному сервису; послепродажное обслуживание
售前服务 предпродажное обслуживание
书记 секретарь
书记处 секретариат
书面交涉 письменное представление
书面解释 письменное объяснение
书面抗议 протест в письменной форме
书面通知 письменное уведомление
书写了人类历史上惊天地、泣鬼神的壮丽史诗 создать величественную в истории развития человечества эпопею, потрясающую весь мир и заставляющую вздрогнуть Небо и Землю
枢纽 узел; ключевые позиции
枢纽城市 узловые города
枢纽站 узловая станция
殊死保卫 стоять насмерть
殊死斗争 бороться не на жизнь, а на смерть; смертельная борьба (схватка)
殊途同归 Крайности сходятся.
疏导 консиляция
输出国 страна-экспортер
输入国 страна-импортер
输入新鲜血液 вливать новую струю (в организм)
熟练工人 квалифицированный рабочий
熟练劳动 квалифицированный труд
熟视无睹 смотреть, но не видеть (не замечать)
熟悉业务 изучать свое дело; знать свое дело

属……管辖范围内 входить в компетенцию; находиться под юрисдикцией

署名文章 авторская статья

束缚生产力发展的经济体制 система экономики, сковывающая развитие производительных сил

束缚手脚 связать по рукам и ногам

束之高阁 держать (что) под спудом; оставить (что) под спудом; остаться под спудом; положить (что) под сукно

树立共产主义的远大理想 утверждать высокие идеалы коммунизма

树立目标 задаться целью

树立全局观念 утвердить в себе сознание подчинения общим интересам

树立社会主义法治理念 утверждать идеи социалистической законности

树立社会主义民主法制、自由平等、公平正义理念 утверждать идеи социалистической демократии и законности, свободы и равенства, беспристрастности и справедливости

树立世界眼光 вырабатывать глобальный кругозор

树立市场观念 вырабатывать у себя рыночные представления

树立务实作风 утверждать деловой стиль

树立新的利益观和合作模式 создать новое воззрение интересов и новую модель сотрудничества

树立信心 проникнуться уверенностью

树立长期作战的思想 быть готовым к длительной борьбе

数不胜数 неисчислимое множество; счета нет; не знать счета

数据库 база данных

数控机床 станки с цифровым управлением

数字化 цифрация; переход к цифровому выражению; внедрение цифровых технологий

数罪并罚 наказание за несколько преступлений; совокупное наказание

耍两面派 двурушничество; поступать двурушнически

双边关系的问题 вопросы (проблемы) двусторонних отношений

双边经贸合作 двустороннее торгово-экономическое сотрудничество

双边贸易 двусторонняя торговля

双边贸易额 товарооборот

双边谈判 двусторонние переговоры

双边条约 двусторонний договор

双边外交 двусторонняя дипломатическая деятельность

双边政治往来 двусторонние политические связи

双重标准 двойные стандарты

双重国籍 двойное гражданство

双重领导 двойное руководство

双重目的 двойная цель

双重任务 двойная задача

双重身份 двойная роль

双重征税 двойное налогообложение

双方的论点 аргументы обеих сторон

双方都可以接受的解决办法 приемлемое для обеих сторон решение; взаимоприемлемые развязки

双方条约 двухсторонний договор

双轨制 двухколейная система

双向选择 взаимный выбор; обоюдный выбор

双拥（拥军优属，拥政爱民）Двойная поддержка (поддержка армии и забота о семьях военнослужащих, поддержка органов власти и забота о населении)

双语教学 обучение на двух языках

双语教育 двуязычное обучение

双职工 работающие супруги

水产品 продукция водных промыслов; аквапродукция; продукты аквакультуры

水产养殖业 аквакультура

水力资源 водные ресурсы

水利工程 гидромелиоративные сооружения

水利建设 гидромелиоративное строительство

水利枢纽 гидротехнический узел; гидроузел

水陆交通 водный транспорт

水陆联运站 станция сквозной перевозки по воде и суше

水路货运量 объём водных перевозок

水深火热 страдание и лишение

水土保持 защита почвы от эрозии; водо- и почвозадержание

水土流失 потеря воды и унос почвы; влаго- и почвопотери

水污染防治 борьба с загрязнением бассейнов; предупреждение и странение загрязнения вод

水下核试验 ядерное испытание под водой

水印 водяные знаки

税费制度改革 реформа системы налогов и денежных сборов

税负 налоговое бремя

税后 после уплаты налогов; до вычета налога

税后承包 подряд после уплаты налогов

税率 налоговые ставки (тарифы)

税目 налоговая статья

税票 налоговые квитанции (гербовые марки)

税前 до уплаты налогов; до вычета налога

税收杠杆的调节作用 регулирующая роль налоговых рычагов

税收管理 управление сбором (взиманием) налогов

税收减免 частичное или полное освобождение от налогов

税务登记 регистрация налогов

税务稽查 налоговая инспекция

税务检查 налоговая ревизия

税务局 налоговое управление

税务员 налоговый агент

税务总局 главное налоговое управление

税种 виды налогов

顺风转舵 держать нос по ветру

顺利推进 успешно ввести

顺向开发 консеквентное освоение

顺应发展潮流 следовать течениям развития

顺应民意 в соответствии с народными чаяниями

顺应时代潮流 идти в ногу с ходом исторического развития; идти в ногу с эпохой; идти навстречу требованиям времени; отвечать веяниям времени

顺应形势发展和变化 адаптироваться к развивающейся и изменяющейся ситуации

说服教育方法 методы убеждения; методы воспитания и убеждения

说空话、说大话、说假话 пустозвонство, краснобайство и очковтирательство

说明原因 разъяснить причину

说明真相 рассказать об истинном положении вещей

司法 правосудие; юстиция

司法保障 юридические гарантии

司法部门 судебное ведомство; органы юстиции

司法代理人 агент по судам

司法当局 судебные власти

司法工作 работа юстиции

司法观念 судебная концепция

司法机关 органы юстиции; судебные органы

司法监督 судебный надзор

司法解释 толкование правовых норм

丝绸之路 Великий шелковый путь

丝绸之路经济带 Экономический пояс Шелкового пути

私人海外直接投资 прямые частные инвестиции из-за рубежа

私人经营 частное предпринимательство

私人企业 частное предприятие

私设"小金库" самовольно создавать

«малые сейфы»
私下 по секрету; с глазу на глаз; в частном порядке; по секрету
私营工商业 частная промышленность и торговля; частные торгово-промышленные предприятия
私营企业主 частные предприниматели
私有化 приватизация
私有化进程组织者 приватизатор
私有化证券 приватизационный чек; ваучер
思想道德风尚 идейно-нравственные нормы
思想道德工作 идейно-нравственная работа
思想道德建设 идейно-нравственное строительство
思想道德素质 идейно-нравственный уровень; идейно-нравственные качества
思想斗争 идеологическая борьба
思想根源 идеологический источник
思想跟不上 идейно не поспевать
思想工作 идеологическая работа
思想观念 взгляды и представления
思想混乱 идейная путаница; сумятица в умах
思想活动 мыслительная деятельность
思想活跃 живость мысли
思想基础 идеологическая основа
思想僵化 окостенение мысли
思想觉悟 идейная сознательность
思想空虚 умственное пустодомство
思想路线 идеологическая линия; идейная линия
思想面貌 идейный облик
思想品德教育 идейное и нравственное воспитание
思想侵蚀 тлетворное влияние идеологии
思想认识问题 идеологические проблемы гносеологии
思想上不设防 идеологическая беспечность; идейное разоружение

思想上的片面性 односторонность в мышлении; идеологическая односторонность
思想上入党 идеологически вступать в партию (в идеологическом отношении)
思想疏导 идейное воздействие; идейное ориентирование
思想统一 идеологическое единство
思想武器 идейное оружие
思想修养水平 уровень идеологической подготовки
思想一致 идентичность мнений; единство мнений
思想意识 воззрения; идеология
思想战线 идеологический фронт
思想整顿 упорядочение идеологии; идеологическое упорядочение
思想政治工作 идейно-политическая работа
思想政治修养 идейно-политическая подготовленность
思想准备 идеологическая подготовка
撕毁条约 сорвать договор
撕下假面具 срывать маску
死得其所 умирать достойной смертью
死伤人数 количество убитых и раненых
死亡边缘 на волосок от смерти; на грани жизни и смерти
死于非命 неестественная смерть; умереть не своей смертью
四大发明(纸、印刷术、指南针、火药) четыре крупных изобретения (бумага, книгопечатание, компас и порох)
四分五裂 раздробленный; рассыпавшийся
四个全面(全面建成小康社会,全面深化改革,全面依法治国,全面从严治党) четыре всесторонних аспектов (Всестороннее строительство среднезажиточного общества, всестороннее углубление реформ, всестороннее верховенство закона в стране, всестороннее соблюдение строгой

партийной дисциплины)

四个现代化（工业、农业、国防和科技现代化）четыре модернизации (модернизация сельского хозяйства, промышленности, обороны, науки и техники)

四有新人（有理想、有道德、有文化、有纪律的新人）новые люди с четырьмя качествами (целеустремленные, высоконравственные, культурные и дисциплированные)

送货上门 доставлять товары на дом

搜查证 ордер на обыск

搜集情报 сбор информации

搜救工作 поисково-спасательные работы

诉求 жалобы и претензии

诉求表达机制 механизм выражения жалоб и требований

诉讼时效 исковая давность

素质教育 воспитание с прицелом на повышение совокупных качеств; образование с ориентацией на повышение качества учащихся; обучение, нацеленное на повышение совокупного качества учащихся

算旧账 реванш за прошлые обиды; свести старые счеты

算历史账 ворошить прошлое

随波逐流 плыть по течению

随大流 следовать в общем русле; поступать, как все

随行报道组 пресс-группа

随行就市 в зависимости от рыночной конъюнктуры

随同人员 сопровождающие лица

随意涨价 произвольное завышение цен

随员 атташе

随着经济的繁荣 с бурным развитием экономики

随着人民生活水平的显著提高 с заметным повышением жизненного уровня народа

随着时间推移 с течением времени

随着土地市场的发展 по мере развития земельного рынка

损害公众利益 вредить народным интересам

损害关系 омрачать отношения; испортить отношения

损害积极性 подрывать инициативу

损害利益 ущемлять интересы

损害名誉 позорить честь

损害身心健康 вредно сказываться на физическом и душевном здоровье; вредить физическому и душевному здоровью

损害声誉 вредить репутации

损害团结 вредить сплочению; подрывать сплоченность

损人利己 вредить другим ради собственной выгоды; извлечь пользу для себя во вред другим

缩短工期 сокращать срок работ

缩短周期 сократить цикл

缩手缩脚 опускать руки

缩小城乡发展差距 сокращение разрыва в уровне развития города и села

缩小打击面 сокращать сферу нанесения удара

缩小范围 сузить рамки

所得税 подоходный налог

所有权 право собственности; имущественное право; право на имущество

所有制形式 вид собственности

所在国 страна пребывания

所作所为 все действия и поступки

Т

台独分裂势力 раскольнические силы тайваньских независимцев
台独分子 тайваньские сепаратисты (независимцы)
台湾当局 Тайваньские власти; Тайваньская администрация
台湾同胞 тайваньские соотечественники
抬高自己 набивать себе цену; возвышать себя
抬价抢购 лихорадочная скупка по повышенным ценам
太阳能 гелиоэнергетические ресурсы
太阳能发电 гелиоэнергетические виды энергоресурсов
泰然处之 относиться вполне спокойно
贪大求全 гигантомания; гнаться за масштабом, стремить все иметь
贪得无厌 ненасытное стяжательство
贪官 чиновники-взяточники
贪图享乐 жадная тяга к комфорту (роскоши)
贪污腐化 взяточничество и разложение
贪污公款 присваивать казенные деньги
贪污受贿 коррумпированность
贪赃枉法 взяточничество и беззаконие; коррупция и попирание закона
摊牌 раскрыть свои карты
摊派 разверстка
坦白从宽，抗拒从严 к признавшим свою вину подходить снисходительно, а к сопротивляющимся — строго; принцип «снисхождения к признавшим вину и строгости к сопротивляющимся»
坦白交代 откровенно признаться (в преступлениях)

坦诚和相互信任的气氛 атмосфера откровенности и взаимодоверия
探索建设规律 зондирование законов строительства
探索前进 искать возможности продвижения вперед
逃避处罚 избегать наказания
逃避纳税 уклониться от уплаты налогов
逃避现实 прятаться от действительности
逃避责任 увильнуть от ответственности
陶冶情操 вырабатывать высокие моральные качества
淘汰落后产能 поощрять ликвидацию отсталых производственных мощностей
讨论稿 проект для обсуждения
讨论悬而未决的问题 обсуждать открытый вопрос
套利行为 спредовое поведение
特奥会 специальная олимпиада
特别报道 спецрепортаж
特别峰会 специальный саммит
特别行政区 Особый административный район
特别声明 специальное заявление
特大自然灾害 необычайно серьезные стихийные бедствия
特定历史时期 определенный исторический период
特级教师 экстра-преподаватель; ведущий преподаватель
特警 омоновец; ОМОНовец
特警队 отряд милиции особого назначения (ОМОН)
特困地区 особо нуждающиеся (бедствующие) районы

特困户 особо бедные дворы
特命全权大使 чрезвычайный и уполномоченный посол
特派记者 специальный комментатор
特权阶层 привилегированные сословия
特权思想 стремление к привилегиям; психология привилегированности
特色产业快速兴起 Быстро растет самобытная индустрия.
特色经济 самобытная (специфическая) экономика; специфические хозяйства
特色农产品 специфичная сельхозпродукция
特色农业 специфические агрохозяйства
特色优势产业 специфические лидирующие производства
特赦 частная амнистия; чрезвычайная амнистия
特使 посол по особым поручениям; специальный посол
特殊情况 особые обстоятельства; особые случаи
特邀代表 особоприглашенный делегат; почетный делегат
特邀评论员 специально приглашенный комментатор
特种部队 войска специального назначения
提拔到岗位上 выдвинуть на пост
提拔干部 выдвинуть кадры
提出倡议 выступить с инициативой
提出辞呈 подать прошение об отставке
提出对策建议 выдвинуть ответные меры и предложения
提出抗议 заявить протест
提出口号 выдвинуть лозунг
提出口头交涉 делать устное представление
提出目标 поставить цель
提出期限 ставить срок
提出任务 (Перед кем) встали задачи; выдвинуть задачу; поставить задачу
提出申请 подать заявление; подать заявку
提出书面交涉 делать письменное представление
提出诉讼 возбудить судебное дело
提出索赔要求 возбудить претензию; предъявить претензию; заявить рекламацию; предъявить рекламацию
提出提案 выдвинуть предложения; внести предложения
提出条件 выдвинуть условия; поставить условия
提出问题 поставить вопрос; задавать вопрос
提出新观点 выдвинуть новое положение; высказать новую точку зрения
提出新任务 выдвинуть новые задачи
提出新挑战 бросать новый вызов
提出要求 ставить требования; предъявить требование; выдвинуть требование
提出异议 выражать несогласие
提出意见 высказать соображения; высказать мнение
提出证据 представить доказательство; предъявить доказательство
提出质问 делать запрос; вносить запрос
提到更突出的地位 поставить на более важное место
提到日程上来 включить в повестку дня
提到首位 выдвинуть на первый план
提法 поставка вопроса; формулировка
提干 выдвижение (напр., рабочих) в кадровые работники; повышение в должности
提高安保措施 повысить меры предосторожности
提高城镇人口的比重 поднять удельный вес городского населения
提高城镇综合承载能力 повышать комплексные возможности города справляться с растущими нагрузка-

ми

提高出生人口素质 повышение качественного состояния новорожденных

提高创造力、凝聚力、战斗力 увеличивать творческие возможности, цементирующую силу и боеспособность

提高国家文化软实力 повышать мягкую мощь государства в лице культуры

提高国民素质 повышать качества нации

提高科学文化素质 повышать уровень научных и общеобразовательных знаний

提高劳动生产率 повышение производительности труда; поднять производительность труда; увеличить производительность труда

提高民族的自尊心、自豪感、自信心 усиливать чувства национального достоинства и гордости, уверенности в собственных силах

提高农副产品收购价格 повысить закупочные цены на продукцию сельского хозяйства и подсобных промыслов

提高企业退休人员基本养老金水平 дальнейшее повышение уровня базового пенсионного пособия по старости для пенсионеров предприятий

提高全民族的科学文化素质 повышать научных и общеобразовательных знаний всей наций

提高政府工作透明度和公信力 повышать прозрачность работы правительства и общественное доверие к нему

提高自主创新能力 повысить возможности самостоятельного новаторства

提高综合国力的关键 ключ к повышению совокупной мощи страны

提高作战能力 повышать боеспособность

提供贷款 предоставить кредит

提供范例 послужить хорошим примером

提供方便 предоставить удобства

提供广阔天地 дать полный простор

提供技术装备 предоставлять техническое оснащение

提供就业机会 предложить рабочие места

提供可靠证明 предъявить надежное свидетельство

提供劳务 оказать трудовые услуги

提供力所能及的援助 оказать посильную помощь

提供强大动力 давать мощный заряд

提供生活补助 получить бытовые дотации

提供条件 предоставлять условия

提供无限广阔的天地 дать безграничный простор

提供信息 предоставлять информацию

提供有力的支持 оказать действенную поддержку

提供政治避难(权) предоставить право политического убежища

提供智力支持 оказать огромную интеллектуальную поддержку

提交大会讨论 вынести на общее собрание; представить на рассмотрение

提交申请 подать заявление; представить заявку

提交审议 представить на рассмотрение

提交照会 вручить ноту

提名……为候选人 выдвинуть кандидатуру

提上议事日程 выносить на повестку дня

提升等级 повышать классность

提振国家形象 поднять авторитет государства

体察民情 знать и понимать настроения народа; лично вникать в жизнь народа

体力和智力的全面发展 всестороннее

T

体谅包容 развитие физических и духовных способностей
体谅包容 проявлять понимание и снисходительность
体现时代性 воплощать в себе дух эпохи
体现优越性 продемонстрировать преимущества
体验生活 узнавать жизнь; знакомиться с жизнью
体育彩票 спортлото
体育活动 физкультурное (спортивное) мероприятие
体育健身消费 потребление в спортивно-оздоровительной сфере
体育设施 спортивные сооружения
体制创新 институциональное обновление; обновление (инновация) системы
体制机制 институты и механизмы; институционально-структурный механизм
替罪羊 козел отпущения
天翻地覆的变化 колоссальные изменения
天府之国 земля обетованная; благодатный край
天然林 природные леса
天然林保护 защита природного леса
天然牧场 естественные пастбища (выгоны)
天然气 естественный газ
天然气产量 продукция природного газа
天下大乱 полный беспорядок в Поднебесной
天下大治 полный порядок в Поднебесной (во всем Китае, во всем мире)
天下难事，必作于易；天下易事，必作于细 В Поднебесной трудные дела полагается начинать с тех, что легче, а легкие — с тех, что мельче.
天灾人祸 стихийные бедствия и несчастия, приносимые людьми

填补空白 восполнить пробелы
填补真空 заполнять вакуум
挑拨 сеять раздоры; ссорить
挑起冲突 спровоцировать конфликт
挑起民族纠纷 разжигать национальную рознь
挑起事端 провоцировать инциденты
挑起重担 взвалить на себя тяжелую (тяжкую) ношу
挑衅行为 провокационные действия; провокация
挑选干部 подбирать кадры
挑选接班人 подобрать смену
挑选人才 выбор людей; подбор кадров
挑战 бросать вызов; вызов
条条框框 всякие рамки и шаблоны; рамки и ограничения
条约存放国 государство-депозитарий договора
条约签字仪式 торжественная церемония подписания договора
条约文书 текст договора
条约义务 договорные обязательства
条约正本 подлинный текст договора
调节手段 средство регулирования
调节税 регулирующий налог
调节作用 регулирующая роль
调解工作 работа по примирению
调解活动 примирительная деятельность
调解民事纠纷 улаживать гражданские споры
调控机制 регулирующий и контролирующий механизм
调控目标 контрольный показатель
调整产业结构 регулировать отраслевую структуру
调整专业设置 урегулировать планирование специальностей
跳蚤市场 блошиный рынок
贴近实际、贴近生活、贴近群众 сближаться с реальностью, с жизнью, с народом
贴息 учет векселя; дисконт

贴现 дисконт; учет
铁的事实 неопровержимый факт
铁定的期限 жесткий срок
铁路干线建设 строительство железнодорожных магистралей
铁路货运量 объем железнодорожных товарных перевозок
铁路建设基金 фонд железнодорожного строительства
铁路客运专线 строительство специальных пассажирских железных дорог
铁路里程 протяженность железных дорог
铁路煤炭运量 объем железнодорожных перевозок угля
铁路枢纽 железнодорожный узел
铁路水路联运 прямое смешанное железнодорожно-водное сообщение
铁路通车里程 протяженность действующих железных дорог
铁路运输量 объем железнодорожных перевозок
铁拳出击治理大气污染 наказать загрязнителей атмосферы «железным кулаком»
铁腕政策 политика железного кулака
听取呼声 прислушаться к мнениям; прислушаться к голосу
听取来自下面的批评 прислушаться к критике, идущей снизу
听取群众意见 прислушаться к мнению народных масс
听取意见和要求 прислушиваться к мнению и запросам
听任指使 плясать под (чью) дудку
听证(会) слушания по вопросу; слушание, посвященное обсуждению
听证制度 порядок заслушивания аргументации
听之任之 смотреть сквозь пальцы
停顿状态 стагнация; застой
停工待料 остановить работу в ожидании материалов
停工停产 остановить работу и производство

停火协定 Соглашение о прекращении огня
停建缓建 консервация и отсрочка строительства
停薪留职 сохранять рабочее место без зарплаты
停战谈判 переговоры о перемирии
停战协定 соглашение о перемирии
停职 отстранить (кого) от должности
停止敌对活动 прекратить враждебные действия
停止公开辩论 прекратить открытую полемику
停止公开批评 прекратить открытую критику
停止和取消一批收费项目 приостановить и отменить ряд сборов
停止军备竞赛 прекратить гонку вооружений
停止扩充武装力量 ненаращивание вооруженной мощи
停止流血 прекратить кровопролитие
挺身而出 смело выступать вперед
挺身捍卫 стать грудью (за кого-что)
通报情况 сообщить обстановку; сообщить о состоянии обстановки
通常现象 обычное явление
通观全局 под углом зрения всей ситуации в целом
通过对话与谈判与中方一道解决问题 совместно с китайской стороной разрешать проблемы посредством диалога и переговоров
通过法定程序 через установленные законом процедуры
通过各种形式 через различные формы
通过国家鉴定 пройти государственную экспертизу
通过谈判解决 решить путем переговоров
通过外交途径解决 разрешить через дипломатические каналы
通货紧缩 дефляция
通货膨胀 инфляция
通缉 циркулярный розыск
通缉犯 разыскиваемый преступник

通缉令 объявление о розыске; приказ о задержании
通缉在案 санкционированный розыск
通栏大标题 аншлаг на всю полосу
通力协作 интенсивно сотрудничать; действовать сообща
通盘考虑 сообразно со всем подумать; обо всем подумать
通俗易懂 популярное и доступное
通胀压力 прессинг инфляции
通胀预期 предполагаемые показатели инфляции; инфляционные ожидания
通知照会 циркулярная нота
同比增长 рост по сравнению с тем же периодом предыдущего года
同步发展 синхронное развитие
同步增长 синхронное увеличение
同等效力 одинаковая сила; равно аутентичные
同甘共苦 разделять радости и горе; общие радости и горести
同工同酬 равная оплата за одинаковый труд; равная оплата за равный труд; равное вознаграждение за равный труд
同呼吸共命运 в едином дыхании, общей судьбой
同群众保持最密切的联系 поддержать с народами самую тесную связь
同群众同甘共苦 делить с массами горести и радости
同人民心连心 быть одних мыслей с народом; жить одними помыслами с народом; жить интересами народа; жить одним сердцем с народом
同心同德、群策群力 в единстве помыслов и нравственных устоев, общими усилиями и общим разумом
同中央保持一致 поддерживать единство с ЦК партии
同舟共济、患难与共 сообща преодолевать опасности и переносить беды

统筹 в едином порядке планировать; учет в целом; учитывать в целом
统筹安排 налаживать в порядке единого планирования; централизованное планирование
统筹城乡发展 осуществлять единое планирование развития города и села
统筹处理好关系 взвешенно разрешать отношения
统筹当前利益和长期利益 согласовывать текущие (интересы) с перспективными
统筹个人利益和集体利益 согласовывать личные интересы с коллективными
统筹规划 осуществлять единое планирование; планировать в едином порядке
统筹局部利益和整体利益 согласовывать локальные интересы с общими
统筹中央和地方关系 согласовывать отношения между центром и местами
统一大业 великое дело воссоединения (Родины)
统一发放 централизованная выдача
统一分配调拨的产品 продукция, подлежащая единому распределению
统一行动 единые действия
统一认识、统一步骤 прийти к единому пониманию и к единому действию
头等大事 дело первостепенной важности
投案自首 являться (приходить) с повинной
投保 страховать
投保人 страхуемый; страхуемое лицо
投标 подать заявление на торги
投不信任票 вынести (кому) вотум недоверия
投产 вступить в эксплуатацию; пуск в строй; пустить в эксплуатацию
投放市场 вброс на рынок
投放资金 инвестиционный фонд
投否决票 наложить вето
投机猖獗 разгул спекуляции

投机倒把 спекуляция
投机商 спекулятивный торговец; спекулянт
投机诈骗 спекуляция и мошенничество
投入—产出 ввод — выпуск
投入多,产出少 вложений много, а отдачи мало
投入和产出的比较 сопоставление вложенных капиталов с их отдачей
投入力度不断加大 Степень вложения непрерывно увеличивается.
投信任票 вынести (кому) вотум доверия
投资 инвестиция; капиталовложение; вложение
投资保护协定 соглашение об охране инвестиций (капиталовложений)
投资保护主义 инвестиционный протекционизм
投资比例 соотношение между разными капиталовложениями
投资方向 направленность инвестирования
投资风险 риск инвестиций
投资顾问 инвестиционный консультант
投资规模 масштабы капиталовложений
投资环境 инвестиционная среда; среда инвестирования
投资环境明显改善 Инвестиционный климат значительно улучшается.
投资少,周期短,见效快 быстрая оборачиваемость средств и большой экономический эффект при меньших вложениях
投资信心 уверенность в необходимости инвестирования
投资者 инвестор
透过错综复杂的现象 высвечивать запутанные и сложные явления
透过现象抓住事物本质 проникать в сущность вещей через внешние явления
透支 онколь; овердрафт; онкольный счет в банке
透支放款 онкольная ссуда

透支信贷 онкольный кредит
透支账户 онкольный счет
突变 крутой поворот в ходе чего
突出地摆在我们面前 стоять перед нами остро; стоять перед нами ребром
突出的意义 выдающееся значение
突出典型 отчеканенный тип
突出个人 выпячивать личность
突出贡献 выдающийся вклад
突出矛盾 явные противоречия; острые противоречия
突出实质 выделить суть
突出位置 заметное (видное) место
突出问题 наиболее острые проблемы; рельефно обозначившиеся вопросы
突出重点 выделять главное (основное звено); делать упор на главное, выделять приоритеты; обозначать акценты
突发公共事件 внезапные общественные события
突发事件 чрезвычайное происшествие (ЧП)
突发事件应急机制 механизм срочного реагирования на ЧП
突飞猛进 крутой подъем; находиться на крутом подъеме
突击队 ударная бригада; ударный отряд
突破 прорыв; рывок; совершить рывок (в чем)
突破……大关 превзойти…… рубеж
突破陈规 ломать отжившие порядки
突破传统 ломать традиции
突破行政区划界限 прорывать границы административно-территориального деления
突破计划 превысить план
突破僵化观念 ломать закостенелые представления (концепции)
突破口 пункт прорыва; брешь
突破老路 вырваться со старого пути
突破前人 превосходить своих предшественников
突破性进展 прорыв в развитии

土地承包经营 подрядное использование земли
土地承包经营权流转 перемещение и уступка прав на подрядное использование земли
土地承包政策 политика земельного подряда
土地出让金收入 доход от уступки землепользования
土地出让净收益 чистые доходы от продажи прав на пользование земельными участками
土地出让业务 операция с уступкой земли
土地出租 аренда земель
土地经营自主权 право на самостоятельную эксплуатацию земли
土地使用权 право землепользования; право на использование земельных участков
土地使用权转让 передача прав на использование земельных участков
吐故纳新 отбрасывать старое и вбирать новое
团伙犯罪 групповое преступление
团结大多数 сплачиваться с большинством
团结带领全国各族人民 сплачивать и вести многонациональный народ
团结奋斗 сплоченность и воодушевление в борьбе; бороться сплоченно, с воодушевлением
团结稳定的政治局面 политическая обстановка стабильности и сплоченности
团结一切可以团结的力量 сплачивать все силы, которые можно сплотить
团结一致, 同心协力 сплачиваться воедино и объединять усилия
团结一致向前看 сплотиться воедино и смотреть вперед
推动……关系再上新台阶 выведение отношений на новый ступень развития
推动产业结构优化升级 продвигать оптимизацию и эскалацию производственной структуры

推动国际和地区安全合作 стимулировать международное и региональное сотрудничество по безопасности
推动节能减排 стимулировать энергосбережению и сокращению вредных выбросов
推动经济发展方式转变 совершенствование модели экономического роста
推动经济结构调整向纵深发展 продвигать вглубь урегулирование экономической структуры
推动两国关系平稳发展的重要机制 стать самым важным механизмом стимуляции стабильного развития двусторонних отношений
推动相互关系长期稳定健康发展 стимулировать длительное, стабильное и здоровое развитие взаимных отношений
推动向前发展 двигать вперед
推荐书 рекомендация
推荐信 рекомендательное письмо
推进党务公开 продвигать гласность партийных дел
推进各方面体制改革创新 продвигать институциональную реформу и инновацию всех сфер
推进公立医院改革试点 продвижение эксперимента с реформированием государственных клиник
推进经济结构战略性调整 стимулировать стратегическое регулирование экономической структуры
推进人类进步事业 содействовать прогрессу человечества
推进社会主义民主和法制建设 стимулировать формирование социалистической демократии и правопорядка
推进社会主义新农村建设 продвигать строительство новой социалистической деревни
推进升级 ускорять эскалацию
推进文化创新 стимулировать инно-

вацию культуры

推进现代化建设 продвижение вперед модернизации

推进信息化与工业化融合 продвигать стыковку информатизации с индустриализацией

推进依法行政 продвигать исполнение административных функций по закону

推进自主创新 усиливать самостоятельность и инновацию

推向社会 продвигать в общественную жизнь

推向市场 подтолкнуть к рынку; вборт на рынок

推向新的水平 вывести на новый уровень

推销服务 сбытовой сервис; обслуживание в области сбыта

推销商 дистрибьютор

推卸责任 сбросить с себя ответственность; свалить с себя ответственность; снять с себя ответственность; сложить с себя ответственность

退出第一线 отступить с передовой линии; уйти по возрасту с руководящего поста

退出会场以示抗议 покинуть зал заседания в знак протеста (против чего)

退出机制 механизм выхода из строя

退出历史舞台 сойти с исторической арены

退出领导班子 выйти из руководящего состава

退耕还林还草 восстанавливать лесные и степные участки, занятые под пашню; освобождать пашню для лесопосадок и травосеяния

退税 возврат уплаченных налогов

退缩不前 жаться, не двигаясь (не трогаясь) с места

退田还湖 восстанавливать водоемы на участках, ставших пашней; освобождать пашню для водоемов (под водоемы)

退伍军人 демобилизованный

退席 освободить зал

退休年龄 пенсионный возраст

退休制度 порядок ухода на пенсию; порядок выхода на пенсию; система ухода на пенсию; пенсионная система

吞吐量 пропускная способность; объем портового грузооборота

吞吐能力 пропускная способность портов

托管 опека

托管区 подопечная территория

托收支票 инкассированный чек

托运行李 сдавать багаж в отправку

托运货物 перевозка груза по поручению

拖后腿 тянуть назад

拖欠 задолженность; просроченность платежей

拖欠工资 задерживать зарплату

拖欠税款 затягивать выплату налогов; задерживать налоговые выплаты

拖延谈判 затянуть переговоры

拖延推诿 волокита и перекладывание ответственности

脱困 выводить (выходить) из затруднений

脱离常规 выбиться из колеи

脱离了低级趣味的人 человек, отрешившийся от низменных интересов

脱离群众 отрыв от масс

脱离人民 оторваться от народа

脱离实际 отрыв от действительности; отрыв от реальной жизни; отрываться от практики

脱离政治 находиться в стороне от политики; аполитичность

脱贫致富 избавиться от нищеты и идти к достатку; покончить с бедностью и стать зажиточным

脱销 перебой в снабжении; перебой в торговле

脱脂 обезжирование

妥善安排 надлежащим образом наладить

Т

妥善处理分歧 надлежащим образом разрешить разногласия

妥善处理人民内部矛盾 надлежащим образом разрешать противоречия внутри народа

妥善解决 разрешать надлежащим образом; разумно разрешить

妥善应对贸易摩擦 разумно разрешать торговые трения

拓宽服务领域 ширить сферу обслуживания

拓宽国际市场 расширять международный рынок

拓宽合作领域 расширять область сотрудничества

拓宽监督渠道 расширять каналы осуществления контроля

拓宽就业门路 расширять пути трудоустройства

拓展对外开放的广度和深度 расти вширь и вглубь открытость — внешнему миру; увеличивать открытость внешнему миру вширь и вглубь

拓展防治腐败的工作领域 расширение сферы профилактики и пресечения разложения

拓展国际市场 расширять международный рынок

拓展合作 наращивать сотрудничество

唾手可得 достать без всякого труда; найти топор под лавкой

W

歪风邪气 аномалия; вредное поветрие; затхлый воздух
歪曲事实 искажение действительности
歪曲战争历史 фальсифицировать историю войны
歪曲真理 извращать истину
外币贷款 валютный кредит
外币兑换 обмен иностранной валюты
外部封锁 внешняя блокада
外部环境 внешние условия; внешняя среда
外出打工 идти работать на сторону
外出巡视 инспекционная поездка
外国国籍 иностранное подданство; иностранное гражданство
外国经验与本国经验相结合 увязывать международный опыт с практикой своей страны
外国旅行者 иностранный турист
外国人登记表 бланк (запись) для иностранцев
外国投资 иностранная инвестиция
外国投资者 зарубежный инвестор
外汇贬值 девальвация иностранной валюты
外汇偿付能力 платежеспособность в иностранной валюте
外汇储备 валютный резерв; валютный запас; инвалютный запас; валютный депозит
外汇储备基金 резервный фонд валюты
外汇短缺 валютный голод
外汇牌价 валютный (обменный) курс; котировка валюты
外籍院士 иностранный академик
外交避难(权) дипломатическое убежище

外交部发言人 представитель Министерства иностранных дел
外交场合 дипломатическая арена
外交工作 внешнеполитическая (дипломатическая) деятельность
外交关系 дипломатические отношения
外交关系解冻 размораживание дипломатических отношений
外交关系升格 возвести дипломатические отношения в какой-либо ранг; перевод дипломатических отношений на более высокий уровень
外交官员 дипломатические сотрудники; дипломаты
外交惯例 дипломатическая практика; дипломатический обычай
外交护照 дипломатический паспорт
外交豁免 дипломатический иммунитет; иммунитет для дипломатов
外交交涉 дипломатическое представление
外交礼节 дипломатический этикет; дипломатический протокол
外交签证 дипломатическая виза
外交人员 дипломатический персонал
外交使节 дипломатический представитель
外交使团 дипломатический корпус; кор дипломатик
外交使团团长 дуайен дипломатического корпуса
外交谈判 дипломатические переговоры
外交特权和豁免权 дипломатическиая привилегия и дипломатический иммунитет
外交途径 дипломатические каналы
外界的影响 наносное влияние; внешнее влияние; влияние извне
外快 левые деньги

外来打工者 гостевой рабочий
外来干涉 вмешательство извне; внешнее вмешательство
外来人口 приезжие
外来文化 культура, пришедшая извне
外贸进出口额 объем внешнеторгового товарооборота; внешнеторговый оборот
外贸逆差 пассивное сальдо торгового баланса; пассивное сальдо во внешней торговле
外贸顺差 активное сальдо внешней торговли; активное сальдо торгового баланса
外商 иностранный предприниматель (коммерсант)
外商独资企业 предприятия, основанные исключительно на капитале иностранных коммерсантов
外商实际投资 фактические инвестиции зарубежных коммерсантов
外事办公室 канцелярия иностранных дел
外事部门 внешнеполитическое ведомство
外事工作 внешнеполитическая работа
外事活动 внешнеполитическая деятельность; дипломатическая деятельность
外事机关 учреждение по иностранным делам
外事纪律 внешнеполитическая (дипломатическая) дисциплина
外向型经济 хозяйство, ориентированное на экспорт; экономика, ориентированная на внешний рынок
外向型企业 предприятие, ориентированное на внешний рынок
外延与内涵 объем и содержание
外因 внешняя причина
外运能力 потенциал внешних перевозок
外债 внешняя задолженность; внешний долг
完成救援行动 завершить спасательную операцию

完成使命 выполнить миссию
完成指标 выполнить показатель
完成祖国统一大业 завершить великое дело объединения Родины
完满实现 полностью выполнить
完全孤立 полная изоляция
完全市场经济地位 полностью рыночный статус экономики
完全适用 сохранять за собой полную силу; вполне пригодный
完全有把握 быть полностью уверенным
完善法律和政策 совершенствовать законы и установки
完善法律体系 совершенствовать правовую систему
完善公共服务体系 совершенствовать систему общественного сервиса
完善公务员制度 совершенствовать систему государственных служащих
完善国家安全战略 улучшать стратегию государственной безопасности
完善人民币汇率形成机制 совершенствовать механизм формирования валютного курса китайского юаня
完善人权保护机制 совершенствовать систему защиты прав человека
完善社会主义市场经济体制 совершенствовать систему социалистической рыночной экономики
完善现代国民教育体系 совершенствовать современную систему гражданского образования
完善信访制度 улучшать систему рассмотрения устных и письменных жалоб
完善信访和调解联动工作体系 усовершенствование рабочей системы рассмотрения устных и письменных жалоб населения
完善巡视制度 совершенствовать инспекционную систему
完善引导消费的财税政策 совершенствовать финансово-налоговую полити-

ку для ориентирования потребления

完善应急机制 совершенствовать механизм экстренного реагирования

完善政策 усовершенствование политики

完善政府收支科目体系 улучшать классификацию статей доходов и расходов правительства

完税价格 цены после уплаты налогов

玩忽职守 манкирование служебными обязанностями; халатное отношение к службе; нерадивое отношение к работе

顽固分子 твердолобые

顽固立场 твердолобая позиция

挽回局势 спасти положение

挽救失足者 спасать оступившегося

晚婚 поздно вступить в брак; позднее бракосочетание

晚节 честь до конца своей жизни

晚年 последние годы жизни; на склоне лет

晚景凄凉 испытывать значительные трудности в преклонные годы

晚育 поздно родить ребёнка; позднее деторождение

万分危急的时刻 крайне критический момент

万古长青 жить в веках

万世流芳 бессмертная слава

万事开头难 всякое начало трудно; лиха беда начало; из десяти тысяч дел труднейшее—первое по счету

万众一心 у миллионов единые помыслы; все как один

网络安全 сетевая безопасность

网络环境 интернет-среда; интернетовская среда

网络间谍活动 кибершпионаж

网络经济 сетевая экономика; интернет-экономика; виртуальная экономика

网络媒体 сетевые СМИ; средства интернет-информации

网民 пользователь интернета

网页 электронная страница; интернет-страничка

网页制作 проектирование Веб-страницы

网站 интернет-сайт

网站地图 карта сайта

妄图使历史车轮倒转 тщетно пытаться повернуть вспять колесо истории

忘我的劳动 беззаветный труд; самоотверженный труд

旺季 сезон оживления

危房 жилье в аварийном состоянии; жилье, грозящее обвалом

危房改造 перестройка аварийных зданий

危害公共治安罪 преступление против общественной безопасности

危害社会治安 наносить ущерб (вредить) общественной безопасности

危机处置 противодействие кризису

危机后的世界经济形势 посткризисная мировая экономическая ситуация

危机前水平 докризисный уровень

危困企业 предприятие под угрозой (на грани) банкротства

危言耸听 намеренно запугивать; умышленно наводить страх

危在旦夕 на волосок от смерти

威慑力量 сила устрашения; сдерживающие силы; устрашающие силы

威慑战略 стратегия устрашения

威慑政策 политика устрашения

威武之师 неустрашимое войско (вооруженные силы)

微妙的处境 щекотливое положение

微妙的问题 щекотливый вопрос; деликатный вопрос; капризный вопрос

微调 микрорегулирование

巍然屹立 стоять во весь свой гигантский рост

为非作歹 творить зло; совершать безобразия; самодурство и произвол

为公平竞争搭好舞台 создать арену для справедливой конкуренции

为建设社会主义现代化强国而奋斗 бороться за построение современной социалистической державы

为人类文明做出更大贡献 весомый вклад на благо цивилизации человечества

为人类造幸福 ковать счастье человечеству

为人民的利益而活 жить интересами народа

为社会做贡献 внести вклад в общество

为维护世界和平贡献力量 отдавать свои силы делу защиты мира во всём мире

为政清廉 честное и бескорыстное исполнение административных обязанностей

为自身服务 обслуживать собственные нужды

违背常理 в обход разума

违背承诺 нарушать обещания

违背初衷 нарушать первоначальные предписания

违背党的路线 противоречить линии партии

违背客观实际情况 идти вразрез с объективной действительностью

违背历史潮流 идти вразрез с историческим течением

违背利益 идти вразрез с интересами; быть во вред интересам

违背诺言 преступить клятву

违背事实 грешить против истины; отвернуться от фактов

违背原则 отступление от принципа

违法必究 обязательное привлечение к ответственности за правонарушение

违法犯罪 законнонарушение и преступление

违法经营 незаконное хозяйствование (предпринимательство)

违法乱纪 идти против закона и норм дисциплины; нарушение закона и дисциплины

违法失职 попрать закон, нарушить служебный долг; преступное нарушение служебного долга

违反国际关系准则 нарушить нормы международных отношений

违反合同 нарушение контракта

违反纪律 нарушить дисциплину

违反价值规律 противоречить закону стоимости

违反协议 нарушить соглашение

违规操作 управлять в нарушение предписаний

违规在建项目 объекты, сооружаемые в нарушение действующих предписаний

违禁物品 предметы, находящиеся под запретом; запрещённые вещи; вещи подлежащие запрету

违禁药品 запрещённый медицинский препарат

违心 вопреки воли; не своей волей

违约金 неустойка за нарушение обязательств

围绕中心环节 вокруг центрального звена

唯一必然的选择 единственный и логичный выбор

唯一标准 единственный критерий

唯一的出路 единственный выход

唯一的事例 единственный случай

唯一合法政府 единственно законное правительство

唯一可靠的方法 единственно надёжный метод

唯一可能的选择 единственно возможный выбор; Этому альтернативны нет.

唯一正确的政策 единственно правильная политика

维持边界现状 сохранить на границе статус-кво; сохранять существующее положение границы

维持原判 оставить приговор в силе (без изменений)

维持治安 поддерживать общественный порядок

维持秩序 контроль за порядком;

наблюдать за порядками; навести порядок

维护本地区金融稳定和经济可持续增长 поддержание региональной финансовой стабильности и сохранение устойчивости роста

维护党纪 отстаивать партийную дисциплину

维护和发展平等团结互助和谐的社会主义民族关系 охранять и развивать гармоничные социалистические межнациональные отношения равноправия, сплоченности и взаимопомощи

维护和发展最广泛人民的根本利益 обережение и развитие коренных интересов широчайших слоев народа

维护和平 защищать мир; поддержание мира

维护良好形象 оберегать хороший имидж; сохранять хороший имидж

维护群众的正当利益 охранять законные интересы масс

维护群众合法权益 охрана прав и интересов народных масс

维护社会主义法制的统一、尊严、权威 беречь единство, святость и авторитет социалистической законности

维护世界多样性 оберегать многообразие мира

维护世界和平 защита мира во всем мире

维护统一 охранять единство

维护团结 отстаивать сплоченность; защищать сплоченность; охранять сплоченность

伪劣假冒商品 поддельные, фальшивые товары

伪造公文、证件、印章 подделывать официальные бумаги, удостоверения, печати и штампы

伪造证据 фальсифицировать доказательства

伪专家 псевдоспециалист

委任书 мандат

委托保存 депонировать

委托人 доверитель; консигнант

卫生检查 санитарный надзор (инспекция); санитарная проверка

卫生检疫 санитарная инспекция

卫生检疫监督 карантинный надзор

卫生棉 гигиенический тампон

卫生医疗设施 инфраструктура здравоохранения

卫生医疗条件 медицинские условия

卫生知识 знания по санитарии и гигиене

卫生专业人员 квалифицированный медперсонал

卫星地面定位系统 наземная система определения координат спутников

卫星电视 спутниковое телевидение

卫星跟踪站 станция слежения за спутниками

未成年人 несовершеннолетний

未定边界 неустановленная граница

未雨绸缪 принять своевременные меры; чинить крышу, пока нет дождя

畏惧困难 испугаться трудностей

蔚然成风 повсеместно развертывать и входить в обычай

温室气体 парниковые газы

温室气体控制计划 план действия по локализации выбросов парниковых газов

温室气体排放 выброс парниковых газов

温室效应 парниковый эффект; эффект теплицы

温室作物 парниковые культуры

文不对题 текст не по теме

文化产业 культурная индустрия

文化程度构成 структура образовательного культурного уровня

文化冲突 столкновение цивилизаций

文化创新 новаторства в культуре; культурная инновация

文化发源地 очаг культуры

文化繁荣 процветание культуры

文化扶贫工程 программа помощи бедным районам в развитии культуры
文化建设 культурное строительство
文化交流 культурные связи; культурный обмен
文化体制 культурная система
文化消费 потребление в сфере культуры
文化遗产 культурное наследие
文化娱乐活动 культмассовые мероприятия
文教科学卫生事业支出 расходы на культуру, просвещение, науку и здравоохранение
文明成果 достижения цивилизации; плоды цивилизации
文明公约 нормы культурного поведения
文明古国 древнее цивилизованное государство
文山会海 горы бумаг и бесчисленные совещания; гора документов, море совещаний
文书 письменные документы
文物 культурные ценности; памятники культуры
文物保护、非物质文化遗产保护和传承 охрана культурных памятников, охраны унаследования и распространения нематериального культурного наследия
文物部门 ведомства по охране памятников культуры
文学界 литературные круги
文学艺术创作 литературно-художественное творчество
文学艺术遗产 литературное и художественное наследие
文艺节目 программа художественного представления
文职干部 военные кадры нестроевой службы
文职人员 гражданский персонал
文字游戏 игра в слово
闻过则喜 с благодарностью принимать критику

稳步发展 уверенное (неуклонное) развитие
稳步前进 продвижение вперед твердым шагом; идти вперед твердым шагом
稳定局面 стабилизировать положение
稳定压倒一切 приоритет стабильности; стабильность превыше всего
稳定增长 уверенный (стабильный, устойчивый) рост
稳固的业务关系 устойчивые деловые связи
稳健的财政政策 уравновешенная финансовая политика
稳健的货币政策 уравновешенная монетарная политика
稳妥应对 разумно противостоять
稳中求进 стремиться вперед в обстановке стабильности; стабильное продвижение вперед
稳住一头，放开一片 упрочить главное и освободить от опеки все остальное; стабилизировать главное и отпускать остальное
稳住阵脚 упрочить позиции
问计于民 запрашивать мнение народа при разработке решений
问卷调查表 анкета-вопросник
问题比较突出 довольно острые проблемы в чем
问题的关键 гвоздь вопроса; суть дела
问题的实质 существо вопроса; суть вопроса
问题的症结 узел вопроса
问责制 порядок привлечения к ответственности; система ответственности
我们绝不能也绝不会躺在过去的功劳簿上 Нам ни в коем случае нельзя, да мы и не будем останавливаться на достигнутом.
我们要遵循社会发展规律，主动正视矛盾，妥善处理人民内部矛盾和其他社会矛盾，不断为减少和化解矛盾培植物质基础、增强精神力量、完善政策措施、强化制度保障，最大限度激发社会活力，最大限度增加和谐因素、最大限度减少不和谐因素。Нам следует в соответствии с законами социального развития сознательно считаться с этими противоречиями, разумно разрешать противоречия внутри народа и другие социальные противоречия, непрерывно готовить для их уменьшения и устранения материальный фундамент, наращивать духовные силы, совершенствовать установки и меры, усиливать институциональные гарантии. Максимально пробуждать энергию общества, максимально наращивать факторы гармонии и максимально сокращать факторы негармонии.

卧铺票 плацкартный билет; спальная плацкарта

斡旋 добрые услуги; оказать добрые услуги; предлагать добрые услуги

污染排放总量 общее количество загрязняющих выбросов

污染社会风气 загрязнять общественные нравы

污染水源 повредить водные ресурсы

污染物排放超标的企业 предприятия, которые сверх нормы выбрасывают загрязняющие вещества

污染源 загрязненный источник; источник контаминации

污染治理技术 техника борьбы с загрязнением

污水 сточные воды

污水处理 ассенизация сточных вод; обработка сточных вод; регенерация сточных вод

无偿提供 бесплатное предоставление

无偿援助 безвозмездная помощь

无耻诽谤 бесстыдная клевета; инсинуация

无党派人士 беспартийные; беспартийные деятели

无的放矢 выстрелить впустую; беспредметное суждение

无毒无污染 отсутствие ядовитых и загрязняющих веществ

无端指责 необоснованные упреки; упрекать без всякой причины

无法挽回的损失 невозвратимая потеря; безвозвратная потеря

无法预料 невозможно предвидеть; непредвиденный

无风险投资 безрисковое капиталовложение

无负荷电缆 ненагруженный кабель

无公害农产品 экологически чистая сельхозпродукция

无辜群众 ни в чем неповинные массы

无核化 денуклеаризация

无核区 безъядерная зона

无记名股票 тайное голосование

无济于事 не мочь спасти дело

无家可归 без крова

无疆大爱 беспредельность любви

无酒精饮料 безалкогольные напитки

无拘无束的气氛 атмосфера непринужденности

无拘无束的谈话 непринужденная беседа

无可辩驳的事实 неопровержимые факты; бесспорные факты

无可挽回的损失 невозвратимая утрата

无可争议的事实 очевидный факт

无愧于称号 с достоинством носить звание; достойный звания

无理要求 необоснованные требования (претензии)

无论职位高低 независимо от занимаемого поста; какой бы пост он ни занимал

无票乘车 ехать без билета; ехать зайцем

无期徒刑 пожизненное заключение

无铅汽油 бензин без свинцовых присадок; неэтилированный бензин

无穷无尽的力量 непочатые силы; неиссякаемые силы; неистощимая энергия

无权 не вправе; не иметь право

无伤大局 на обстановке в целом не сказаться отрицательно

无视国家法律 игнорировать государственные законы
无视世界发展潮流 не считаться с ходом мирового развития
无私奉献 бескорыстно вносить свою лепту; бескорыстная жертвенность
无所作为 не иметь никаких достижений; не стремиться к достижениям
无条件的援助 безусловная помощь
无条件释放 безо всяких условий освободить
无条件支持 безоговорочная поддержка
无污染生产 экологически чистое производство
无息贷款 беспроцентный кредит
无硝烟的战争 бездымная война
无形磨损 моральный износ
无形损失 нематериальные потери
无形资产 невидимые средства; нематериальные активы; нематериальный капитал
无疑 не может быть сомнения, что ...; нет сомнений; безусловно; несомненно
无以复加的地步 крайние пределы
无影无踪 кануть в историю; исчезать без следа; след простыл
无与伦比的 беспрецедентный
无照经营 хозяйствование (хозяйственная деятельность) без лицензии
无政府主义思潮 идейное течение (волна) анархизма
无政府状态 анархия
无阻碍通过 беспрепятственный проход
无组织无纪律 нет ни организованности, ни дисциплины
毋庸置疑 не вызвать подозрения; без сомнения; не подлежать сомнению
五个统筹 (统筹城乡发展、统筹区域发展、统筹经济社会发展、统筹人与自然和谐发展、统筹国内发展和对外开放) единое планирование в пяти направлениях (т. е. единое планирование развития города и села, регионального развития, развития экономики и социальной сферы, гармоничного развития человека и природы, а также развития внутри страны и открытости для внешнего мира)
五个一工程 (即一部好戏、一部好电影、一部好电视剧、一本好书、一篇好文章、一首好歌、一部好的广播剧——后两项于1996年添加，但用的名称仍是"五个一工程") Программа создания по одному хорошему произведению в пяти областях (т. е. программа создания одного хорошего театрального спектакля, одного хорошего кинофильма, одного хорошего телеспектакля, одной хорошей книги, одной хорошей статьи, одной хорошей песни и одной хорошей радиопостановки. Песня и радиопостановка были добавлены в 1996 году, но название программы не изменилось)
五讲四美 (即讲文明、讲礼貌、讲道德、讲卫生、讲秩序；心灵美、语言美、行为美、环境美) пять акцентов, четыре красоты (сокращенная формула поведения личности в быту: быть культурным, вежливым и высоконравственным, блюсти правила гигиены, поддерживать порядок; выступать за красоту души, речи, поведения и окружающей среды)
五角大楼 Пентагон
五日工作周 пятидневная рабочая неделя
五星红旗 пятизвездный красный флаг
武力威胁 угрожать силой оружия; угрожать военной силой; военная угроза
武器装备 вооружения и снаряжения
武装冲突 вооруженный конфликт; вооруженное столкновение
武装到牙齿 вооруженный до зубов
武装干涉 вооруженное вмешательство

武装较量 вооруженное противостояние

武装警察部队 войска вооруженной милиции

武装力量 вооруженные силы

武装叛乱 вооруженный мятеж

勿忘国耻 не забыть национальный позор

务求实效 стремиться к реальной эффективности

务实的会议 непарадная конференция

务实的态度 жизненно-практическое отношение

务实合作 деловое сотрудничество; прагматичное сотрудничество

务实进取 деловитость и предприимчивость

务实精神 дух деловитости

物必自腐，而后虫生 Черви заводятся в том, что само гниет.

物价部门 ведомства по ценам; ценовые ведомства

物价稳定 Цены на товары стабильны.

物价涨幅 амплитуда роста цен

物价涨幅过大 чрезмерная амплитуда роста цен

物价指数 товарные индексы

物价总水平 общий уровень цен

物尽其用 полное использование материалов; использование материалов по их назначению

物力、财力和人力 материальные, финансовые и трудовые ресурсы

物力资源 природные ресурсы

物联网 вещевой интернет

物流 обращение (циркуляция) материалов (материальных ресурсов)

物流配送 комплектование товарных потоков

物业管理 эксплуатационная служба жилья

物以类聚，人以群分 Вещи собираются по видам, а люди группируются по категориям.

物证 вещественные доказательства

物质保证 материальное обеспечение

物质报酬 материальное вознаграждение

物质财富 материальные богатства; материальные ценности

物质产品极大丰富 обилие материальных благ

物质刺激 материальное стимулирование

物质分配 распределять материальные блага

物质福利 материальное благосостояние

物质鼓励与精神鼓励相结合 сочетание материального и морального стимулирования

物质基础 материальная основа

物质技术条件 материально-технические условия

物质奖励 материальное поощрение; материальная награда

物质文化需要 материальные и культурные потребности

物种保护 охрана растительного и животного мира; охрана флоры и фауны; охрана диких животных и растений

物资 материальные ресурсы

物资储备 материальные запасы (резервы)

物资短缺 нехватка (дефицит) материальных ресурсов

物资积压 затоваривание; омертвление материальных ресурсов

物资匮乏 недостаток в материалах

误导民意 неправильно направлять мнения народа; дезинформация общественного мнения

X

夕阳产业 бесперспективная индустрия
西部大开发战略 Стратегия масштабного освоения западной части страны
西部地区平均水平 средний уровень западной части страны
西部干线铁路建设 строительство железнодорожных магистралей в западных районах страны
西电东输 снабжение западной электроэнергией восточного района
西气东输 переброска газа с запада страны на восток
吸毒 наркомания
吸取教训 извлечь урок (из чего); сделать выводы из уроков
吸取进步文化 впитывать прогрессивную культуру
吸取进步因素 вобрать в себя все прогрессивное
吸取力量 черпать силу
吸取历史教训 извлечь урок из прошлого
吸取他人经验 заимствовать опыт других
吸收和借鉴人类社会创造的一切文明成果 изучать и заимствовать все достижения цивилизации человеческого общества
吸收外资 абсорбировать иностранный капитал; привлекать иностранный капитал; заимствовать зарубежные денежные средства; использовать средства, поступающие из-за рубежа
吸引外商 привлекать зарубежных предпринимателей
洗黑钱 отмывание грязных денег
洗脑 промыть (кому) голову; промыть мозги
洗钱 отмывание капиталов; отмывка денег
下半旗致哀 приспустить флаги в знак траура
下层 нижние слои
下大力气 не жалеть сил
下定决心 проникнуться решимостью
下岗分流 размещать сокращаемый персонал
下岗失业人数 численность сокращенного персонала и безработных
下岗失业人员 безработные из числа сокращенного персонала; сокращенный персонал; сокращенцы
下岗职工 сокращенный персонал; рабочие и служащие, освобожденные от работы
下岗职工再就业 трудоустройство сокращенного персонала госпредприятий
下情上达 доводить информацию снизу вверх
下属机构 нижестоящие органы
下台 спуститься со сцены; уйти со служебного поста
先导力量 авангардная сила
先导性全局性作用 ведущая роль всеобщего значения
先发制人 превентивное наступление; первыми нападать на других
先锋和桥梁作用 роль авангарда и связующего звена
先锋模范作用 роль авангарда и образца
先进文化 передовая культура
先进性 авангардный характер; прогрессивность
先决条件 предварительное условие; предпосылка
先烈遗志 заветы павших борцов
先期到达的代表团成员 прибывшие несколькими днями раньше члены делегации
先驱作用 роль первопроходца

先人后己精神 дух приоритета народных интересов над личными
先天下之忧而忧，后天下之乐而乐 Первым печалься о горестях Поднебесной и последним думай о радостях для себя.
鲜明的时代特征 яркие особенности эпохи
鲜明对照 резкий контраст
鲜明特点 яркая особенность
鲜血凝成的友谊 дружба, скреплённая кровью
闲置土地 свободная земля
闲置资本 свободный капитал; незанятый капитал; бездействующий капитал
闲置资金 свободные средства
闲置资源 свободные ресурсы
显示出活力 демонстрировать жизненность
显示出生命力 выявить живучесть
显示出优越性 выявить преимущества; продемонстрировать преимущества
显著标志 яркий показатель; яркое отражение
显著成果 заметные успехи; заметные результаты; впечатляющие успехи
显著成效 зримые результаты; заметные эффекты
现代大都会 мегаполис
现代服务业 современная индустрия сервиса
现代工业 современная промышленность
现代工业文明 современная индустриальная цивилизация
现代管理 современное управление
现代化的国防 модернизированная национальная оборона
现行机制 действующий механизм
现行政策 действительная политика; нынешняя политика
现金投放 снабжение наличными средствами; денежная эмиссия
现金支出 выплата наличными; денежные расходы

现任职务 занимаемое служебное положение
现实生产力 реальные производительные силы
现实生活 живая жизнь; реальная жизнь
现实条件 реальные условия
现实性 актуальный характер; актуальность; реальность
现实意义 актуальное значение; реальное значение
现象的实质 сущность явления
现有条件 актуальные условия
现有资源 имеющиеся ресурсы
现状 существующее положение
现状和过去 настоящее и прошлое
限期离境 покинуть страну в установленный срок
限制军备竞赛 сдерживание гонки вооружений
限制性措施 ограничительные меры
宪法规定的权利 конституционные права
宪法起草委员会 Комиссия по разработке проекта конституции
宪法修改委员会 Комиссия по пересмотру конституции
陷入被动 потерять инициативу; попасть в пассивное положение
陷入尴尬的境地 попасть в глупое положение
陷入孤立 оказаться в изоляции
陷入僵局 застрять на мертвой точке; зайти в тупик; оказаться в тупике
陷入窘境 сесть в калошу; сесть в лужу
陷入绝境 попасть в тиски; зайти в тупик; попасть в безвыходное положение
陷入困境 зайти в тупик; запутаться в трудном положении; очутиться в трудном положении
陷入贫困 погрязнуть в нищете
陷入圈套 запутаться в комбинациях; попасть в ловушку
陷入日常事务 погрузиться головой в повседневные дела

陷入完全孤立 оказаться в полной изоляции

陷入危机 увязнуть в кризисе

乡镇企业 поселково-волостные предприятия

乡镇卫生院 поселково-волостная амбулатория

乡镇综合文化站建设 создание волостных и поселковых комплексных пунктов культуры

相辅相成 друг друга дополнять и стимулировать

相关单位 смежная организация; заинтересованные организации; соответствующие организации

相关单位的代表 представители соответствующих структур

相互包容 взаимная толерантность; взаимная терпимость

相互关心的问题 проблемы, представляющие взаимный интерес

相互贯通的基本点 взаимопронизывающие основные моменты

相互监督 взаимный контроль

相互交流经验 поделиться друг с другом опытом

相互谅解 взаимопрощение; взаимопонимание

相互配合 взаимно координировать действия

相机抉择 решать с учетом конкретной ситуации

相机调整 корректировать в соответствии с обстановкой

相近的立场 сходные позиции

相距遥远 далеки друг от друга

相提并论 положить на одни и те же весы; ставить знак равенства; ставить на одну доску

相信群众, 依靠群众 верить в массы, опираться на них

相应的职能 соответствующие обязательства

相应对策 адекватные меры

相知无远近, 万里尚为邻 Для дружбы нет расстояний, близость сохраняется даже за тысячу лет.

享乐主义 эпикурейство; сибаритство; склонность к комфорту и чувственным удовольствиям

享年……岁 умереть в возрасте……лет; умереть на (котором) году жизни

享受成果 вкушать плоды; делить плоды

享受最高规格的接待 оказать прием на самом высоком уровне

享有高度自治权 пользоваться высоким правом на самоуправление

享有更加充分的民主权利 пользоваться более полными демократическими правами

享有广泛的自治权利 пользоваться широкими правами автономного управления

享有基本医疗卫生服务 пользоваться основными лечебно-оздоровительными услугами

享有声望 пользоваться хорошей репутацией

享有盛名 пользоваться известностью

响应号召 откликнуться на призыв

想人民所想, 急人民所急 общие с народом помыслы и заботы

向……提出抗议 заявлять (выражать) протест; выступать с протестом

向心力 центростремительные силы

象征意义 символическое значение

逍遥法外 гулять на свободе; остаться без суда и следствия; остаться безнаказанным

消除分歧 устранить разногласия; изжить разногласия

消除隔阂 устранять разобщенность

消除顾虑 рассеять опасения

消除怀疑 рассеять сомнения

消除机构臃肿 покончить с разбуханием аппарата

消除矛盾 погасить разногласия; устранить противоречие

消除贫困 ликвидация бедности

消除人为障碍 устранить искусственные

преграды

消除误解 рассеять сомнения; рассеять недоразумения

消除消极因素 устранить негативные моменты; устранить пассивные моменты

消除意见分歧 изжить разнобой; изжить разногласие

消除影响 устранить влияние

消除预算赤字 покрыть дефицит бюджета

消费观念 концепция потребления

消费行为 потребительское поведение

消费价格 потребительская цена

消费价格指数 индекс потребительских цен

消费结构 структура потребления

消费结构升级 эскалация структуры потребления

消费心理 потребительская психология

消费新亮点 новый эпицентр (светящаяся точка) потребления

消费者申诉 жалобы потребителей

消费者协会 Ассоциация потребителей

消化吸收 осваивать и впитывать

消极等待 пассивное ожидание

消极腐败现象 явление упадка и разложения

消极态度 пассивное отношение

消极现象 негативные (отрицательные) явления

消极因素 негативные моменты; отрицательный фактор; отрицательные элементы; пассивные факторы

消极影响 отрицательное влияние; негативное влияние; пассивное влияние

消极作用 пассивная роль; отрицательное воздействие

消灭传染病 ликвидировать инфекционные болезни

消灭落后 покончить с отсталостью

消灭贫穷 покончить с бедностью

消息来源 источник информации; информированный источник

消息灵通人士 хорошо информированное лицо; информационные круги; хорошо информированные источники; хорошо осведомленные источники

宵禁 комендантский час

萧条 депрессия

销毁核武器 уничтожение ядерного оружия

小道消息 новость, поступившая по неофициальному каналу

小的方面放开放活，大的方面管住管好 давать простор и свободу действий в микросфере, но крепко держать в руках и умело направлять макросферу

小贩 лоточник; мелкий торговец

小费 мелкие подачки; чаевые

小金库 денежная заначка; малый сейф

小金库专项治理取得阶段性成果 достигнуть этапные успехи в целевом упорядочении так называемых «черных касс»

小康 средняя зажиточность

小康社会 общество средней зажиточности

小康水平 уровень средней зажиточности

小商品 мелкие товары; мелочной товар

小商品经济 мелкотоварный уклад

小生产者 (个体) 成分 сектор мелкого кустарного (единоличного) производства

小生意 малый бизнес

小时最低工资标准 минимальная ставка почасовой оплаты

小学教育 начальное образование

小业主 мелкие хозяева; мелкие предприниматели

校风校纪 атмосфера и дисциплина в учебном заведении

校园文化 культура учебных заведений

效率优先，兼顾公平 приоритет эффективности с соблюдением справедливости

协商解决 разрешать путем консультаций

X

协商一致的原则 принцип выработки единых взглядов путем консультаций; принцип достижения единых взглядов путем консультаций; принцип договоренности; принцип консенсуса

协调发展 гармонизация развития; гармоничное развитие; координированное развитие; согласованное развитие

协调各方 всесторонняя координация

协调各方力量 координировать силы различных сторон

协调国民经济的比例 координировать пропорции народного хозяйства

协调行动 согласованные действия

协调机制 механизм координирования отношений

协调立场 согласование позиций

协调利益关系 координировать отношение интересов

协调配合机制 консультативно-координационные структуры

协调相互关系 гармонизация взаимоотношения; регулирование взаимоотношений

邪教 еретическое учение; изуверский культ; псевдорелигия

邪教组织 псевдорелигиозная организация

邪路 порочный путь

携手推进 прилагать совместные усилия

携手应对 сотрудничество в противодействии

写字楼 офисное здание

泄漏机密 выдать секрет; разглашать секрет

心理上的压力 психологический прессинг; психологическое давление

心理疏导 психологическая консиляция

心理素质 психический склад

心理战 психологическая война; война нервов

欣悉 с радостью ознакомиться

欣欣向荣 бурный расцвет; неуклонно идти на подъем; идти в гору

新(生)事物 новые вещи и явления; новшество

新的历史起点 новая историческая исходная точка

新的历史征程 процесс нового хода истории

新的增长点 новые точки роста

新的转机 новый поворот

新方向 новое направление

新风尚 новый обычай

新格局 новая конфигурация; новая архитектоника

新工艺 новая технология

新国际经济秩序 новый международный экономический порядок

新疆生产建设兵团 Производственно-строительный корпус в Синьцзяне

新境界 новые горизонты

新旧矛盾交织 переплетение старых и новых противоречий

新旧体制并存 сосуществование новой и старой системы

新旧体制交替 замена старой системы новой; замены старого механизма новым

新旧体制转换 замена старой системы новой

新局面 новая обстановка; новая ситуация

新跨越 новый скачок; осуществить новый скачок

新老合作和交替 сотрудничество и ротация молодого и старшего поколений

新能源 новые энергоносители; новая энергетика; новые источники энергии

新能源汽车 автотранспорт на новых энергоносителях; автомобиль на новом энергоносителе

新年贺词 новогоднее послание

新气象 новые веяния

新情况 новые обстоятельства; новая обстановка

新情况层出不穷 множество новых обстоятельств

新生代农民工 новое поколение трудящихся-мигрантов

新生力量 нарождающиеся силы; свежие силы; новые растущие силы; новые силы

新生事物 новая реальность; новь

新世纪新阶段历史使命 историческая миссия в новом веке на новом этапе

新式大规模杀伤武器 новые виды оружия массового уничтожения

新视野 новое поле зрения

新思路,新办法 новые пути мышления; новые методы

新台阶 новая ступень; новая высота

新体制框架 каркас новой системы

新突破 новый прорыв

新闻公报 информационное коммюнике; информационное сообщение

新闻舆论监督 контроль СМИ

新闻中心 пресс-центр

新闻专员 пресс-атташе

新鲜血液 свежая кровь; новые силы

新现象 новые явления

新型城镇化进程不断推进 непрерывно продвигать процесс урбанизации нового типа

新型大国关系理念 концепция «отношений между державами нового типа»

新型关系 отношения нового типа

新型军队 армия нового типа

新型民族关系 новое национальное отношение

新兴产业 нарождающиеся отрасли; новые отрасли промышленности; новые производства

新兴出口市场 новые экспортные рынки

新兴工业国家 новые индустриальные страны

新兴经济体 развивающиеся экономические субъекты

新兴市场 новые развивающиеся рынки

新兴市场国家 государства с нарождающимися рынками; государства с динамично формирующимися рынками

新一轮 новая очередь

新一轮的产业发展 новый раунд индустриального развития

新长征 новый великий поход

新支点 новая точка опоры

信贷总量 общий объем кредитов

信访制度 система рассмотрения устных и письменных жалоб

信口开河 говорить наобум; нести вздор; болтать что попало

信任危机 кризис доверия

信守合同 строго придерживаться контракта; соблюдать условия договора

信守诺言 держать слово; быть хозяином своего слова

信守条约 строго соблюдать договор

信守原则 неуклонно придерживаться принципа

信托公司 траст-компания; комиссионная (посредническая) компания

信托投资 инвестиция на комиссионных началах; трастовые инвестиции

信息安全 информационная безопасность

信息爆炸 информационный взрыв

信息产业 телематика

信息发布 информационные публикации

信息反馈 обратная передача информации

信息革命 информационная революция

信息工程 объекты информатики

信息化 информатизация

信息化战争 информационная война

信息技术 информационная технология

信息交流 обмен информацией

信息科学 информатика

信仰不同宗教的人们 люди исповедующие различную веру

信仰自由 свобода вероисповедания

信用档案 досье кредитоспособности

信用等级 кредитный рейтинг
信用合作社 кредитные кооперативы
信用回笼 возвращение кредитных средств
信用机制 механизм кредитования
信用卡 кредитная (банковская) карточка
刑法 Уголовный кодекс
刑满释放 освобождение по отбытии срока заключения
刑事案件 уголовное дело
刑事处罚 уголовное наказание
刑事犯罪 уголовные преступления
刑事犯罪活动 преступные уголовные деяния
刑事审判庭 судебная палата по уголовным делам; уголовный суд
刑事诉讼 уголовный процесс
刑事诉讼法 Уголовно-процессуальный кодекс
刑事责任 уголовная ответственность
刑事追究 уголовное преследование
刑讯逼供 вымогать показания
刑侦立法 административное законодательство
形成城乡经济社会发展一体化新格局 создавать новую схему интеграции социально-экономического развития города и села
形成辐射作用大的城市群 создавать городские ансамбли большого радиального излучения
形成干部选拔任用科学机制 формировать научный механизм подбора и назначения кадров
形成共同发展格局 сформировать архитектонику совместного развития
形成核心 образовать ядро
形成人才辈出、人尽其才、才尽其用的生动局面 создать такую оживленную обстановку, когда таланты рождаются целыми плеядами и каждый из них имеет возможность полностью развернуть свои способности
形成若干带动力强、联系紧密的经济圈和经济带 создавать ряд тесно связанных между собой экономических колец и поясов огромной стимулирующей силы
形成完备的航母战斗群 формирование полностью укомплектованной боевой группы
形成消费、投资、出口协调拉动的增长格局 создавать схему координированного стимулирования экономического роста за счет потребления, инвестирования и экспорта
形成新的认识 прийти к новому пониманию
形成有利于科学发展的宏观调控体系 создавать систему макрорегулирования и макроконтроля, отвечающую интересам научного развития
形式呆板 формальная схоластика
形式主义和官僚主义 формализм и бюрократизм
形势报告 доклад о текущем моменте
形势逼人,不进则退 Положение дел таково, что не пойдешь вперед — отступишь назад.
形势不容乐观 Ситуация не внушает оптимизма.
形势恶化 деградация ситуации
形势喜人 Обстановка радует нас.
形势严峻 ситуация суровая
形象工程 объекты имиджа; показные объекты; объекты на показ
行政区 префектура
行政区划 административное деление
行政审批 административное утверждение
行动纲领 программа действия
行动计划 план действия
行动一致 единство действия
行动原则 основы действия
行动指南 руководство к действию; компас
行动自由 свобода перемещения
行贿受贿 подкупы и взяточничество
行使职权 осуществить функции; осу-

行使主权 ществлять служебные права
行使主权 осуществлять суверенные права (право суверенитета)
行为不轨 безобразные действия
行为规范 критерий действий; нормы поведения
行为科学 наука о поведении
行政处分 административное взыскание
行政措施 административные меры
行政当局 администрация
行政复议 пересмотр административных решений
行政干预 вмешательство со стороны администрации
行政管理 административная юрисдикция; административное управление
行政机关 административный орган
行政经费支出 оплата административных расходов; ассигнование на административные расходы
行政立法 административное законодательство
行政隶属 административная подчиненность; административное подчинение
行政隶属关系 линия административного подчинения; отношения административной подчиненности
行政命令的方法 административно-командные методы
行政人员 административный персонал
行政审批 административное визирование; административное рассмотрение и утверждение
行政事业性收费 сборы административно-управленческого характера
行政手段 административные меры; административные рычаги
行政长官 глава администрации
行政执法 административное правоисполнение
行之有效 подтвердить свою действенность
行之有效的措施 меры, эффективность которых подтверждена практикой

兴边富民行动 действия по развитию экономики и обеспечению зажиточности в пограничных районах
兴奋剂 допинг
兴奋剂丑闻 допинг-скандалы
兴奋剂检查 допинг-контроль
兴风作浪 чинить беспорядки; провоцировать волнения
兴国之要 необходимость возрождения страны
兴建水利 построить водохозяйственные сооружения
兴利除弊 приносить пользу и выкорчевывать зло; содействовать полезному и устранять вредное
性别构成 половая структура
性骚扰 сексуальное домогательство
胸襟宽阔 отличаться широтой взглядов
胸无全局者，不足以谋一域 не зная целого, не суди о частностях
胸有成竹地开展外交活动 с большой уверенностью и терпением проводить дипломатическую деятельность
雄心壮志 героическая решимость; величественное устремление
休会 объявлять перерыв
休会期间 в промежутке времени между сессиями
休假制度 система отпусков
休克疗法 шоковая терапия
休牧还草 отказ от скотоводства ради восстановления степей
休戚相关 кровно заинтересованный
休戚与共 жить (чьей) судьбой
休庭 перерыв в заседании суда
休闲方式 формы отдыха в свободное время
休养生息 набираться сил; накапливать силы
修改合同条款 пересмотреть статьи контракта; пересмотреть условия контракта
修旧利废 ремонтировать старое оборудование и утилизировать отбросы
修正案 поправка

修正错误 выправлять ошибку; исправлять ошибки
袖手旁观 держать себя выжидательно; умывать руки; смотреть, сложа руки
虚报亏损 фальсификация убытков; фальсифицировать убытки в отчетах
虚报项目 фиктивные отчетные объекты; включенные в отчеты фиктивные объекты
虚构资产 фиктивные активы
虚假购买力 фиктивная покупательная способность
虚假广告 ложная реклама
虚开增值税发票 фальсифицированные квитанции о налогах с добавленной стоимости
虚拟经济 виртуальная экономика
虚拟现实 виртуальная действительность
虚心接受批评意见 искренне соглашаться с критикой в свой адрес; прислушиваться к критике
需求饱和 насыщение спроса; насыщенный спрос
需求过旺 раздутый спрос
需求减少 сокращение спроса
需求预测 прогнозирование спроса
需求总量 общий объем спроса
需要进一步研究 требовать дополнительной проработки
许可出境 разрешение на выезд
许可证交易 лицензионная торговля
许可证制度 лицензионная система
蓄意破坏 умышленное банкротство
蓄意伪造 преднамеренная фальсификация
宣布罢工 объявить забастовку
宣布大赦 декларировать всеобщую амнистию
宣布非法 объявить (что) вне закона
宣布戒严 объявить военное положение; объявить город на осадном положении
宣布紧急状态 объявить о введении чрезвычайного положения
宣布全国处于战争状态 объявить военное положение в стране
宣布停战 объявление о перемирии
宣布遗失作废 аннулировать (что) как утерянный
宣传机器 пропагандистская машина
宣传计划 план пропагандистской работы
宣传思想工作会议 совещание по идейно-пропагандистской работе
宣告破产 объявить несостоятельность; объявить банкротство
宣告无效 объявить недействительным
宣判 выносить вердикт; вынести приговор
宣言 декларация
宣言性声明 декларативное заявление
宣战 объявить войну
悬案 неразрешенное дело; открытый вопрос; нерешенный вопрос
选拔干部 подбирать кадровых работников
选拔培养接班人 подбор и подготовка смены
选拔任用 подбор и назначение
选拔少数民族干部 выдвигать кадры из числа национальных меньшинств
选拔使用干部 отбирать и использовать кадры
选举 выборы
选举办法 порядок выборов
选举采用无记名投票的方式 Выборы проводятся тайным голосованием.
选举程序 процедура выборов
选民 избиратели; выборщики; электорат
选票 избирательный бюллетень
选聘 подбирать (кого) путем проведения конкурсов
选区 избирательный округ; избирательные участки
选人用人机制 механизм подбора и использования кадров
选贤举能 выдвигать мудрых, назначать способных
选修课 факультативный предмет

选择权 альтернативное право
选择适合本国国情的道路 выбирать собственный путь, который соответствует реальной обстановке в своей стране
削价处理 реализация по сниженным ценам (со скидкой)
削价商品 уцененные товары
削减财政赤字 сокращение бюджетного дефицита
削减开支 сокращение расходов
学分制 система зачетов по очкам
学风 стиль учебы
学历 полученное образование; образовательный уровень
学龄儿童 дети школьного возраста
学前教育 дошкольное воспитание; дошкольное обучение
学生罢课 забастовка студентов
学术打假 борьба с научным мошенничеством
学术带头人 вожаки в науке; ведущие ученые; лидеры научных отраслей
学术道德 научная этика
学术价值 научная ценность
学术刊物 научные периодические издания
学术论文 научная работа
学术研究 научные исследования
学术意义 научная ценность (весомость)
学术造假 научное мошенничество
学术制度 система учебных степеней
学术自由 свобода научного творчества
学位 ученая степень
学位授予制度 система присвоения ученых степеней
学位证书异国认证 конвертируемость дипломов
学习型社会 общество учебного типа
学习型政党 партия учебного типа
学习知识和技能 приобрести знания и навыки
学先进,赶先进 учиться у передовых и догонять их
学校课程减负 разгрузка школьной программы
学以致用 учиться и применять (полученные знания)
血的教训 оплаченный кровью урок
血汗钱 деньги, заработанные потом и кровью; кровые деньги
血脉相连的共同体 кровное сообщество одной судьбы
血脉相连的同胞 соотечественники, связанные кровными узами
血肉相连 кровная связь
寻求保护 искать защиту; искать покровительства
寻衅滋事 затевать ссоры; учинять скандалы
寻找出路 искать выход
寻找借口 выискивать поводы; искать предлог
寻找救国之路 изыскивать пути спасения родины
寻找途径 искать пути
寻找新的工业增长点 найти новые промышленные точки роста
巡航 крейсировать; быть в плавании (или полете)
巡航导弹 крылатая ракета
巡航高度 высота крейсерского (дозорного) полета
循环往复 циклическое повторение
循序渐进的原则 принцип последовательности
训练舰 корабль для обучения
训练有素 прекрасно подготовленный
汛期 паводковый сезон
迅猛发展 бурное развитие; динамичное развитие
迅速行动 действовать быстро
徇私枉法 извращать (попирать) закон ради личной выгоды (в корыстных целях)
徇私舞弊 допускать правонарушения из личных побуждений

Y

压倒一切的工作 доминирующая деятельность

压倒一切的头等大事 дело первостепенной важности, превалирующее над всем

压倒一切的中心任务 первостепенная центральная задача; центральная, доминирующая задача

压缩规模 сужать масштабы

压缩过剩生产力 сокращать избыточные производственные мощности

压缩和疏导过剩产能 сокращать и устранять избыточные производственные мощности

压缩开支，量入为出 сокращать расходы и соразмерять их с доходами

压抑人才 зажимать дарования (способных, незаурядных людей)

压制批评 глушить критику; зажать критику; зажим критики

压制群众的积极性和创造性 сковывать активность и творческую инициативу масс

押解出境 выдворить под конвоем за пределы страны

押送 препроводить (кого-что) под конвоем; перевозить (что) под охраной

亚太地区 Азиатско-Тихоокеанский регион (АТР)

亚太经济合作组织(APEC) Организация Азиатско-Тихоокеанского экономического сотрудничества (АТЭС)

亚洲金融危机 Азиатский валютно-финансовый кризис

亚洲基础设施投资银行 Азиатский банк инфраструктурных инвестиций

亚洲相互协作与信任措施会议 (亚信) Совещание по взаимодействию и мерам доверия в Азии

延期供货 отсрочка в поставках

延期支付 отсроченный платеж

延长产业链 удлинять индустриальные цепочки

延长合同有效期 продлить договор

延长期限 продлить срок; пролонгировать срок; отсрочить

延长签证 продлить визу

延长条约 продлить договор; пролонгировать договор

严惩 строго наказать

严惩不贷 сурово карать без всякого снисхождения

严打 сурово подавлять; наносить беспощадные удары; суровое подавление; суровые репрессии

严格定编定员 строго установленное штатное расписание

严格检验商品质量 проводить строгий контроль за качеством продукции

严格履行 строгое выполнение; неукоснительное выполнение

严格区分 четко различать; резкое отграничение

严格市场准入制度 устрожать порядок допуска на рынок

严格税收征管 устрожить (ужесточить) контроль над сбором налогов

严格遵守公认的国际关系准则 строго соблюдать общепринятые нормы международных отношений

严格遵循一个中国原则 строго соблюдать принцип одного Китая

严加管束 брать (кого) в ежовые рукавицы

严加追究 беспощадно преследовать

严禁 наложить строгий запрет

严禁公款挥霍应酬 строго запретить организацию застолий за казенный счет

严峻的挑战 суровые вызовы; серьезные вызовы

严厉查处价格违法行为 строго наказать за нарушение ценового законодательства

严厉查处捏造事实、传播虚假信息等恶性炒作事件 строго наказывать за измышление и распространение ложной информации и другие преднамеренные сообщения

严厉处理 суровое наказание

严厉措施 строгие меры

严厉打击 нанести беспощадный удар

严密监视 с пристальным вниманием следить

严守法纪 неукоснительно соблюдать законы и дисциплину

严肃查处 расследовать и строго карать

严肃查处违规问题 строго взыскивать за всякие противозаконные действия

严肃处理 привлекать к строгой ответственности

严于律己 быть требовательным к себе; строго следить за своим поведением

严正抗议 категорический протест

严正立场 правильная и твердая позиция

严重冲击 серьезные наскоки; серьезные удары

严重错误 грубейшие ошибки

严重犯罪活动 серьезная преступная деятельность

严重关切 серьезно озабоченный; серьезно обеспокоенный

严重后果 серьезные последствия

严重教训 внушительный урок

严重自然灾害 суровое стихийное бедствие

言必信，行必果 Слова должны быть правдивыми, а действия —результативными.

言行不一 разрыв между словом и делом

言行一致 соблюдать единство слова и дела; блюсти единство слова и дела; единство слова и действия; единство слова и дела

言论自由 свобода слова

言者无罪，闻者足戒 сказать — не грех, внемлющему — предостережение

炎黄子孙 потомки легендарных яньди и хуанди

沿岸贸易 прибрежная торговля

沿边地区 приграничные районы

沿边开放 открытость приграничных районов

沿海城市 приморские города

沿海地区 приморье; приморские районы

沿海开放城市 открытые приморские города

沿海开放地区 приморские открытые районы

沿海沿边沿江地区 приморские, приграничные и приречные (зоны)

沿袭 применять по традиции

沿袭到今天 сохраняться и до наших дней

研发环节 звенья по разработке и освоению

研究成果 результаты научных поисков; результаты научного исследования

研究机构 научно-исследовательское учреждение

掩盖事实 затушевать сущность; скрыть факты; завуалировать факты

眼界大开 расширить кругозор

眼界宽阔 широкий кругозор; обладать широким кругозором

眼前的利益 ближайшие интересы; минутные интересы; текущие интересы; сиюминутные интересы; интересы сегодняшнего дня

演变 превращение; трансформация

唁电 соболезнование

验收 проверить и принять

赝品 фальсификат; подделка (о произ-

泱泱大国 величавая держава
扬眉吐气 воспрянуть духом, поднять голову
扬长避短 выявлять сильные стороны и избегать слабые стороны; дать развитие своим сильным сторонам; избегая своих минусов, развивать свои плюсы; развертывание преимуществ и восполнение пробелов
羊毛出在羊身上 Как бы то ни было, а расплачиваться придется самому овечью шерсть с овец и стригут
阳奉阴违 двурушничество; лицемерие; на словах одно, а на деле другое; формально подчиняться, а по существу противиться
洋垃圾 иностранный хлам; зарубежный мусор
洋为中用 ставить зарубежное на службу Китаю
养成风气 вводить в обычай; формировать нравы
养精蓄锐 беречь силы; накапливать здоровье и энергию
养老保险 страхование в области обеспечения старости
养老金 пенсия по старости
养老院 дома (пансионаты) для престарелых; богадельни
要案 крупное дело
要犯 опасный преступник
要害 жизненно важное место; суть; соль чего-л.
要害部门 ключевые отрасли
要挟 шантаж; принудить; грозить
要缓和,不要紧张;要对话,不要对抗;要和平,不要战争 смягчение ситуации вместо напряженности, диалог вместо сопротивления, мир вместо войны
要求出席 требование явиться
耀武扬威 бряцать оружием
野生动植物 дикие животные и дикорастущие растения

野心 карьеристские устремления; алчность; алчные стремления; притязания
野心家 карьерист; честолюбец
业内人士 авторитетные лица данной отрасли
业务报表 отчетность; отчетная ведомость
业务部门 оперативные ведомства
业务费用 служебные (операционные) расходы
业务工作 оперативная работа
业务骨干 служебный костяк
业务管理 оперативное управление
业务合作 деловое сотрудничество
业务核算 оперативный учет
业务监督 оперативный контроль
业务水平 деловая квалификация; профессиональная подготовка
业务素质 деловые качества; профессиональная подготовка
业务谈判 деловые переговоры
业务指导 профессиональное (деловое, операционное) руководство
业务专长 профессиональные навыки (компетентность)
业余教育 обучение без отрыва от производства
业余时间 внерабочее время
业主 владельцы
一般规律 общие правила
一般说来 говоря в общем; в общей форме
一般性辩论 общая дискуссия; общие прения
一部分人先富裕起来 Часть людей делается зажиточными раньше других.
一查到底 вести расследование дела до конца
一触即发 взорваться от первого прикосновения
一蹴而就 за один присест
一代一代往下传 передаваться из поколения в поколение
一代又一代新人 поколение за поко-

лением новых людей

一刀切 стричь под одну гребенку; мерять одной меркой (букв.: резать одним и тем же ножом)

一定程度的紧张 известная напряженность

一定要充分认识反腐败斗争的长期性、复杂性、艰巨性 уяснить себе продолжительность, сложность и трудность борьбы с разложением

一帆风顺 при попутном ветре

一方有难，八方支援 один в беде — восьмеро на подмогу

一分部署，九分落实 10 процентов планирования, 90 процентов реализации

一分为二 раздвоение единого

一个中心，两个基本点(以经济建设为中心，坚持四项基本原则，坚持改革开放) Одно центральное звено и два основных пункта (т.е. центральное место экономическому строительству при соблюдении четырех основных принципов, упоре на реформу и открытость)

一贯的观点 последовательные взгляды

一贯的立场 постоянная позиция

一贯的作风 неизменный стиль работы

一贯关注的问题 предмет постоянных забот

一贯执行和平的外交政策 последовательно проводить мирную внешнюю политику

一贯主张 неизменная платформа

一揽子计划 всеобъемлющий план; общий план; комплексный план; пакетный план; целая корзина планов

一揽子交易 комплексная сделка; пакетная сделка

一揽子解决 всеобъемлющее решение; всеобъемлющее урегулирование; решать в едином пакете; решать в комплексе; пакетное решение

一揽子问题 пакетные вопросы

一盘散沙 рыхлая куча песка

一盘散沙的局面 состояние полной разрозненности

一批关键技术取得新突破 Партия ключевой техники получила новый прорыв.

一片低迷气氛 состояние депрессии

一片漆黑 кромешная тьма

一票的优势 перевес на один голос

一期工程 первая очередь строительства; объекты первой очереди

一切从实际出发 во всем исходить из действительности; во всем исходить из реальных условий

一切行动听指挥 подчиняться командованию во всех действиях

一切权力 вся власть

一切要从大局出发 во всем необходимо руководствоваться всеобщими интересами

一切政策的落脚点 конечная цель всех политических установок

一日千里 семимильные шаги

一日千里地突飞猛进 стремительное продвижение «по тысяче ли в день»

一如既往 впредь, как и прежде

一身正气，清正廉洁 человек здоровых нравов, честный и неподкупный

一时的感情冲动 поддаваться минутной игре чувств (конъюнктурным настроениям)

一视同仁 одинаково относиться к людям; относиться к кому-л. так же, как и ко всем остальным

一手硬，一手软 отдавать предпочтение одному, игнорируя другое

一手抓建设，一手抓法制 заниматься и строительством, и правопорядком

一手抓整顿，一手抓繁荣 обеспечивать как упорядочение, так и процветание

一体化 глобализация; интеграция

一体化机制 механизм интеграции

一体化进展 интеграционный процесс

一体化经营 интегрированное хозяйствование

Y

一体化趋势 интеграционные тенденции
一条龙服务 линейное обслуживание
一条适合我国情况的社会主义现代化建设的正确道路 правильный путь, отвечающий особенностям нашей страны, для осуществления социалистической модернизации
一往无前的勇气 дух бесстрашного продвижения вперед
一系列特殊优惠政策和措施 ряд специфической льготной политики и мероприятий
一系列重大风险挑战 целый ряд серьезных рисков и вызовов
一项复杂而艰巨的系统工程 сложная и трудная систематическая работа
一小撮 ничтожная горстка; жалкая кучка
一心向往和平 жить одной мечтой о мире
一心一意搞建设 нацеливать все свои помыслы в направлении созидания
一心一意谋发展 всем сердцем и помыслами стремиться к развитию
一言堂 безапелляционность; непрекаемость; мое слово — закон; едино ... личное решение
一衣带水的邻邦 соседние страны, отделенные друг от друга лишь полосой водного пространства
一意孤行 действовать по своему произволу; действовать самовластно; делать все по-своему; действовать вопреки всему; действовать своевольно
一针见血 не в бровь, а в глаз; довольно метко подметить
一整套方针政策 комплекс государственных установок
一纸空文 висеть в воздухе; остаться мертвой буквой
一致的结论 единодушный вывод
一致认为 единодушно полагать
一致通过 единогласно принять

一致意见 единство взглядов; общность взглядов
一抓到底 взяться до конца
医德医风 врачебная этика
医患关系 отношения между медработниками и пациентами
医疗保险 медицинское страхование
医疗保障 лечебное обеспечение
医疗机构 лечебные учреждения
医疗事故 преступная небрежность врача; несчастный случай (в медицинской практике); врачебная небрежность
医疗卫生服务 лечебно-оздоровительные услуги
医疗卫生工作 медико-санитарная работа
医疗卫生事业 лечебно-санитарное дело
医疗卫生体制 система медицины и здравоохранения
医疗卫生条件 лечебно-санитарные условия
医疗制度改革 реформа системы медицинского обслуживания (медицинской системы)
医药费 плата за лечение; расходы на медицинское обслуживание
医治战争创伤 излечить раны войны; излечить раны, нанесенные войной; исцелить раны, нанесенные войной
依法 в порядке, установленном законом; согласно закону; согласно с законом; по закону; на основе закона; под покровительством закона
依法办事 действовать по закону
依法查办肇事者 с законом наказать зачинщиков
依法查处 рассматривать и решать по закону
依法惩办 карать по закону
依法从严处理 наказать по всей строгости закона
依法防范和打击违法犯罪活动 согласно закону предотвращать и подавлять

все правонарушения и преступления

依法管理 управление на основе закона

依法规范 легитимное нормирование

依法行政 исполнять административные функции (осуществлять административную деятельность) соответственно закону (на правовой основе)

依法纳税 платить налог по закону

依法取缔 ставить вне закона; ликвидировать (упразднять) по закону

依附海外敌对势力 опираться (полагаться) на враждебные иностранные силы

依附权贵 зависеть от аристократии; опираться на аристократию

依据决议 согласно с решением

依靠基层 опираться на низы

依靠科技进步 опираться на научно-технический прогресс

依靠贫下中农 опираться на бедняков и низших середняков

依靠群众的支持和参与 опора на поддержку и участие народа

依照惯例 по установившейся практике

仪仗队 почётный караул

贻误全局 наносить урон делу в целом; задерживать все дело

遗传性疾病 наследственное заболевание

遗传学 генетика

遗留问题 оставшиеся вопросы (проблемы)

疑难案件 трудные судебные дела

已出台的政策 уже провозглашенные установки

以备不时之需 (что делать) на чёрный день

以次充好 второсортное выдавать за первый сорт

以大局为重 ставить на первое место интересы целого; ставить на первое место общие интересы

以大欺小，以富凌贫，以强凌弱 притеснение, угнетение и третирование малых, бедных и слабых стран большими, богатыми и сильными странами

以点带面 ширить опыт экспериментальных точек; посредством экспериментальных точек приводить в движение сопредельные территории

以对国家和人民高度负责的精神 в духе высокой ответственности перед страной и народом

以法律为准绳 основываться на законодательстве

以个人名义 от себя лично

以更大的决心和勇气 с ещё большей решимостью и отвагой

以和平方式解决冲突 способствовать разрешению конфликтов мирным путём

以加快转变经济发展方式为主线 рассматривать ускорение трансформации модели экономического развития как главную нить

以经济建设为中心 отводить центральное место экономическому строительству; акцент на экономическом строительстве как на центральном звене

以儆效尤 чтобы не было повадно

以旧换新 замена старого на новое; обмен бывшего в употреблении на новый

以科学发展为主题 рассматривать научное развитие как лейтмотив

以科学理论武装人，以正确的舆论引导人，以高尚的精神塑造人，以优秀的作品鼓舞人 вооружать людей научной теорией, ориентировать их последством правильного общественного мнения, вырабатывать у них высокие моральные качества и воодушевлять их прекрасными произведениями

以邻为伴 считать соседей своими партнёрами

以邻为壑 приносить в жертву ближнего

以民族大义为重 руководствоваться в первую очередь общими национальными интересами

以目前国际情况为背景 на фоне текущих международных событий

以偏概全 за частью не видеть целого; за малым не видеть большего

以平等的方式 на началах равенства

以强凌弱的霸权主义 гегемонизм, выражающийся в третировании слабых сильными

以权谋私 использовать власть в личных интересах

以人为本 ценить человека как основу основ; человек как основа основ

以身试法 действовать вопреки закону; сознательно нарушать закон

以身作则 служить примером

以失败告终 окончиться провалом

以史为鉴,可以知兴替 По прошлому можно видеть, что поднимется и придет на смену.

以史为鉴,着眼未来 учась у прошлого, смотреть в будущее

以市场为导向 ориентироваться на рынок

以事实为根据,以法律为准绳 исходить из фактов и руководствоваться законами; опираться на факты, основываться на законодательстве

以事实证明 доказать путем факта; доказать фактами

以武力相威胁 угроза применения силы

以战争相威胁 бряцать оружием; угрожать войной

义不容辞 считать (что) долгом

义愤填膺 возмутиться до глубины души; преисполниться справедливым возмущением

义务教育 обязательное образование

义务劳动 труд на общественных началах; безвозмездный труд

义务宣传 бесплатная реклама

艺术标准 художественный критерий

艺术感染力 воздействующая сила искусства

艺术魅力 художественная притягательность

议案审查委员会 комиссия по рассмотрению предложений

议定书 протокол

议定以下各条 согласиться о нижеследующем; договориться о нижеследующем

议而不决 безрезультатные обсуждения

议会制 парламентарная система; парламентаризм

议论纷纷 немало толков и пересудов

议事规则 правила процедуры

议事和决策机制 механизм обсуждения дел и вынесения решений

屹立于世界东方 выситься в восточной части мира

屹立于世界民族之林 встать в один ряд наравне с великими нациями планеты

屹立于世界先进民族之林 встать в один ряд с передовыми нациями мира

亦步亦趋 слепо идти по чужим стопам

异见人士 диссидент

抑制通货膨胀 обуздать инфляцию; сдерживать инфляцию

易耗商品 товары кратковременного пользования

易燃易爆物品 легковоспламеняющиеся и взрывоопасные материалы

意见一致 сойтись во мнениях

意料之中的分歧 вполне предсказуемое противоречие

意识到自己的使命 видеть (в чем) свое призвание

意向书 протокол о намерении

意义深远的变化 изменения далеко идущего значения

意志薄弱 слабоволие; слабость воли

意志坚强 с большой силой воли

意志品质 волевые качества

因势利导 действовать, сообразуясь с обстоятельствами

因循守旧，墨守成规 упрямо держаться за старое и отжившее

阴谋诡计 интриганство; темные замыслы

殷切希望 сокровенные чаяния

银行担保 банковская гарантия

银行票据 банковский вексель

银行业风险抵御能力 возможности банковского дела в отражении опасностей

引导不力 слабость целенаправленного воздействия

引导带动 стать ориентиром и привести в движение

引导消费 ориентировать потребление

引导信贷导向 ориентировать выдачу кредитов

引导资金流向 корректировать направление движения капиталов

引渡 выдача преступника; экстрадиция

引渡条约 договор об экстрадиции

引火烧身 вызвать огонь на себя; лезть на рожон

引进和消化 заимствование и освоение

引进技术 заимствовать достижения техники

引进竞争机制 ввести механизм конкуренции

引进人才 привлекать специалистов

引咎辞职 уход в отставку из-за допущенных ошибок

引领未来 ориентирование на будущее

引起不和 поселить раздор

引起不满 вызывать недовольство

引起不同反应 вызвать разные отклики

引起反响 вызвать резонанс; найти отклик (среди кого)

引起纷纷议论 вызвать немало толков и пересудов

引起股票市场波动 вызвать биржевые колебания курса акций

引起混乱 вызвать сумятицу

引起了广泛的公众关注 вызвать большой интерес общества; привлечь большое внимание общественности

引起良好反应 найти одобрительный отклик

引起普遍注意 возбудить общее внимание

引起兴趣 вызвать интерес; привлекать внимание; заинтересовать

引起严重后果 грозить «серьезными последствиями»; повлечь за собой важные последствия

引退 подать в отставку; уйти в отставку

引以为戒 служить предостережением

引种新品种 интродукция нового сорта

隐患 скрытая угроза; потенциальная безопасность

隐瞒观点和意图 скрывать свои взгляды и намерения

隐瞒营业收入 утаивать коммерческие доходы

隐匿证据 скрывать улики

隐性就业 скрытая занятость

隐性失业 скрытая безработица

隐性收入 скрытые доходы

印花票 гербовая марка

印花税 гербовый сбор

印花纸 гербовая бумага

英明决策 мудрое решение

英雄模范 герой-передовик

英勇斗争 проявлять мужество в борьбе

英勇善战 героизм и доблесть в боях

婴儿死亡率 смертность грудных детей

婴幼儿早期教育 воспитание детей в младенческий период

迎合 идти навстречу (чему)

迎接挑战 принять вызов

迎接伟大复兴的光明前景 навстречу светлым перспективам великого возрождения

迎面相撞 столкнуться лоб в лоб

迎难而上 смело двинуться навстречу невзгодам; идти навстречу трудностям

迎头赶上 быстро догонять самых

передовых
迎头痛击 бить в лицо
营救工作 спасательные работы
营私舞弊，中饱私囊 совершать злоупотребления, набивая свой карман; набивать карман посредством коррупции
营销 маркетинг
营销方式 формы маркетинга
营销网络 сетевой маркетинг
营业 предпринимательская деятельность
营业点 торговый пункт
营业额 операционные доходы
营业税 налог с оборота; промысловый налог; налог на коммерческие операции
营业执照 патент (лицензия) на предпринимательскую деятельность; патент на право деятельности
赢得爱戴 стяжать любовь; снискать любовь
赢得高度评价 заслужить высокую оценку
赢得公认 отвоевать себе право гражданства
赢得桂冠 стяжать лавры
赢得好评 заслужить высокие отзывы; пользоваться широкой популярностью
赢得和平 выиграть мир; достигнуть мира
赢得机遇 обретать шансы
赢得解放 добиться освобождения
赢得进步 добиться прогресса
赢得民心 снискать симпатии народа
赢得朋友 снискать друзей
赢得人心 завоевать умы и сердца людей; покорить сердца; снискать симпатии
赢得荣誉 стяжать славу; завоевать славу
赢得胜利 одержать победу; завоевать победу
赢得时间 выиграть время

赢得同情 завоевать симпатии; снискать симпатию
赢得信任 завоевать доверие; снискать доверие
赢得主动、赢得优势、赢得未来 удержание инициативы, достижения превосходства и завоевания будущего
影响相互关系 отразиться на взаимоотношениях; отрицательно сказываться на взаимоотношениях
应酬 частные застолья и пирушки
应当承认 надо признаться
应对 отвечать; парировать; реагировать
应对冲击 против невыгодной ситуации
应对风险挑战 принимать контрмеры против рисков и вызовов
应对复杂局面的能力 умение справляться со сложной ситуацией
应对气候变化 противодействие изменению климата
应急处理机制 механизм срочной ликвидации последствий
应急调度 диспетчеризация для экстренных нужд
应急预案 предварительный план срочного реагирования
应急作战能力 способность драться (воевать) в экстренных ситуациях
应尽的义务 неукоснительный долг
应上税 вещи, на которые налагается пошлина
应试教育 обучение, нацеленное на сдачу экзаменов; обучение для сдачи экзаменов
应受处罚 подлежать наказанию
应受法庭追究 подлежать судебному преследованию
应有的惩罚 заслуженное возмездие
应有的措施 должные меры
应有的贡献 достойный вклад
应运而生 появиться в ответ на потребность

硬性规定 жесткое регламентирование

硬性条件 жесткие условия

佣金 комиссионные (деньги); комиссионное вознаграждение

拥军优属 кампания помощи армии и заботы о семьях военнослужащих; поддержка армии и забота о семьях военнослужащих

拥有主动权 обладать инициативой

拥有自主知识产权 иметь полные права интеллектуальной собственности

拥政爱民 кампания поддержки органов власти и заботы о населении; поддержка органов власти и забота о населении

臃肿 разбухание; разрастание (аппарата)

臃肿的行政机关 сверхаппарат; раздутый административный аппарат

永葆革命的青春和活力 вечно сохранять революционный молодой задор и жизненную энергию

永葆生机 вечная жизнеспособность; вечно жизненный

永葆先进性 навсегда сохранять свой передовой характер

永不僵化 не давать своей мысли костенеть

永不叛党 никогда не изменять партии

永垂不朽 не меркнуть в веках

永垂史册 навеки запечатлеть в исторических анналах; навеки войти в историю

永久居留权 право на постоянное жительство

永久性移民 безвозвратная иммиграция; безвозвратные иммигранты

永久性支出 безвозвратные издержки

永久中立 постоянный нейтралитет

永久中立地位 постоянно-нейтральный статус

永久中立国 постоянное нейтральное государство

永享太平 навсегда обрести покой

永志不忘 сохранить на веки в памяти

勇立时代潮头 смело идти в авангарде эпохи

勇于创造革新的精神 смелый дух новаторства и созидания

勇于揭露和纠正工作中的缺点、错误 смело вскрывать и выправлять недостатки и ошибки в работе

用电 потребление электроэнергии

用电设备 оборудование, потребляющее электроэнергию; электропотребляющее оборудование

用电同网同价 единая сеть и единые цены электроснабжения; единая электросеть и единые цены на электроэнергию

用和平方式解决国际争端 решать международные споры мирным путем

用人单位 нанимающие организации; наниматели

用事实来说服 убедить фактами

用通俗易懂的语言讲述 дать популярное и доступное изложение

用武之地 сфера применения усилия; место, где приложить свою доблесть

用鲜血凝成的友谊 дружба, скрепленная кровью

用心不良 неблаговидные цели; дурные намерения

用心险恶 иметь злостный умысел

用正确方式处理人际关系 правильно регулировать отношения между людьми

用之不竭的财富 неисчерпаемое богатство

用制度管权 удержать исполнение власти в установленных институциональных рамках

用制度管事、管人 управление делами и персоналом в установленных институциональных рамках

用最少的钱办最多的事儿 при помощи минимальных затрат выполнять максимум дел

优待军人家属 предоставлять льготы

семьям военнослужащих

优抚对象 льготники; семьи погибших воинов и семьи военнослужащих, инвалиды войны

优抚和救济工作 деятельность по предоставлению льгот и пособий

优化产品结构 оптимизация структуры продукции

优化产业结构 оптимизировать (улучшить, усовершенствовать) отраслевую структуру

优化教师队伍 оптимизировать преподавательский состав

优化劳动组合 оптимальная организация труда

优化品种结构 оптимизировать структуру ассортимента

优化升级 оптимизация и эскалация

优化资源配置 оптимальное распределение ресурсов; оптимизировать размещение ресурсов

优化组合 оптимальное сочетание

优惠贷款 преференциальные (льготные) кредиты

优惠待遇 льготный (преференциальный) режим

优惠价 льготная цена

优惠税率 предпочтительный тариф

优惠条件 благоприятные условия; льготные условия

优惠政策 льготная политика; политика предоставления льгот; политика преференций; преференциальная политика

优惠制度 льготная система

优良的社会风尚 добрые общественные нравы

优良品种 лучшие сорта и породы; лучшие сорта культур и лучшие породы животных

优生优育 улучшать качество новорождённых и воспитание детей

优胜劣汰 Добротное берёт верх, а низкосортное отсеивается; отбор лучших и отсев худших

优势产业 лидирующие производства

优势地位 доминирующее положение

优势互补 друг друга дополнять имеющимися преимуществами; взаимодополнение преимуществами; взаимное дополнение (взаимодополняемость) имеющимися преимуществами

优先 преимущественно; приоритетно; вне очереди; в первую очередь

优先保证 преимущественное (приоритетное) обеспечение

优先发展 опережающее развитие; преимущественное развитие; приоритетное развитие; в первую очередь развивать

优秀分子 лучшие из лучших

优秀干部 незаурядные кадровые работники

优秀品质 славные качества

优秀文艺骨干 актив выдающихся мастеров искусства

优秀作品 замечательные произведения; выдающиеся произведения

优质产品 высококачественная продукция

优质服务 высококачественные первоклассные услуги

忧患意识 бдительность против возможных бед и опасностей; быть настороже против возможных бед; трезво осознать возможные грядущие кризисы и беды; быть начеку против возможных невзгод

由被动转主动 перестать быть пассивным и обрести инициативу

油气产地 нефтегазоносный район

油气管道总里程 общее протяжение нефтегазовых трубопроводов

油气区 районы залегания нефти и природного газа

游行示威 массовая демонстрация; уличные шествия и демонстрации

游客服务中心 туристический сервис-центр

友好城市 города-побратимы; породненные города

友好的外国人士 расположенные к нам люди за рубежом

友好的祝愿 дружеские пожелания

友好访问 дружественный визит

友好关系 дружеские отношения; дружественные отношения

友好合作的气氛 атмосфера дружбы и сотрудничества

友好合作条约 договор о дружбе и сотрудничестве

友好会谈 дружественные переговоры

友好求实的气氛 дружеская, деловая атмосфера

友好往来 дружественные контакты; дружественные визиты; дружественные связи; обмен визитами дружбы

友好相处 жить в мире и дружбе

友好协商 договариваться по-дружески; дружественные консультации

友谊源远流长 Дружба уходит своими корнями в далёкое прошлое; Истоки дружбы уходят далеко в прошлое.

有备无患 Подготовишься — избежишь беды.

有偿服务 платные услуги

有偿服务项目 виды платных услуг

有偿使用 платное пользование

有偿转让 возмездная передача; компенсационная передача; небесплатная передача

有成效的工作 плодотворная работа

有充分的机会 иметь полную возможность

有充分理由 располагать вескими доводами

有错必纠 Если ошибся — исправляй.

有待改进 оставлять желать лучшего

有发言权 пользоваться правом голоса

有发言权的代表 делегаты с совещательным голосом

有法必依, 执法必严, 违法必究 обязательное соблюдение законов, неукоснительное их исполнение и обязательно привлечение к ответственности за правонарушения

有法不依, 执法不严, 违法不究 игнорировать законы либо нестрого их исполнять и попустительствовать правонарушениям

有分寸的行为 корректный поступок

有分寸的回答 сдержанный ответ; ответ в корректной форме

有根据 иметь под собой основания; иметь под собой почву

有根据的怀疑 законное подозрение

有根据的结论 обоснованный вывод

有根据的批评 обоснованно критиковать

有关方面 заинтересованные стороны; соответствующие стороны

有关国家 заинтересованные страны

有关机关 соответствующий орган

有关情况正在调查中 Соответствующиеся обстоятельства устанавливаются.

有关人士 заинтересованные лица

有过之而无不及 (что делать) не менее, если не более

有害风气 вредное поветрие

有害后果 пагубные последствия

有害做法 порочная практика

有行为能力的人 дееспособный гражданин

有很大的潜力 располагать большим потенциалом

有机的联系 органическая связь

有机的整体 органическое целое

有机农业 органическое земледелие

有机食品 органические продукты питания

有机食物 органическое питательное вещество

有机统一 органическое единство

有机组成部分 органически связанная часть

有进有退 и продвигаться, и отступать

有科学根据的计划 научно обос-

нованный план
有了明显的进步 достигнуть значительного прогресса
有理、有利、有节的方针 курс «целесообразно, полезно, экономно»
有力保证 действенная гарантия
有力措施 действенные меры; энергичные меры
有力的论据 веский аргумент
有力抵制各种错误和腐朽的思想 оказывать твердый отпор разлагающему влиянию всех ошибочных и гнилых идеологий
有力地说明 бросать яркий свет
有力地推动 мощный импульс; сильный толчок
有利的条件 благоприятные условия
有利的因素 благоприятный фактор
有利的转变 благоприятный поворот
有令不行, 有禁不止 предписаниям не подчиняться, запретов не блюсти; невыполнение приказов и нарушение запретов
有苗头 иметь вероятность
有明显的影响 оказать видимое влияние
有目的性的活动 целенаправленная деятельность
有目共睹 бросаться в глаза; стать очевидным всем
有期徒刑 лишение свободы на определенный срок
有其自身的优缺点 иметь свои достоинства и недостатки
有前科的人 лицо, имеющее судимость
有前提 иметь свою предпосылку
有钱有势的人 имущие и влиятельные лица
有权 иметь право; вправе (что делать)
有权不可任性 Власть имущим не допускается проявлять своеволие.
有权有势 в праве и силе
有全局观念 ставить на первое место интересы всего дела в целом

有深远的影响 иметь глубокое и далеко идущее влияние
有生力量 живые силы
有实际的可能 располагать реальной возможностью
有实际进展 Существует реальный прогресс; Наблюдаются реальные сдвиги.
有所为、有所不为的原则 принцип «что делать, а что не делать»
有所作为 есть что сделать; есть чем заняться
有条件承诺 условная акцептация
有条件的企业 предприятия, у которых есть (на что) условия
有条件接收 принять с оговорками
有统有分 есть общее, есть и раздельное
有头脑 иметь голову на плечах
有限的自然资源 ограниченные природные ресурсы
有线电视 кабельное телевидение
有效办法 эффективный метод
有效成分 доля активного вещества
有效的约束机制 эффективный дисциплинарный механизм
有效多数 действующее большинство
有效遏制经济增长明显下滑态势 эффективно сдерживать тенденцию заметного спада темпов экономического роста
有效遏制重特大安全事故 эффективно пересекать крупные и особо серьезные аварии
有效防范和化解潜在财政风险 эффективно предотвращать и устранять потенциальные финансовые риски
有效期 действительный срок
有效射程 действительный ружейный огонь
有效性 эффективность
有效需求 эффективный спрос
有效预防腐败的措施和办法 меры и способы по эффективному предупреждению коррупции
有形和无形壁垒 видные и невидные

барьеры

有形损耗 физический износ

有形资产 материальные активы

有序的市场 регламентированный рынок

有序竞争 упорядоченная конкуренция

有序流动 дисциплинированная миграция; упорядоченная миграция

有序市场竞争 дисциплинированная рыночная конкуренция

有一切有利条件 иметь все плюсы

有意混淆 сознательное смешивание

有意无意 волей-неволей; то ли сознательно, то ли нет

有影响的人物 влиятельное лицо

有应用前景的 в перспективе применимый

有缘千里来相会 волею судьбы встречаться друг с другом вопреки большому расстоянию

有针对性地解决 целенаправленно разрешить

有真才实学 обладать большими знаниями

有组织、有计划、有领导地进行 проводить работу организованно, по плану и под надлежащим руководством

有组织的犯罪 организованная преступность

有组织的游行 организованная демонстрация

娱乐业 индустрия развлечений

逾越权限 превышать власть

愚昧迷信 невежество и суеверия

舆论 общественное мнение; общественность

舆论导向 ориентиры общественного мнения

舆论监督 контроль со стороны средств массовой информации

与……比较 по сравнению с ...

与本国发展阶段相称的国际义务 международные обязательства, соответствующие этапу собственного

与本国国情相结合 соединиться с конкретными реалиями нашей страны

与本国人民休戚与共 жить судьбами своего народа

与国际市场接轨 стыковка с мировым рынком

与国家强劲的经济发展相适应 соответствовать энергичному характеру национальных экономик

与国内同行之间竞争很大 стоять перед серьёзной конкуренцией со стороны отечественных коллег

与邻为伴 партнёрское отношение к сопредельным странам

与邻为善 доброжелательное отношение к сопредельным странам

与去年同期相比 по сравнению с тем же периодом прошлого года

与群众打成一片 слиться с массами

与人民的期待还有很大差距 намного отстоять от ожиданий народа

与同期相比 по сравнению с аналогичным периодом

预备党员 кандидат в члены партии

预备党员转正 перевод кандидата в члены партии

预备方案 авампроект

预备役部队 запас вооруженных сил

预测到的煤炭储量 прогнозируемые запасы угля

预测经济走势 прогнозирование тенденций развития экономики

预防犯罪 профилактика преступности

预防降低重特大事故的发生率 предусмотрено снизить общее число тяжелых и особо тяжелых аварий

预付定金 аванс-задаток

预见性 предусмотрительность

预警系统 сигнальная система

预决算制度 система бюджета и отчета

预料不到的情况 непредвиденные обстоятельства

预期的成果 ожидаемые результаты

预期目标 предполагаемые показатели; намеченная цель

预期寿命 предпологаемая продолжи-

Y

тельность жизни
预期消费 предполагаемое потребление
预期效果 ожидаемые результаты
预售办法 форма продажи по предварительным заказам
预售处 касса предварительной продажи билетов
预算(财政)赤字 бюджетный (финансовый) дефицит
预算拨款 ассигнования из бюджета; бюджетные ассигнования
预算执行情况 исполнение бюджета
预算指数 бюджетный индекс
预算中的缺口 брешь в бюджете
预算中军费开支的比重 доля военных расходов в бюджете
原材料 сырье и материал; сырьевой материал
原材料初加工 первичная переработка сырья
原材料工业 сырьевая промышленность
原材料工业产品 продукция сырьевой промышленности
原材料供应 снабжение сырьевыми материалами
原材料消耗指标 нормы затрат сырья и материалов
原地踏步 топтаться на месте
原料产地 источник сырья
原料储备 сырьевые запасы
原料基地 сырьевая база
原料深加工 глубокая переработка сырья
原料生产国 страна-производитель сырья
原料输出 вывозить сырье
原料输出国 страна, вывозящая сырье
原始股 учредительная акция
原始积累 первоначальное накопление
原始森林和草场 первозданные леса и степи
原始资本 первичный капитал
原油产量 объем добычи нефти

原油加工量 количество переработанной нефти
原油开采能力 нефтедобывающие мощности
原则分歧 принципиальные разногласия; разногласия принципиального характера
原则立场 принципиальная позиция; позиция принципа
原则区别 принципиальные различия
原则问题 принципиальный вопрос; вопрос принципа
原则性错误 ошибка принципиального характера; принципиальная ошибка
原子能技术 атомные технологии
圆满的结局 благополучный исход; желанный конец; полный абзац
圆满结束 успешно завершить; увенчаться успехом
圆桌会议 конференция круглого стола; совещание круглого стола; совещание за круглым столом
援引……消息 передать со ссылкой (на кого-что); сообщить со ссылкой на (кого-что)
远程教育 дистанционное обучение
远隔重洋 (кто и кто) разделены океаном
远见卓识 глядеть далеко вперед; дальновидность
远景规划 перспективный план
远洋运输 океанские перевозки; морские перевозки
约定时间 назначенный час; условленный час
约束机制 дисциплинарный механизм
约束力 обязательная сила; ограничительная сила; факторы сдерживания
约束性指标 обязательный показатель
月工资 помесячная плата
阅兵式 военный парад
阅读党的有关文件 знакомиться с соответствующими партийными документами
跃居世界前列 встать в первые ряды стран мира

跃居首位 выйти на первое место

越出常规 выбиваться из колеи; выбиться из обычной колеи; выйти из рамок общепринятого; оторваться от нормы

越出允许范围 перейти пределы дозволенного

越界 нарушить границу

越权 превышать полномочия

越狱 бежать из тюрьмы; совершить побег из тюрьмы

允许范围 граница дозволенного; пределы дозволенного

允许价格波动幅度 допустимый предел колебаний цен

允许免税进入市场 беспошлинный допуск на рынок

孕育着严重后果 чреватый серьезными последствиями

运筹帷幄 разрабатывать решения, проявлять мудрость; планы операций, составляемые в шатре полководца

运单 транспортная накладная

运行表 график движения

运行规则 правила функционирования

运行机制 рабочий механизм; функционирующий механизм; эксплуатационный механизм

运用经济和法律手段 применить экономические и юридические рычаги

运用经验 использовать опыт

运用现代科技手段和管理方式 за счет применения современных научно-технических средств и форм управления

运载火箭技术 ракетоносительная техника; техника ракет-носителей

运转 функционирование; действовать; работать

运转正常 действовать без отказа; работать без отказа

运转正常可靠 работать в штатном и безопасном режиме; функционировать в штатном и безопасном режиме

Z

杂交水稻 гибридный заливной рис
杂交玉米 гибридные сорта кукурузы
灾后恢复重建 восстановительные работы в районах, пострадавших от стихийных бедствий
栽赃 валить (на кого) небылицу; свалить с больной головы на здоровую
载人航天飞行 пилотируемое космоплавание
载入史册 внести в страницы истории; войти в историю; войти в летописи; занести в историю
宰牲节 Праздник жертвоприношения
再创新高 вновь достичь нового рекордного уровня
再次表明 лишний раз подчеркивать
再次受到社会关注 вновь входить в фокус общественного внимания
再次证明 лишний раз подтвердить; в очередной раз подтвердить
再接再厉 удвоить усилия; с возрастающей энергией
再就业 вторичная занятость; новое трудоустройство
再生资源 вторичные ресурсы; вторресурсы
在边界集结军队 сосредоточить войска на границе
在编职工 штатные рабочие и служащие
在法律框架内 на правовой основе
在法律允许的范围内经营 действовать в рамках закона
在改革中创新 стимулировать новаторство в ходе реформы
在改革中起先锋模范作用 подавать пример в осуществлении реформы
在改造客观世界的同时，人们的主观世界也得到改造 Наряду с преобразованием объективного мира преобразовывается и субъективный мир людей.

在国际舞台上 на международной арене
在国家允许的范围内 в пределах, допускаемых государством
在和平共处五项原则的基础上 на основе пяти принципов мирного сосуществования
在建工程 ведущиеся стройки
在建项目 строящиеся объекты
在局外人看来 глядя со стороны постороннего человека; на взгляд со стороны постороннего человека
在绝大多数情况下 в подавляющем большинстве случаев; в подавляющем числе случаев
在开诚布公的气氛中 в атмосфере откровенности
在可能的范围内 в пределах возможного
在例行记者招待会上 на очередной пресс-конференции
在能源领域的对话 диалог в энергетике
在前进道路上 на пути поступательного движения
在全国范围内 по всей стране
在全球率先实现经济形势总体回升向好 первым в мире добиться поворота общей экономической тенденции к возрождению и улучшению
在全世界范围内 в мировом масштабе
在人类生活的方方面面 во всех аспектах человеческой жизни
在人生的广阔舞台上 на просторной жизненной арене
在任何时候、任何情况下都不首先使用核武器 никогда и ни при каких условиях первым не применять ядерного оружия
在涉及两国核心利益的问题上相互支持 поддерживать друг друга в важных вопросах, связанных с коренными интересами двух стран

在实践中丰富和发展马克思主义 пополнять и развивать марксизм в процессе практической деятельности
在实践中检验真理和发展真理 проверять и развивать истину по ходу практики
在实践中开创新路 прокладывать новые пути на основе практической деятельности
在实践中摸索 действовать на ощупь в практических делах
在逃 находиться в розыске
在特定条件下 при определенных условиях
在特殊情况下 при особых обстоятельствах
在调查中 находиться под следствием
在现有机制的框架内 в рамках имеющихся механизмов
在线交流 онлайновая беседа; онлайн-беседа
在宪法和法律的范围内活动 действовать в рамках Конституции и закона
在许多国际问题上有许多共同点和相似点 (у кого) много идентичного и сходного по многим международным проблемам
在职教育 обучение без отрыва от производства
在职职工培训 обучение наличного персонала
在中国共产党的领导下 под руководством коммунистической партии Китая
在中国管辖范围内 находиться под юрисдикцией Китая
在中国南海建立防空识别区 создание «опознавательной зоны противовоздушной обороны» в Южно-Китайском море
在重大国际和地区问题上立场相同或相近 придерживаться аналогичных позиций по крупным международным и региональным вопросам
在总结经验和教训的基础上 на базе обобщения опыта и извлечения уроков
赞助商 спонсор
葬送成果 похоронить плоды
葬送掉 вырыть могилу
遭到挫折 потерпеть неудачи
遭到极大的困难 переживать величайшие трудности
遭到贫穷和困苦 находиться в нужде и лишениях; переживать нужду и лишения
遭到破产 потерпеть банкротство
遭到失败 нести поражение; терпеть поражение; претерпеть поражение; потерпеть неудачи; потерпеть фиаско; потерпеть провал
遭到危机 терпеть кризис; переживать кризис
遭受损失 нести потери; нести урон; нести утраты; нести ущерб
遭遇战 встречный бой
早产 преждевременные роды
早婚 ранний брак
造成僵局 застыть на мертвой точке
造成巨大伤亡 вызвать огромные жертвы
造成损失 причинить ущерб; наносить ущерб
造福后代 (что делать) во благо грядущих поколений
造假账 составлять фиктивные счета; фальсифицировать счета
造价 стоимость (строительства либо продукции)
造谣中伤 являться ложными и клеветническими
责任范围 круг обязанностей
责任感 чувство ответственности; чувство долга
责任事故 происшествие по халатности; авария, вызванная халатностью
责任心 сознание ответственности
责无旁贷 безусловный долг; прямой долг; считать (что) своим непреложным долгом

Z

择业 выбор профессии
择业观念 взгляды на выбор профессии
择优 отбирать лучших (лучшее)
择优选拔 отбор лучших кандидатур
增幅 масштаб роста; размер роста
增加技术含量 увеличивать техноемкость продукции
增加就业岗位 увеличение числа рабочих мест
增进互信 укреплять взаимодоверие
增进团结、凝聚力量 укрепление сплоченности и цементирование сил
增进相互了解 содействовать взаимопониманию
增进效益 улучшать эффективность; увеличить эффективность
增进友谊 углубление дружбы; укрепление дружбы
增强发展后劲 наращивать резервы развития
增强发展协调性 усиливать гармоничность развития
增强国防实力 наращивать оборонную мощь
增强竞争意识 усиливать конкурентное сознание
增强决策透明度和公众参与度 увеличивать прозрачность самой разработки решений и степень участия народа
增强可持续发展能力 увеличивать возможности устойчивого развития
增强凝聚力和向心力 прибавить цементирующих и центростремительных сил
增强民族自尊、自信 укреплять чувство национального достоинства, уверенности в себе
增强内在活力 наращивать жизненные силы
增强人民体质 улучшать состояние здоровья населения; укрепление здоровья населения
增强信心 укрепить уверенность
增强忧患意识 повышать бдительность против возможных бед и опасностей; заострять бдительность против возможных бед
增强中华民族的凝聚力 усиливать сцементированность китайской нации
增强中华文化国际影响力 повышать международное влияние китайской культуры
增添活力 усиливать (крепить) жизнеспособность; повышать жизненную силу
增长点 точка роста; источник роста
增长方式 способы роста; форма роста; модель роста
增长过快 чрезмерно быстрый рост
增值税专用发票 специальная квитанция об уплате налога на добавленную стоимость
增值税转型 трансформация налога на добавленную стоимость
扎实推进 надежно продвигаться вперед
扎实有效的举措 реальные и эффективные меры
扎扎实实地搞建设 по-деловому заниматься строительством
斋月 месяц поста
债务负担 долговое бремя
债务关系 обязательственные отношения
债务国 страна-должник
债危机 долговой кризис
债务问题 проблема финансовой задолженности
展开批评和自我批评 развертывать критику и самокритику
展示优势 показать (продемонстрировать) преимущества
展望未来 заглядывать вперед; заглядывать в будущее; устремлять взгляд в будущее; смотреть в будущее; бросать взгляд в будущее; обращать взор в будущее
崭新的面貌 совершенно новый облик
占比 доля (чего, в чем)
占国内生产总值比重 удельный вес в ВВП

占压倒优势 иметь подавляющий перевес сил

占优势 преобладание (чего); иметь перевес

占有一席之地 занять достойное место

占有重要地位 занимать видное место

战后重建 восстановить после войны

战略布局 стратегическая расстановка; стратегический замысел

战略部署 стратегическая диспозиция

战略措施 стратегические мероприятия

战略地位 стратегическое место; стратегически важное место

战略对话 стратегический диалог

战略合作 стратегическое сотрудничество

战略伙伴 стратегическое партнерство

战略伙伴关系 отношение стратегического партнерства

战略机遇期 период стратегических шансов

战略眼光 стратегическая дальновидность

战略意义 стратегическое значение

战略重点 стратегически важное место

战略转移 стратегическое перебазирование

战胜洪水 обуздать наводнение; обуздать паводок

战胜一切艰难险阻 преодоление всех и всяких трудностей

战时状态 военное положение

战争升级 эскалация войны

战争危险 военная опасность

站在……立场上 стоять на (какой) позиции

站在时代潮流的前头 стоять в голове веяний эпохи

站在时代前面 быть впереди своего времени

站在新的历史起点上 стоять на новом старте истории

彰显出极大兴趣 демонстрировать большую заинтересованность

彰显活力 продемонстрировать жизненные силы

掌握经济命脉 иметь в своем распоряжении командные высоты народного хозяйствования; держать в своих руках экономическую артерию

掌握具体材料 располагать конкретными материалами

掌握命运 взять судьбу в собственные руки

掌握生死大权 иметь власть над (чьей) жизнью и смертью

掌握时机 воспользоваться случаем

掌握主动权 взять инициативу в свои руки

掌握自己的命运 стать господами своего положения; владельцы своей судьбы

账户冻结 замораживание (блокирование) счетов

账面利润 балансовая прибыль

障眼法 уловка для отвода глаз

招标 публичные аукционные торги; объявление торгов; объявление конкурса на подряд

招标制度 система торгов

招工 набрать рабочих

招工用工权 право найма и использования рабочей силы

招聘 приглашение на контрактной основе

招聘会 ярмарка вакансий

招商引资 привлекать коммерческий капитал

招生人数 число набираемых учащихся

找差距 видеть свои недостатки

找到出路 найти выход

找到借口 найти повод (для чего); найти предлог

召回公文 отзывная грамота

照搬国外经验 копировать чужой опыт; копировать опыт других стран; механическое копирование зарубежного опыта

Z

照搬书本 поступать по-книжному; заниматься начетничеством; механически следовать книге
照会 дипломатическая нота
照章纳税 платить предусмотренные законом налоги
肇事现场 место происшествия; место аварии
折合 перевести (что на что)
折合人民币 перевод на жэньминьби
折旧 амортизация
折扣 скидка
折现率 дисконтный процент
折中 эклектика; компромисс
折中的办法 компромиссное решение
着力保障和改善民生 специально гарантировать и улучшать народную жизнь
着力点 главный акцент; точка приложения силы; основные силы
着力点放在……上 основные усилия сосредоточить (на чем)
着力发展 приоритетное развитие
着力推进 специально стимулироваться
着力造就高素质干部队伍和人才队伍 усиленно создавать армию и армию специалистов высокого качества
着力转变职能 акцентировать на трансформацию функций
着眼大局 руководствоваться общей ситуацией
着眼实效 делать упор на достижение практических результатов
着眼未来 устремлять взор в будущее; ориентироваться с прицелом на будущее
着眼于 держать в поле зрения
着眼于世界科学文化发展的前沿 равняться на передовые рубежи развития мировой науки и культуры
着眼于提高民族素质和塑造高尚人格 исходить из необходимости повышения качества нации и формирования достойной личности

着眼长远 учитывать перспективы
着重 подчеркивать; акцентировать
着重点 акцентируемый момент; центр внимания
针对性 целенаправленность
针锋相对的斗争 борьба острием против острия
珍贵遗产 драгоценное наследие
珍视来之不易的成果 дорожить нелегко достигнутым успехом
珍视友谊 дорожить дружбой
珍惜今天的幸福 дорожить сегодняшним счастьем
珍惜民力 бережное отношение к силам народа
珍惜时间 ценить фактор времени; беречь время
真诚问候 искренний привет
真诚友好气氛 атмосфера искренней дружбы
真情关心群众疾苦 чутко заботиться о нуждах народа
真实情况 действительность; действительное положение; истинное положение; истинное положение вещей
真实消息 истинное сообщение; правдивое сообщение
真实意图 истинные замыслы
真实原因 действительная причина
真正用意 искренний смысл
真正掌握自己的命运 подлинные вершители (хозяева) своей судьбы
真抓实干 всерьез приступить к практическому делу
振奋精神 воодушевиться; воспрянуть духом
振兴工业 оживить промышленность; поставить на ноги промышленность; поднять промышленность
振兴中华 возрождать Китай
争取民心 завоевать симпатии людей
争取民族独立、人民解放 завоевание национальной независимости и своего освобождения
争取时间 выиграть время

争取主动 добиться инициативы; взять инициативу в свои руки
争先恐后 мчаться наперегонки
争议地区 спорные районы
征地拆迁补偿 расход на выплату компенсаций за реквизицию земли, снос жилых домов и переселение
征求党内外群众意见 прислушиваться к голосу партийных и беспартийных масс; запрашивать мнения масс внутри и вне партии
征求公众意见 запрашивать мнения публики; запрашивать мнение общественности; проводить опрос общественного мнения
征用土地 производить временную реквизицию земли
征召志愿者 призвать волонтеров
蒸蒸日上 неуклонно идти в гору; подниматься с каждым днем
整顿和规范市场秩序 работа по наведению и нормированию рыночного порядка
整顿和规范收入分配秩序 упорядочивать и нормировать порядок распределения доходов
整顿纪律 навести дисциплину
整顿秩序 навести порядок
整风学习 учеба в плане упорядочения стиля
整套设备 комплектное оборудование
整体规划 комплексно планировать данную работу
整体竞争力 совокупная конкурентоспособность
整体水平 общий уровень; уровень в целом
整体素质 совокупные качества
正版软件 сертифицированное программное обеспечение
正常关系 нормальные отношения
正常化 нормализация
正常情况下 в нормальной обстановке
正常运转 нормальное функционирование; рабочее состояние
正当的权利 надлежащие права; законные права
正当防卫 законная защита
正当竞争 нормальная конкуренция
正当理由 уважительная причина
正当要求 справедливое требование; законное требование
正反两方面的经验 положительный и отрицательный опыт
正规化部队 части регулярной армии; регулярные войска
正规军 регулярная армия
正规学校 школы нормального типа
正面经验 положительный опыт
正确处理人民内部矛盾 правильно разрешить противоречия внутри народа
正确的方向 верное направление; правильное направление
正确的结论 правильное заключение; верное заключение
正确领导 правильное руководство
正式成员 действительный член
正式承认 официальное признание
正式代表 делегат с решающим голосом
正式道歉 принести официальные извинения
正式对话 официальный диалог
正式访问 официальный визит
正式关系 официальные отношения
正式会员 действительный член
正式生效 официально вступить в силу
正式声明 официальное заявление
正式谈判 официальные переговоры
正视事实 смотреть прямо на факт; смотреть фактом прямо в глаза
正视现实 прямо взглянуть на действительность
正义必胜 Справедливость непобедима!
正义的声音 голос справедливости
证券市场 фондовый рынок
证券业 фондовая отрасль
郑重承诺 обещать со всей серьезностью
郑重声明 серьезное заявление
政策导向 направление политики; поли-

тическое ориентирование

政策导向的一致性、时效性、前瞻性 единство, злободневность и дальновидность политического ориентирования

政策的取向和力度 направленность и динамизм политики

政策的转变 поворот в политике

政策空间 политические пространства

政策连续性 преемственность политики

政策引导 ориентирование через госустановки

政法工作 правово-юридическая работа

政法机关 органы юстиции и общественной безопасности

政法院校 политико-юридические институты (университеты)

政府采购制度 система правительственных закупок

政府定价 назначаемые правительством цены

政府工作报告 Доклад о работе правительства

政府工作的透明度 прозрачность работы правительственных органов

政府公共投资工程建设 строительство объектов с использованием правительственных инвестиций на общественные нужды

政府换届 смена правительства

政府机构 правительственный аппарат

政府机关 правительственные органы

政府首脑 глава правительства

政府首脑会晤 встреча глав правительств

政府职能 правительственные функции

政府职能转变 трансформация правительственных функций

政纪法纪 административная дисциплина и государственные законы

政绩 должностные заслуги

政绩工程 строительные свидетельства достижений администрации; объекты-символы достижений администрации

政教分离 отделение государства от религии

政教合一 единая светско-духовная власть

政界 политические круги

政令 директива правительства

政令不畅通 задержка с выполнением правительственных распоряжений

政令畅通 беспрекословное выполнение правительственных установок и решений; беспрепятственное исполнение распоряжений правительства

政企不分 неразделимость ответственности административных органов и предприятий; смешение обязанностей правительственных органов и предприятий

政企分开 отделение функций административных органов от функций предприятий; отделять производственные и административные функции; разграничение функций административных органов и предприятий

政权的更迭 смешение властей; смена власти

政权机关 аппарат власти

政体 форма власти

政通人和 при хорошем правительстве народу спокойно

政务工作 административная работа

政务公开 гласность административных дел; транспарентность административной работы

政务公开制度 порядок гласности административных сил

政治报告 политический доклад

政治避难 политический приют; политическое убежище

政治地位 политическое положение

政治颠覆(活动) политическая подрывная деятельность

政治动乱 политическая смута
政治动态 политическая ситуация
政治对话 политический диалог
政治合格，军事过硬，纪律严明，保障有力 политическая полноценность, высокое боевое мастерство, хороший стиль, строгая дисциплина, действенное обеспечение
政治互信 политическое взаимодоверие; взаимное политическое доверие
政治纪律 политическая дисциплина
政治坚定 отличаться политической стойкостью
政治觉悟 политическая сознательность
政治接触 политические контакты
政治解决 политическое урегулирование
政治精明 юридически нормированное и хорошо организованное государственное управление
政治局 Политическое бюро (политбюро)
政治局委员 член политбюро
政治军事联盟 политико-военный союз
政治考验 политическая проверка
政治空谈 пустые политические разглагольствования
政治理论素养 политико-теоретическая подготовка
政治上保持清醒头脑 быть политически трезвым; иметь ясную политическую ориентировку
政治上成熟 политическая зрелость
政治事件 политические события; политический инцидент
政治水平 политическая квалификация; уровень политической квалификации
政治文明 политическая культура
政治舞台 политическая арена
政治协商 политическая консультация
政治协商制度 Институт политических консультаций; система политических консультаций
政治野心 политические амбиции
政治阴谋 политическая комбинация

支部 ячейка
支部委员 член партячейки
支付手段 платежные средства
支付违约金 уплата неустойки
支付系统 платежная система
支吾搪塞 вертеться и вилять
支线飞机 создание самолетов для местных авиалиний
支线机场 вспомогательный аэропорт
支援不发达地区发展资金 фонд в поддержку развития экономически отсталых районов
支援农业 оказать поддержку сельскому хозяйству
支柱产业 ведущие производственные отрасли
支柱作用 опорная роль
知法犯法 умышленно нарушать закон; умышленное нарушение закона
知难而退 отступать перед трудностями
知情权 право на знание состояния дел; право на осведомленность
知人善任，广纳群贤 расставлять специалистов по призванию, аккумулировать их разум
知识产权 интеллектуальная собственность
知识创新体系 система интеллектуального обновления
知识更新 обновление знаний
知识技术密集型产业 интеллектуально-техноемкое производство
知识结构和年龄结构 интеллектуально-возрастная структура
执法必严 неукоснительное исполнение законов
执法部门 правоисполнительные органы
执行董事 директор-распорядитель
执行机构 исполнительные органы
执行决议 выполнить резолюцию
执行力 исполнительная дееспособность
执行命令 исполнить приказания
执行判决 исполнение приговора

执行情况 ситуация с выполнением
执行少数服从多数的原则 соблюдать принцип подчинения меньшинства большинству
执行旨意 выполнять волю
执行主席 председательствующий
执行主席团 исполнительный президиум
执政党 правящая партия
直接参与 непосредственно участвовать
直接地体现 непосредственное выражение
直接关系 прямое отношение
直接经济损失 прямой экономический ущерб
直属机关 непосредственно подчиненные учреждения
直系亲属 родственники по прямой линии
直辖 состоять в непосредственном подчинении
直辖市 город центрального подчинения
直言不讳 называть вещи своими именами
职工代表大会制度 система собраний представителей рабочих и служащих
职工退休养老金社会统筹 единое социальное планирование пенсионного обеспечения рабочих и служащих по старости
职工最低工资制度 система минимума зарплаты рабочих и служащих
职能转变 трансформация функций
职权范围内的问题 вопросы, входящие в компетенцию
职务犯罪 должностное преступление
职业道德 профессиональная этика
职业教育 профессиональное образование; профессиональное обучение
职业外交家 профессиональный дипломат
职业运动员 профессиональный спортсмен

职责不明 обезличка в распределении обязанностей
职责交叉 перекрещивание функций
植树造林 лесонасаждение
纸上谈兵 впасть в прожектерство; заниматься пустым прожектерством
指导地位 командующее положение; ведущая роль; руководящее положение
指导方针 направляющий курс; руководящий курс
指导思想 руководящая идеология; руководящая идея; определяющие идеи
指导性计划 направляющее планирование; план, носящий ориентирующий характер
指导意见 предложения индикативного характера
指导意义 направляющее значение
指日可待 можно ждать в ближайшее время; дни сочтены; вопрос уже ближайших дней
指桑骂槐 бросать камешек в огород
指手画脚 распоряжаться направо и налево
至理名言 великие слова; золотые слова
志存高远、胸怀宽广 проникнуться высокой целью и обладать широким кругозором
志愿服务 волонтерский сервис
志愿者 волонтеры; добровольцы
制裁 санкция
制定和实施 разработать и стать претворяться в жизнь
制定和执行正确的路线、方针、政策 намечать и проводить правильную линию, курс и политику
制定后续政策 разработка последующих госустановок
制度不健全 институциональное несовершенство
制度创新 институциональное нова-

торство

制度化、规范化 институционализация и нормирование

制度建设 институциональное строительство

制高点 командные высоты

制海权 власть над морем

制假、售假 производить и продавать фальсификаты

制空权 власть в воздухе; гегемония в воздушном пространстве; господство в воздухе

制售假冒伪劣产品 производить и продавать фальсифицированные и низкокачественные изделия

制约发展 тормозить развитие

制约机制 механизм сдерживания

制约经济发展 тормозить экономическое развитие

制约科学发展 мешать на пути научного развития

制约因素 тормоз; фактор, сдерживающий

制约作用 сдерживающая роль

制造暴力骚乱 провоцировать насилие и беспорядки

制造边境纠纷 провоцировать конфликт на границе

制造动乱 провоцировать волнения

制造分裂和不和 сеять раскол и раздоры

制造谎言 фабриковать ложные слухи

制造假象 создавать видимость

制造借口 выдумать отговорку; создать предлоги

制造社会恐慌 провоцировать панические настроения в обществе

制造事端 провоцировать инцидент

制造舆论 подготовить общественное мнение

质次价高 качество посредственное, а цена высокая

质的差别 различие в качестве

质量标准和认证体系 система стандартизации и аттестации качества

质量保证 гарантия качества

质量合格证 знак качества; сертификат качества

质量监督机构 органы контроля за качеством

质量检验标准 критерий контроля за качеством

质询听证 запросы и заслушивание пояснений и показаний (от фигурантов дела)

治标不治本 паллиатив

治党治国的宝贵经验 ценный опыт управления партией и страной

治党治国之道 принцип внутрипартийного и государственного управления

治国必先治党,治党务必从严 управляя государством, важно прежде всего следить за партией, притом особенно строго

致欢迎词 произнести приветствие

致开幕词 произносить вступительную речь

致力两国关系正常发展 стремиться к нормальному развитию двусторонних отношений

致命的打击 смертельный удар; уничтожающий удар

致命的后果 гибельные последствия

致以亲切的问候 передать горячий привет

致以深切的慰问 выразить глубокое соболезнование

智慧的结晶 квинтэссенция мудрости

智力低下 умственная отсталость

智力开发 выявление интеллектуального потенциала

智力投资 инвестирование в интеллектуальную сферу; интеллектуальные инвестиции

智力引进 привлечение интеллектуальных сил

智力支持 интеллектуальная поддержка

智囊团 головной трест; мозговой трест; синклит советников; группа экспертов

滞销产品 малоходовые изделия

中标企业 предприятия, выигравшие

Z

тендер
中层 средние слои; среднее звено
中层干部 кадры среднего звена
中产阶级 средний класс
中等发达国家 средне развитая страна
中等职业教育 среднее профессиональное обучение
中低收入居民 население со средними и низкими доходами
中断外交关系 прервать дипломатические отношения
中俄面向21世纪的战略协作伙伴关系 китайско-российские партнерские отношения стратегического взаимодействия, обращенного в 21-ый век
中俄睦邻友好合作条约 Соглашение о добрососедстве, дружбе и сотрудничестве между Китаем и Россией
中俄双方就构筑面向21世纪的新型战略伙伴关系达成了共识 Китай и Россия достигли единого мнения по созданию отношений стратегического партнерства нового типа, обращенных в 21-ый век.
中国革命的具体实践 конкретная практика китайской революции
中国革命和建设经验总结 обобщение опыта китайской революции и строительства
中国共产党章程 Устав коммунистической парии Китая
中国共产主义青年团 (简称"共青团") Коммунистический союз молодежи Китая (КСМК)
中国国籍 китайское гражданство
中国热 китайский бум
中国人的事中国人自己办 Дела китайцев должны вершить сами китайцы.
中国特色社会主义 социализм с китайской спецификой
中国特色社会主义的感召力 обаяние социалистической культуры с китайской спецификой
中国特色社会主义法律体系形成 сложить социалистическую правовую систему с китайской спецификой
中国特色社会主义事业的领导核心 руководящее ядро дела социализма с китайской спецификой
中国特色社会主义重大问题的理论思考 теоретическое мышление по основным вопросам социализма с китайской спецификой
中国通 знаток Китая; специалист по Китаю; китаист; синолог
中国外交部发言人 представитель МИД КНР
中国威胁论 теория «китайской угрозы»
中国文化传统 традиция китайской культуры
中国文化的传播者 носитель китайской культуры
中国永远不称霸 Китай никогда не будет претендовать на гегемонию.
中国永远不搞扩张 Китай никогда не будет заниматься экспансией.
中华民族的凝聚力 сцементированность китайской нации
中华民族的荣誉和尊严 честь и достоинство китайской нации
中华民族共有的精神家园 общий духовный очаг китайской нации
中华民族伟大复兴 великое возрождение китайской нации
中华民族伟大复兴展现出光明前景 открыть светлые перспективы для великого возрождения китайской нации
中间产品 промежуточная продукция
中间环节 промежуточные звенья
中间路线 средняя линия
中间盘剥 ограбление посредниками; грабеж со стороны промежуточных звеньев
中介服务 посреднический сервис (услуги)
中介机构 посреднические организации
中立国 нейтральная страна; нейтральное государство
中美战略与经济对话 стратегический и

экономический диалог между Китаем и США

中美之间的正常关系不仅符合中国的利益，也符合美国的利益。 Нормальные отношения между Китаем и США отвечают не только китайским, но и американским интересам.

中日和平友好条约 Китайско-японский договор о мире и дружбе

中日联合声明 Китайско-японское совместное заявление

中日领土争端 Китайско-японский территориальный спор

中外记者新闻发布会 брифинг для китайских и иностранных журналистов

中外记者招待会 пресс-конференция для китайских и иностранных корреспондентов

中西医结合 сочетать методы китайской медицины с европейской

中小企业 малые и средние предприятия

中小微企业大有可为 У средних, мелких и микропредприятий большие перспективы.

中央巡视组 Инспекционная группа Центральной комиссии по проверке дисциплины КПК и Отдела ЦК КПК по организационной работе

中央直属企业 предприятия центрального подчинения

中长期发展纲要 программа развития на среднесрочный и долгосрочный периоды

中长期计划 среднесрочные и долгосрочные планы

中转签字处 транзитная касса

终身学习 пожизненная учеба

终身制 порядок пожизненного закрепления руководящей должности за кадрами

终止谈判 прекратить переговоры

钟点工 почасовик; почасовой рабочий

衷心拥护 всей душой поддерживать

衷心祝贺 от всей души поздравить

种族灭绝 геноцид

种族偏见 расовые предрассудки

种族歧视 расовая дискриминация

仲裁法庭 арбитражный суд

仲裁机关 органы арбитража

重大安全事故 крупные и особо серьёзные аварии; крупные аварии из-за нарушения правил безопасности

重大国际事件 важное международное строительство

重大机遇 большие шансы

重大基础设施建设 крупное инфраструктурное строительство

重大疾病防控体系 система профилактики и локализации наиболее серьёзных заболеваний

重大历史关头 важный исторический момент

重大事故 крупная авария; чрезвычайное происшествие; выдающееся событие

重大损失 большая потеря; большая утрата

重大意义 большое значение

重大责任 большая ответственность

重大战略决策 важное решение стратегического значения; основополагающая стратегическая установка

重大转变 огромный переворот

重点产业 ведущие отрасли; ведущие производства

重点地带 приоритетные зоны

重点发展 приоритетное развитие

重点高等院校 ведущие высшие учебные заведения; базовые высшие учебные заведения; головные узы

重点工程 объект первоочередной важности; важнейшая стройка

重点实验室 ведущая экспериментальная лаборатория

重点学科 приоритетные учебные дисциплины

重点院校 ведущие вузы

重视两国关系 придавать большое значение отношениям между двумя стра-

Z

нами
重要里程碑 важная веха
重要前提 важная предпосылка
重要人物 важная персона; важное лицо
重要特征 важные признаки; важная отличительная черта
重要途径 важный путь; важный канал
重要战略机遇期 период наиболее важных стратегических шансов
重要指标 важные показатели
重要组成部分 важная составная часть
重在发挥优势 делать упор на ускоренное совершенствование
重中之重 важнейшая из всех важных задач; важный из важных
周边地区 прилежащая зона
周边国家 сопредельные страны
周边环境 среда в окружности
周边外交工作 дипломатическая работа с сопредельными странами
洲际弹道导弹 баллистический межконтинентальный управляемый снаряд
洲际战略武器 континентальностратегическое оружие
逐步提高 постепенно повышать
逐步推广 распространять постепенно; популяризировать шаг за шагом
逐级负责、层层落实 ответственность по рангам, в каждой степени
逐年 постепенно год за годом
逐年增加 умножить из года в год
主持工作 руководить работой
主持日常工作 руководить повседневной работой
主导力量 ведущая сила
主导作用 ведущая роль; главенствующая роль; доминирующее место
主航道 главный фарватер; ведомственный орган
主航道中心线 середина главного фарватера
主权国家 суверенное государство
主权信用评级机构 суверенное кредитное рейтинговое агентство
主权债务风险 риск суверенной задолженности
主权债务危机 суверенные долговые кризисы
主人翁地位 хозяйское положение
主人翁责任感 хозяйское чувство ответственности
主旋律 главная нота; лейтмотив
主战场 главное поле боя (деятельности)
主旨 основная идея (мысль); главная установка
主治医生 главный врач
助理研究员 научный сотрудник-помощник
助学贷款 стипендиальное кредитование; кредитование на получение образования
助学金 стипендия учащимся
助长气焰 лить воду на мельницу
住房抵押贷款 ипотечно-жилищные кредиты
住房公积金 общественный денежный фонд жилья
贮藏手段 средство образования сокровищ
注册会计师审核制度 порядок осуществления экспертизы зарегистрированными бухгалтерами
注册商标 зарегистрированный товарный знак
注册资金 зарегистрированный (уставный) капитал
注入活力 прибавлять свежие силы
注销登记 аннулировать регистрацию; снять с регистрации
注意把握好政策的取向、力度和重点 следить за точным определением, направленности, динамизма и точек приложения сил макроустановок
注意分寸 проявить такт
注重实效 делать акцент на реальную эффективность
驻军 дислокация войск; расквартированные войска

驻外机构 загранучреждение
驻外记者 загранигор
驻外使馆、领馆 посольства и консульства в зарубежных странах
抓紧落实 крепко взяться за претворение в жизнь; крепко взяться за реализацию
抓紧时机 беречь каждую минуту
抓紧制定 вести интенсивную разработку
抓效益 добиваться большой эффективности
抓质量 ставить во главу угла качества
抓重点 ухватиться за самое главное; ухватить суть дела
抓住当前的难得机遇 использовать нынешнюю редкую возможность
专科高校 вузы с сокращенной программой обучения
专款专用 целевым средствам целевое использование; целевое использование средств специального назначения
专栏 рубрика
专利申请量 количество подаваемых патентных заявок
专利转让 передача (уступка) патента
专题报道 репортаж на специальную тему
专题合作 прагматическое сотрудничество
专项基金 специальный (целевой) фонд
专项计划 целевые планы; планы по специальным статьям
专项检查 специальная проверка (экспертиза)
专心致志 сосредоточенно и целеустремленно
专心致志地搞现代化建设 сосредоточенно и целеустремленно заниматься делом модернизации
专业承包 специализированный подряд
专业化发展 развитие по линии специализации
专业化码头 специализированные причалы

专业化生产 специализированное производство
专业化协作 специализированное сотрудничество
专业技术职务 профессионально-техническая должность
专业理论队伍 отряд теоретиков-профессионалов
专业设置 комплект (изучаемых, преподаваемых) дисциплин
转变发展方式 изменение модели развития; трансформация норм развития
转变经营机制 изменить хозяйственный механизм
转变就业观念 менять свои представления при устройстве на работу
转变思想 поменять мышление
转变政府职能 изменять правительственные функции
转换经营机制 трансформировать хозяйственный механизм
转基因食品 генетически модифицированные продукты; ГМ-продукты; трансгенные продукты
转基因水稻 трансгенный гибридный рис
转让技术成果 передавать технические достижения
转让技术项目 передаваемые технологии
转让经营权 передавать право хозяйствования
转型升级 трансформация и эскалация
转业培训 переобучение для смены работы
转业退伍 трудоустроить демобилизованных и вышедших в отставку военнослужащих; трудоустроить бывших военнослужащих
转移视线 отвести глаза
转折点 переломный момент
转折关头 поворотный момент
转折阶段 переломный этап
庄严承诺 торжественное обязательство (заверение); серьезно заверить

庄严使命 величественная миссия
庄严宣布 торжественно провозглашать
装备制造业 производство оборудования (оснастки)
壮大爱国统一战线 крепить и ширить патриотический единый фронт
壮举 великое свершение; героическое свершение
追悼大会 траурный митинг
追加费用 дополнительные расходы; дополнительное ассигнование
追究刑事责任 привлекать к уголовной ответственности
追求产值和速度 гнаться за объемом и темпами производства
追求利润 гнаться за прибылью
追求物质享受 гнаться за материальным благополучием
准备工作 подготовительная работа; предварительная работа
准许入境 разрешение на въезд
卓有成效的合作 плодотворное сотрудничество; эффективное сотрудничество
酌情处理 предпринимать соответствующие меры; действовать сообразно с обстановкой; поступать, сообразуясь с обстоятельствами
咨询服务 консультационные услуги; консалтинг
咨询公司 консалтинговая фирма
资本流动 миграция (движение, перемещение) капитала
资本输出 миграция (приток и отток) капитала
资本运作效率 эффективность обращения капитала
资本转移 перемещение капитала
资不抵债的企业 предприятие, неспособное покрыть убытки; предприятие, у которого активы меньше пассивов
资产查封 накладывать арест на имущество; арест имущества
资产负债比例 соотношение между задолженностью и имуществом; соотношение между активами и пассивами
资产流失 утечка имущества
资产泡沫 «денежные» пузыри
资产评估 оценка имущества; оценка активов
资产评估机构 органы оценки имущества (активов)
资产重组 перегруппировка капитала; реорганизация фондов (активов)
资金到位 направлять денежные средства по назначению
资金的合理使用 рациональное использование средств
资金分配和流向 распределение и направленность финансовых средств (капитала)
资金周转 оборот капитальных средств; оборот средств
资源的优化配置 оптимальное размещение материальных ресурсов
资源分布 размещение ресурсов
资源回收和利用 регенерация и утилизация ресурсов
资源勘探 разведка полезных ископаемых
资源可持续利用 поступательное использование ресурсов
资源枯竭城市 город с иссякшими ресурсами
资源优势 преимущества в ресурсах; ресурсовое превосходство
资质 правомочность
资助 материальная (финансовая) помощь
自筹资金 самофинансирование
自动废约 автоматическое расторжение договора
自动取款机 банкомат
自动售货机 торговый автомат
自负盈亏 самоокупаемость
自甘落后 мириться с собственной отсталостью
自给自足、自力更生的方针 установка на самообеспечение и опору на собственные силы

自觉抵制 сознательное противодействие

自觉行动 действовать осознанно; осознанные действия

自力更生 опираться на свои собственные силы

自律 самодисциплина

自谋职业 самостоятельный поиск работы

自签署之日起生效 вступить в силу с момента подписания

自然规律 закон природы

自然环境 естественная среда; природная среда

自然科学 естественная наука

自然人 физическое лицо

自然现象 естественные явления

自然灾害 стихийные бедствия

自杀性恐怖分子 террорист-самоубийца; террорист-камикадзе

自省 самоанализ; самосозерцание; самоуглубление; погружение в самого себя

自食其果 пожинать плоды своего собственного труда

自首 явиться с повинной; прийти с повинной

自我改造 самоперевоспитание

自我感觉 самочувствие

自我管理 самоуправление

自我激励和自我约束的机制 механизм самостимулирования (самопоощрения) и самосдерживания (самоконтроля, самоограничения)

自我陶醉 влюбленность в себя

自我完善 самосовершенствование

自信自强 верить в собственные силы и неустанно идти вперед

自学成才 мастер-самоучка; стать мастером своего дела путем самообучения

自由竞争 свободная конкуренция

自由贸易区 зона свободной торговли

自由择业 подыскивать себе работу самостоятельно

自由职业者 лица свободных профессий

自愿互利，共同发展 добровольность, взаимная выгода и совместное развитие

自治机关 органы самоуправления

自治区主席 председатель автономного района

自主创新 самостоятельное новаторство; самостоятельная инновация

自主创新能力 возможность в самостоятельной инновации

自主创业 самостоятельное предпринимательство

自主经营，自负盈亏 самохозяйствование и самоокупаемость

自主品牌产品 товары отечественных марок

自主知识产权 самостоятельная интеллектуальная собственность

宗教分歧 религиозная рознь; межконфессиональные разногласия

宗教活动 религиозная деятельность

宗教极端势力 силы религиозного экстремизма

宗教教义 религиозные каноны; религиозные догматы (догмы)

宗教界爱国人士 деятели-патриоты из религиозных кругов; патриотически настроенные религиозные круги

宗教信仰自由 свобода вероисповедания

宗教政策 религиозная политика

综合保税区 комплексная бондовая зона; комплексная беспошлинная зона

综合国力 совокупная мощь государства; комплексное государственное могущество

综合利用 комплексное использование

综合素质 комплексное качество; совокупное качество

综合治理 комплексное упорядочение; комплексное наведение порядка; принимать комплексные меры по оздоровлению

总结发展社会主义民主的正反两方面经验 обобщение положительного и отрицательного опыта в развитии социалистической демократии

总结建国以来正反两方面的经验 обобщение положительного и отрицательного опыта за период после провозглашения КНР

总揽全局，协调各方 координировать деятельность всех сторон, владея обстановкой в целом

总量不足 общий дефицит

总量控制 контроль за общим объемом

总量平衡 совокупная сбалансированность

总领事 генеральный консул

总领事馆 генеральное консульство

总路线 генеральная линия

总人口 общая численность населения

总任务 генеральная задача

总收入 общий доход

总书记 генеральный секретарь

总统候选人 кандидаты в президенты республики

总统就职演说 инаугурационная речь президента

总统连任 переизбрание президента

总需求和总供给 совокупный спрос и совокупное предложение

总则 общее положение

总章程 общий устав

走出困境 выйти из трудного положения; выйти из трудностей

走出去 выходить во внешний мир

走出去战略 стратегия выхода за рубеж

走后门 использовать черный ход; по блату

走回头路 вернуться в старую колею; поворот назад; сворачивать на старый путь

走进世界各国的前列 выйти в первые ряды стран мира

走精兵之路 идти по пути создания отборных вооруженных сил

走老路 идти старым путем

走上工作岗位 вступить на трудовой пост

走上历史舞台 выступить на историческую сцену; выходить на авансцену истории

走上领导岗位 выйти на руководящие посты

走上正轨 войти в нормальное русло; встать на правильные рельсы; встать на истинный путь

走私物品 контрабандные вещи; контрабанда

走向反面 превратиться в свою противоположность

走向极端 дойти до крайности

走向灭亡 пойти ко дну; приближаться к гибели

走向社会 выйти в жизнь; начать самостоятельную взрослую жизнь за пределами

走向世界 выход на мировую арену

走向制度化 возвести в систему

租赁经营 лизинговое предпринимательство; хозяйствование на основе лизинга

租让合同 договор о концессии; концессионный договор

足额缴纳税款 полная выплата налогов

阻挡历史车轮前进 приостановить движение вперед колеса истории

阻挡历史的进程 остановить ход истории

组织保证 организационная гарантия

组织攻关 организовать взятие рубежа

组织混乱 организационная неразбериха

组织机构 организационное построение

组织纪律 дисциплина организации

组织结构 организационная структура

组织结论 оргвыводы

祖国的怀抱 лоно Родины

祖国的尊严 достоинство Родины

祖国现代化建设与和平统一大业 великое дело модернизации родной страны и мирное воссоединение Родины

祖国医学宝库 сокровищница отечественной медицины

钻空子 искать лазейки; пользоваться чужими промахами

钻研业务 вникать в дело; работать над

повышением своей квалификации

最不发达国家 самые неразвитые государства; наименее развитая страна

最大利润 максимум прибыли

最大努力 максимум сил; максимум усилий

最大限度地利用 максимально использовать

最大限度激发社会创造活力 максимально выявлять творческую энергию общества

最低工资标准 минимальная ставка заработной платы

最低生活保障 обеспечение прожиточного минимума

最低退休年龄 минимальный возраст выхода на пенсию

最低消费 минимальная потребность

最高国家权力机关 высший орган государственной власти

最高理想 высший идеал

最高试验速度 максимальная испытательная скорость

最高限价 максимальные ценовые лимиты; наивысшая лимитированная цена; потолок цен; потолок лимитированных цен

最广大人民 самые широкие слои населения

最后通牒 ультиматум

最惠国 наиболее благоприятствуемая нация

罪大恶极 тягчайшие преступления

罪大恶极分子 элементы, повинные в злостных преступлениях

罪证材料 материалы, уличающие в преступлении; материалы с доказательствами преступления

醉酒驾车 вождение автомобиля в нетрезвом состоянии

尊老爱幼 уважение к пожилым и любовь к малолетним

尊师重教 уважение к учителю и его труду

尊重差异 уважать различия

尊重和保障人权 уважать и гарантировать права человека

尊重社会经济发展规律 уважать законы экономического развития общества

尊重世界多样性 уважать многообразие мира

遵纪守法 блюсти дисциплину и законы

遵循教导 следовать наставлениям

遵循客观规律 придерживаться объективных закономерностей; держаться объективной закономерности

遵循市场经济规律 в свете законов рыночной экономики

作风不纯 опошление стиля; изъяны в стиле работы

作风建设 стилевое строительство

作风正派 правильный стиль поведения (образа действий)

作为落脚点 в качестве опорного пункта

作战能力 боевые способности

座谈会 собеседование

做表面文章 устроить показуху

做部分修改 внести частичные изменения

做出榜样 показать пример; подать пример

做出不懈的努力 прилагать неустанные усилия

做出裁决 вынести председательское постановление

做出共同努力 прилагать совместные усилия

做出让步 пойти на уступку

做出牺牲 пойти на жертву; жертвовать

做出应有的贡献 внести достойный вклад

做大量工作 проделать огромную работу

做到经济效益与社会效益相统一 обеспечивать единство экономического эффекта с социальным

做到严格、公正、文明执法 гарантировать строгое, справедливое и цивилизованное исполнение закона

做好军事斗争准备 улучшать подготовку

Z

к военной борьбе

做好思想准备 духовно подготовиться; принять во внимание

做好应付变化的各种准备 быть в полной готовности на случай всех и всяких перемен

做幌子 под вывеской; под прикрытием

做假账 составлять фальшивые счета

做解释工作 работа по разъяснению

做靠山 стоять горой(за кого)

做客观评价 дать объективную оценку

做前人没有做过的事 вершить дела, которые были неведомы нашим предшественникам

做义务宣传 делать даровую рекламу

做最后的努力 делать последние усилия

做最后的选择 сделать окончательный выбор

做最后的挣扎 делать последние отчаянные потуги

附 录 1
常用中国党、政、军、群组织机构名称（汉俄对照）

国家安全生产监督管理总局 Государственное управление по контролю за безопасностью на производстве

国家测绘地理信息局 Государственное управление геодезии и картографии

国家工商行政管理总局 Главное государственное управление торгово-промышленной администрации

国家国防科技工业局 Управление оборонной науки, техники и промышленности Китая

国家海洋局 Государственное океанографическое управление

国家机关事务管理局 Управление делами аппарата Госсовета

国家粮食局 Государственное управление продовольствия

国家林业局 Государственное управление лесного хозяйства

国家旅游局 Государственное управление по делам туризма

国家能源局 Государственная энергетическая комиссия

国家食品药品监督管理总局 Государственное управление по контролю за пищевыми продуктами и лекарственными средствами

国家税务总局 Главное государственное налоговое управление

国家体育总局 Главное государственное управление по физической культуре и спорту

国家统计局 Государственное статистическое управление

国家外国专家局 Государственное управление по делам иностранных специалистов

国家外汇管理局 Государственное валютное управление

国家文物局 Государственное управление по делам культурных ценностей

国家烟草专卖局 Государственное управление табачной монополии

国家邮政局 Государственное почтовое управление

国家知识产权局 Государственное управление по защите прав интеллектуальной собственности

国家质量监督检验检疫总局 Главное государственное управление по контролю за качеством и карантинной проверке

国家中医药管理局 Государственное управление по делам традиционной медицины

国家宗教事务局 Государственное управление по делам религий

国务院办公厅 Канцелярия Госсовета

国务院参事室 Бюро советников Госсовета

国务院发展研究中心 Исследовательский центр по вопросам развития при Госсовете

国务院法制办公室 Канцелярия Госсовета по законодательству

国务院港澳事务办公室 Канцелярия Госсовета по делам Сянгана и Макао

国务院侨务办公室 Канцелярия Госсовета по делам китайцев, проживающих за границей

国务院台湾事务办公室 Канцелярия Госсовета по делам Тайваня

国务院新闻办公室 Пресс-канцелярия Госсовета

九三学社 Общество «Цзюсань» (Общество 3 сентября)

全国人民代表大会 Всекитайское Собрание народных представителей

Китайской Народной Республики (ВСНП)

全国人民代表大会华侨委员会 Комиссия по делам китайцев, проживающих за границей ВСНП

全国人民代表大会环境与资源保护委员会 Комиссия по охране окружающей среды и природных ресурсов ВСНП

全国人民代表大会常务委员会 Постоянный Комитет ВСНП

全国人民代表大会常务委员会委员长 Председатель Постоянного Комитета ВСНП

全国人民代表大会会议主席团 Президиум сессии ВСНП

全国人民代表大会教育科学文化卫生委员会 Комиссия по делам просвещения, науки, культуры и здравоохранения ВСНП

全国人民代表大会民族委员会 Комиссия по делам национальностей ВСНП

全国人民代表大会内务司法委员会 Юридическая комиссия ВСНП

全国人民代表大会农业与农村委员会 Комиссия по делам сельского хозяйства и работы на селе ВСНП

全国人民代表大会外事委员会 Комиссия по иностранным делам ВСНП

台湾民主自治同盟 Тайваньская лига демократического самоуправления

中共中央办公厅 Канцелярия ЦК КПК

中共中央党校 Партийная школа при ЦК КПК

中共中央对外联络部 Отдел международных связей (при) ЦК КПК

中共中央纪律检查委员会 Центральный Комитет Коммунистической партии Китая (ЦК КПК)

中共中央军事委员会 Военный совет ЦК КПК

中共中央军事委员会主席 Председатель Военного совета ЦК КПК

中共中央书记处 Секретариат ЦК КПК

中共中央书记处书记 Член Секретариата ЦК КПК

中共中央台湾工作办公室 Канцелярия ЦК КПК по Тайваню

中共中央统一战线工作部 Отдел единого фронта ЦК КПК

中共中央委员会 Центральный Комитет Коммунистической партии Китая (ЦК КПК)

中共中央文献研究室 Центр по изучению партийной литературы при ЦК КПК

中共中央宣传部 Отдел пропаганды и агитации ЦК КПК (агитационно-пропагандистский отдел ЦК КПК)

中共中央宣传部部长 Глава отдела пропаганды ЦК

中共中央政策研究室 Сектор ЦК КПК по изучению политики

中共中央政治局 Политическое бюро ЦК КПК

中共中央政治局常务委员会 Постоянный комитет политбюро ЦК КПК

中共中央直属机构 Учреждения при ЦК КПК

中共中央总书记 Генеральный секретарь ЦК КПК

中共中央组织部 Отдел ЦК КПК по организационной работе

中国保险监督管理委员会 Комитет по управлению и контролю за страховыми операциями в Китае

中国道教协会 Китайское Даоское общество

中国佛教协会 Китайское Буддийское общество

中国共产党 Коммунистическая партия Китая (КПК)

中国共产主义青年团 Коммунистический союз молодежи Китая

中国国际贸易促进委员会 Китайский комитет содействия развитию международной торговли

中国红十字会总会 Китайское общество Красного креста

中国科学技术协会 Китайское

общество по науке и технике

中国美术家协会 Союз китайских художников

中国民用航空局 Государственное управление гражданской авиации

中国民主促进会 Ассоциация содействия развитию демократии в Китае

中国民主建国会 Ассоциация демократического национального строительства Китая

中国民主同盟 Демократическая лига Китая

中国农工民主党 Крестьянско-рабочая демократическая партия Китая

中国人民对外友好协会 Китайское народное общество дружбы с заграницей

中国人民解放军 Народно-освободительная армия Китая (НОАК)

中国人民外交学会 Китайское народное общество по изучению международных отношений

中国人民银行 Народный банк Китая

中国人民政治协商会议 Народный политический консультативный совет Китая (НПКСК)

中国人民政治协商会议全国委员会 Всекитайский комитет НПКСК

中国人民政治协商会议全国委员会主席 Председатель Всекитайского комитета НПКСК

中国文学艺术界联合会 Всекитайский союз работников литературы и искусства

中国戏剧家协会 Союз китайских драматургов

中国伊斯兰教协会 Китайское Исламское общество

中国音乐家协会 Союз китайских композиторов

中国银行业监督管理委员会 Комитет по управлению и контролю за банковской деятельностью в Китае

中国证券监督管理委员会 Комитет по управлению и контролю за ценными бумагами в Китае

中国政治法律学会 Китайское общество по изучению политических и юридических наук

中国致公党 Партия Чжигундан Китая (Партия стремления к справедливости)

中国作家协会 Союз китайских писателей

中华全国妇女联合会 Всекитайская федерация женщин; Национальная федерация женщин КНР

中华全国工商业联合会 Всекитайская ассоциация промышленников и торговцев

中华全国归国华侨联合会 Всекитайская федерация возвратившихся на Родину (китайских) эмигрантов

中华全国青年联合会 Всекитайская федерация молодежи

中华全国体育总会 Всекитайское общество физкультуры и спорта

中华全国新闻工作者协会 Всекитайская ассоциация журналистов

中华全国学生联合会 Всекитайский союз студентов

中华全国总工会 Всекитайская федерация профсоюзов

中华人民共和国 Китайская Народная Республика (КНР)

中华人民共和国财政部 Министерство финансов КНР

中华人民共和国工业和信息化部 Министерство промышленности и информатизации

中华人民共和国公安部 Министерство общественной безопасности КНР

中华人民共和国国防部 Министерство национальной обороны КНР

中华人民共和国国家安全部 Министерство государственной безопасности КНР

中华人民共和国国家发展和改革委员会 Государственный комитет по делам развития и реформы КНР

中华人民共和国国家民族事务委员会 Государственный комитет по делам национальностей КНР

中华人民共和国国土资源部 Министерство земельных и природных ресурсов КНР

中华人民共和国国务院 Государственный Совет Китайской Народной Республики (Госсовет КНР)

中华人民共和国国务院总理 Премьер Госсовета КНР

中华人民共和国海关总署 Главное таможенное управление КНР

中华人民共和国环境保护部 Министерство охраны окружающей среды КНР

中华人民共和国交通运输部 Министерство коммуникации КНР

中华人民共和国教育部 Министерство просвещения КНР

中华人民共和国科学技术部 Министерство науки и техники КНР

中华人民共和国民政部 Министерство гражданской администрации КНР

中华人民共和国农业部 Министерство сельского хозяйства КНР

中华人民共和国人力资源和社会保障部 Министерство трудовых ресурсов и социального обеспечения КНР

中华人民共和国商务部 Министерство коммерции КНР

中华人民共和国审计署 Государственное ревизионное управление КНР

中华人民共和国水利部 Министерство водного хозяйства КНР

中华人民共和国司法部 Министерство юстиции КНР

中华人民共和国外交部 Министерство иностранных дел КНР

中华人民共和国文化部 Министерство культуры КНР

中华人民共和国主席 Председатель КНР

中华人民共和国住房和城乡建设部 Министерство жилья, городского и сельского строительства КНР

中华人民共和国最高人民法院 Верховный Народный Суд КНР

中华人民共和国最高人民法院院长 Председатель Верховного Народного суда КНР

中华人民共和国最高人民检察院 Верховная Народная Прокуратура КНР

中华人民共和国最高人民检察院检察长 Генеральный прокурор Верховной Народной Прокуратуры КНР

附 录 2
常用中国法律、法规条款

《党政领导干部选拔任用工作条例》Нормы и правила «О работе по подбору и назначению на должности руководящих кадровых работников партийных и государственных органов»

《动产抵押登记办法》Правила регистрации залога движимого имущества

《股权出资登记管理办法》Правила регулирования регистрации вклада капитала в виде долей (акций) других компаний

《外国企业常驻代表机构登记管理条例》Нормы и правила «О регистрации постоянных представительств иностранных предприятий»

《外国企业或者个人在中国境内设立合伙企业管理办法》Меры регулирования создания в КНР товариществ иностранными предприятиями или физическими лицами

《应收账款质押登记办法》Правила регистрации залога прав требования

《职工带薪年休假条例》Нормы и правила «Об оплачиваемом ежегодном отпуске рабочих и служащих»

《中国人民解放军选举全国人民代表大会和县级以上地方各级人民代表大会代表的办法》Правила выборов депутатов Народно-Освободительной Армии Китая во Всекитайское собрание народных представителей и местные собрания народных представителей различных ступеней не ниже уездного

《中华人民共和国车船税法》Закон КНР «О налоге на автотранспорт и водные судна»

《中华人民共和国村民委员会组织法》Закон КНР об организации комитетов сельских жителей

《中华人民共和国车辆购置税暂行条例》Временные нормы и правила «О налоге на приобретение автотранспорта»

《中华人民共和国城市维护建设税暂行条例》Временные нормы и правила «О налоге на поддержание городского строительства»

《中华人民共和国城镇土地使用税暂行条例》Временные нормы и правила «О налоге на пользование землями городов и городских районов»

《中华人民共和国传染病防治法》Закон КНР о предупреждении и лечении инфекционных заболеваний

《中华人民共和国东北地区与俄罗斯联邦远东及东西伯利亚地区合作规划纲要》Программа сотрудничества между регионами Дальнего Востока и Восточной Сибири Российской Федерации и Северо-Востока Китайской Народной Республики

《中华人民共和国对外贸易法》Закон КНР «О внешней торговле»

《中华人民共和国反垄断法》Закон КНР «О противодействии монополиям»

《中华人民共和国房产税暂行条例》Временные нормы и правила «О налоге на недвижимость»

《中华人民共和国个人所得税法》Закон КНР «О налоге на доходы физических лиц»

《中华人民共和国耕地占用税暂行条例》Временные нормы и правила «О налоге на занятие сельскохозяйственных земель»

《中华人民共和国公司法》Закон КНР

«О компаниях»

《中华人民共和国广告法》Закон КНР «О рекламе»

《中华人民共和国海关法》Таможенный кодекс КНР

《中华人民共和国合伙企业法》Закон КНР «О товариществах»

《中华人民共和国合同法》Закон КНР «О договорах»

《中华人民共和国和俄罗斯联邦睦邻友好合作条约》Договор о добрососедстве, дружбе и сотрудничестве между Российской Федерацией и Китайской Народной Республикой

《中华人民共和国婚姻法》Закон КНР «О браке»

《中华人民共和国继承法》Закон КНР «О наследовании»

《中华人民共和国进出口货物优惠原产地管理办法》Правила регулирования места происхождения товаров для применения преференций при экспорте и импорте

《中华人民共和国劳动法》Закон КНР «О труде»

《中华人民共和国劳动合同法》Закон КНР «О трудовом договоре»

《中华人民共和国劳动争议调解仲裁法》Закон КНР «О медиации и арбитраже трудовых споров»

《中华人民共和国民法通则》Общие положения гражданского права КНР

《中华人民共和国民事诉讼法》Гражданский процессуальный кодекс КНР

《中华人民共和国企业破产法》Закон КНР «О банкротстве предприятий»

《中华人民共和国企业所得税法》Закон КНР «О налоге на прибыль предприятий»

《中华人民共和国契税暂行条例》Временные нормы и правила «О налоге на передачу имущества»

《中华人民共和国全国人民代表大会和地方各级人民代表大会选举办法》Закон КНР «О выборах во Всекитайское собрание народных представителей и в местные собрания народных представителей различных ступеней»

《中华人民共和国全民所有制工业企业法》Закон КНР «О промышленных предприятиях общенародной собственности»

《中华人民共和国森林法》Лесной кодекс КНР

《中华人民共和国私营企业所得税暂行条例》Временные положения КНР о частных предприятиях

《中华人民共和国商标法》Закон КНР «О торговых марках»

《中华人民共和国食品安全法》Закон КНР «О безопасности продуктов питания»

《中华人民共和国水法》Водный закон КНР

《中华人民共和国台湾同胞投资保护法》Закон КНР об охране инвестиций соотечественников с Тайваня

《中华人民共和国突发事件应对法》Закон КНР «О реагировании на чрезвычайные ситуации»

《中华人民共和国土地改革法》Закон КНР о земельной реформе

《中华人民共和国土地增值税暂行条例》Временные нормы и правила «О налоге на прирост стоимости земли»

《中华人民共和国外汇管理条例》Нормы и правила «О валютном регулировании»

《中华人民共和国外资企业法》Закон КНР «О предприятиях иностранного капитала»

《中华人民共和国物权法》Закон КНР «О вещных правах»

《中华人民共和国宪法》Конституция КНР

《中华人民共和国香港特别行政区基本法》Основной закон КНР о Сянганском особом административном районе

《中华人民共和国消费税暂行条例》 Временные нормы и правила «О потребительском налоге»

《中华人民共和国刑事诉讼法》 Уголовно-процессуальный кодекс КНР

《中华人民共和国行政处罚法》 Закон КНР «Об административных наказаниях»

《中华人民共和国学位条例》 Положение КНР об ученых степенях

《中华人民共和国行政许可法》 Закон КНР об административных разрешениях

《中华人民共和国印花税暂行条例》 Временные нормы и правила «О гербовом сборе»

《中华人民共和国营业税暂行条例》 Временные нормы и правила «О налоге на хозяйственную деятельность»

《中华人民共和国渔业法》 Закон КНР о рыболовстве

《中华人民共和国预算法》 Закон КНР о бюджете

《中华人民共和国预算法实施条例》 Положения об исполнении Закона КНР о бюджете

《中华人民共和国增值税暂行条例》 Временные нормы и правила «О налоге на добавленную стоимость»

《中华人民共和国政府和俄罗斯联邦政府关于对所得避免双重征税和防止偷漏税的协定》 Соглашение между Правительством РФ и Правительством КНР об избежании двойного налогообложения и предотвращении уклонения от налогообложения в отношении налогов на доходы

《中华人民共和国知识产权海关保护条例》 Нормы и правила «О таможенной защите прав нтеллектуальной собственности»

《中华人民共和国中外合资经营企业法》 Закон КНР «О паевых совместных предприятиях китайского и иностранного капитала»

《中华人民共和国中外合资经营企业法实施条例》 Нормы и правила применения Закона КНР «О паевых совместных предприятиях китайского и иностранного капитала»

《中华人民共和国中外合作经营企业法》 Закон КНР «О контрактных предприятиях китайского и иностранного капитала»

《中华人民共和国中小企业促进法》 Закон КНР «О содействии малым и средним предприятиям»

《中华人民共和国仲裁法》 Закон КНР «Об арбитраже»

《中华人民共和国注册会计师法》 Закон КНР о зарегистрированных бухгалтерах

《中华人民共和国著作权法》 Закон КНР «Об авторском праве»

《中华人民共和国专利法》 Закон КНР «О патентах»

《中华人民共和国资源税暂行条例》 Временные нормы и правила «О налоге на использование природных ресурсов»